U0905257

民生政治研究

On the Politics of People's Livelihood

田新文　著

中国社会科学出版社

图书在版编目(CIP)数据

民生政治研究／田新文著．—北京：中国社会科学出版社，2016.2
ISBN 978-7-5161-8884-2

Ⅰ.①民…　Ⅱ.①田…　Ⅲ.①人民生活-研究-中国　Ⅳ.①D669.3

中国版本图书馆CIP数据核字(2016)第213455号

出 版 人　赵剑英
责任编辑　任　明
责任校对　李　楠
责任印制　李寡寡

出　　版　中国社会科学出版社
社　　址　北京鼓楼西大街甲158号
邮　　编　100720
网　　址　http://www.csspw.cn
发 行 部　010-84083685
门 市 部　010-84029450
经　　销　新华书店及其他书店

印刷装订　北京市兴怀印刷厂
版　　次　2016年2月第1版
印　　次　2016年2月第1次印刷

开　　本　710×1000　1/16
印　　张　18.25
插　　页　2
字　　数　325千字
定　　价　68.00元

国家社科基金后期资助项目

出 版 说 明

后期资助项目是国家社科基金设立的一类重要项目，旨在鼓励广大社科研究者潜心治学，支持基础研究，多出优秀成果。它是经过严格评审，从接近完成的科研成果中遴选立项的。为扩大后期资助项目的影响，更好地推动学术发展，促进成果转化，全国哲学社会科学规划办公室按照“统一设计、统一标识、统一版式、形成系列”的总体要求，组织出版国家社科基金后期资助项目成果。

全国哲学社会科学规划办公室

前　言

随着经济社会的发展，事关人民群众的生、老、病、死、医、学等民生问题已经日益成为中国政治社会生活中的一个重要焦点。21 世纪以来，对社会建设和民生议题的关注也日益成为党和政府执政、施政的重要内容，社会建设的重点是改善民生，民生问题日益政治化。但是在理论上和学术上对于民生问题的研究相对较少，尤其是从政治的视角来研究民生问题，将民生与现有的政治体系、政治制度、政治行动相关联，直接提出民生政治这一概念或以民生政治为议题展开学术性的探索，目前学界的相关研究并不多。而我国经济社会向更高阶段的发展对政治运行模式提出了更高的要求，进一步推进社会主义现代化建设，构建社会主义和谐社会，全面建成小康社会，实现“中国梦”要求研究民生政治，推进民生政治。

基于此，本书将研究对象设定为民生政治这一新的社会现象和社会存在，旨在通过总结、分析当前我国社会生活中所出现的民生问题政治化的发展趋势，以民生政治这一概念从学术上归纳和概括现实世界的相关现象，把民生政治作为一种新的政治学研究框架予以提出，以此作为观察和思考当前中国若干政策变迁和管理转型的新角度，并通过新农村建设中的公共服务来予以解读。

本书是全面系统的对于民生政治的研究。民生政治是指一种贯彻共同建设、共同享有原则，以社会建设为行动基础，以建立和谐社会为行动目标，以着力提高事关广大普通民众幸福安康的日常生活质量为主要行动过程的一种政治理念和政治运行模式。民生政治既是一种学术命题，也是一种现实议题，作为学术命题的民生政治概念的提出和相关分析框架的提出，有利于推进中国特色社会主义理论体系的发展，有利于将现实生活的新变化引导、充实进马克思主义政治学领域，使这一领域获得新的研究血液；作为现实议题的民生政治，所界定的是一种新型的政治理念和政治操作模式，在现实工作中提出民生政治概念，把民生问题提到政治高度，有利于提高各级党政干部重视社会建设，改善民生的政治敏感性，有利于提高民众的实际生活水平，也有利于建构良性的政治文化。民生政治概念这种新视角的提出有两个方面的重要意义：第一，有利于增强各级党政干部促进社会建设发展和改善民生政治的敏感性、主动性和积极性；第二，有利于建构一种新型的良性的执政文化，实现国家建设转型和全面均衡可持续发展。

提出民生政治的研究框架有利于分析中国政治主题的新发展，更好地认识新时期中国社会和政治发展进程的客观趋势。重视民生政治的现实发展，分析现实生活中的民生政治问题，有利于倡导、推进与社会主义和谐社会建设相适应的关注民生、重视民生、改善民生、发展民生的政治程序、政治理念和行动模式。民生政治所显示的治国理政程序是社会主义社会发展的必经之路，民生政治所倡导的公平正义也是社会主义核心价值的必然组成部分。中国特色社会主义民生政治是民生政治理念和模式在当代中国的具体实践，也是当前我国经济社会发展进程中所应着力关注、弘扬的政治理念和政治操作模式，应该成为学界研究现实政治问题的重要视角和分析途径。

本书共有八章。第一章为导论，阐述选题的缘由以及选题的意义，并通过文献综述的形式对当前国内学界与本书议题相关的研究进行了概括。同时，提出了本书的研究目标、思路、理论框架、研究方法，对本书可能存在的创新与不足也进行了预估，简述了本书各部分的内容与总体结构，并对本书的核心观点进行了陈述。

第二章阐述民生政治的概念和理论基础，主要通过对民生、民生政治等核心概念的内涵和外延，尤其是民生政治在现实生活中的意蕴与发展趋势的分析，为民生政治的学术内涵和现实内涵打下基础。重点对民生政治的理论基础进行了梳理，主要包括马克思主义国家本质理论和职能理论，现代政治学的政府理论和公共物品理论，它们是后续论证的重要框架。还对古今中外的有关民生思想进行了梳理，目的是从整体上了解人类社会中的民生主张，它们同样是后续论述的思想基础。

第三章专门论述作为学术命题的民生政治。重点研究如何从政治的视角来看待民生相关议题，形成一套分析、研究当前中国民生问题的学术框架。为此，需要建构民生政治的理论逻辑体系。这一体系由三个原初假设、五对核心变量关系和四个基本命题组成。即在公平正义等政治价值的指引下，以着力界分效率原则与公平原则、个体理性与集体利益、管理职能与服务功能、民主选择与精英决策、一元主导与多元协作等相关范畴间对立统一关系为基础，以国家、政府、人民与政府官员间具有不同的利益诉求和不同的偏好、现代政府的职能尤其是当前中国政府的职能是以善治为目标的政府、管理与服务的合理界分是现代政府管理的必要前提为原初假设，系统论证了民生政治是中国政治主题的新发展、民生政治是社会建设的新动力、民生政治是政治合法性新的增长点、民生政治是公平正义政治价值的新实现四个基本命题。

第四章专门论述中国特色社会主义民生政治。在揭示中国共产党历届领导集体的民生政治主张后，重点对民生政治与中国特色社会主义的联系、中国特色社会主义民生政治的内涵与特征、主要内容、实现路径等问题进行了宏观和理论上的剖析。中国特色社会主义民生政治是指在中国特色社会主义事业中，民生问题越来越成为事关政权巩固、经济发展、人民幸福的重要政治关切，因而需要从政治高度予以关注和解决的一种政治理念和政治运行模式。中国特色社会主义民生政治是民生政治的一个阶段性表现，一种具体形态，在基本内涵和本质特征上是与民生政治相同的。但中国特色社会主义民生政治又有着与一般意义上的民生政治所不同的基本特征：当下性、不平衡性、历时性。中国特色社会主义民生政治的主要内容就是中国特色社会主义五位一体的总体布局中所有与民生相关的议题。当前，整个中国都处于社会转型和矛盾多发期，要有效推进中国特色社会主义民生政治，就必须以改革为总抓手，从以下几个方面着手：推进社会事业改革创新，夯实民生政治的制度基础；有效扩大公共服务，夯实民生政治的物质基础；创新完善社会管理，创造和谐的民生政治环境氛围。

第五章专门论述作为现实议题的民生政治。通过描述新中国成立以来的民生建设实际历程，总结我国当前民生建设所取得的成绩、存在的问题，并指出如果要进一步推进民生建设，需要将民生政治作为一个重要的政治议题，贯彻其民生权益的普惠性、公共服务的均等化、发展进程的有序化三个基本原则，制定大力宣传学习民生政治理念、全方位探索民生政治领域的制度创新与供给、制定民生建设总体规划方案并分步实施、改革官员评价体系并赋予民生政治以更大的权重等若干行动纲领，扎实地予以推进。

第六章论述民生政治在实践中的具体体现。以社会建设以及社会建设的五个主要内容国民教育、劳动就业、城乡居民收入、社会保障、医疗卫生为对象，全面具体地论述了中国特色社会主义民生政治在当代中国实践中的具体表现。从理论上阐明了民生政治作为政治命题与社会建设作为实际工作这二者之间的关系；从民生政治的视角来观察社会建设，在总结成就的基础上，指出了仍然存在的突出矛盾和问题，并提出了解决的对策建议和措施。

第七章专门论述“三农”问题中的民生议题。从民生政治的视角，重点研究“三农”问题，对农村的民生议题进行了深入论述，尤其是以新农村建设中的公共服务下乡为具体案例来解读民生政治是如何在实践中推动和发展进步的。根据民生政治议题，从总体上评估民生政治的新举措——公共服务下乡问题，研究公共服务与民生政治二者之间的逻辑关系，从公共服务体系建设的角度来论述推进新农村建设——“三农”问题中的农村问题、加快农业现代化建设——“三农”问题中的农业问题、保障农民民生权益——“三农”问题中的农民问题。

第八章是结论，将各章节的主要观点贯穿起来，得出核心观点。随着我国社会主义现代化建设和经济社会改革发展的进步，无论是从学术研究还是从实践工作中，有必要提出一种新型的有别于传统政权政治、生产力政治的民生政治命题，并以民生政治概念来解读、统率和加强社会主义社会建设、生态文明建设和其他建设领域的民生议题，改善民生，建设和谐社会，全面建成小康社会。现实生活中的民生政治议题是新中国经济政治和社会事业发展的必然产物，也反映了我国特色社会主义现代化事业发展的曲折进程。当前，要推进民生政治的发展，必须正确认识生产力政治与民生政治的关系，拓宽政府职能范围，正确界分管理与服务，使公共服务成为各级政府行政重要内容。新农村建设中的公共服务是民生政治不断发展的佐证。因此，有必要以更为全面的民生政治体系来观察社会建设、“三农”问题和公共服务下乡，为推进民生工作、全面建成小康社会、实现“中国梦”提供更有力的知识保障和智力资源。

全书以马克思主义为指导，运用规范与实证相结合、演绎与归纳相结合的方法，综合运用马克思主义国家理论和现代政治学政府理论，对民生政治的基本理论体系和实践发展问题进行了较为全面的研究，试图较为系统地提出民生政治的概念，提炼和发掘民生政治的理论要素及其内在逻辑联系，尝试在整体上推进民生政治学的原创性研究；同时试图用社会建设、“三农”问题、公共服务下乡等新史实与民生政治逻辑体系之间进行理论与实践的交互注解，以利于在总体上加深对当前我国经济社会发展进程中新现象、新问题的理解和认识，并提出相关意见和建议。

本书是在我博士论文的基础上补充完善而成的。感谢我的博士导师唐鸣教授，本书写作的全过程都得到导师的悉心指导和热情帮助。恩师学识渊博，治学严谨，乐观豁达，为人谦和，正直大度，无时无刻不深深地感染和激励着我，催我奋进。师恩难忘！

我的硕士导师胡宗山教授，一直十分关心我。他在本书的写作过程中，帮我收集材料，修改文稿，启迪思路，做理论指导，倾注了大量的心血，使全书更趋完善。这种治学的精神和为人师表的风范，令我由衷钦佩，不胜感激！

感谢全国哲学社会科学规划办公室，特别是调研处。感谢“国家社会科学基金后期资助项目”各位评委的辛勤评审和中肯建议。

感谢中国社会科学出版社，特别感谢任明老师，他为本书的出版付出了大量心血。

感谢我任教的湖北科技学院马克思主义学院以及学校科研处的支持。感谢我的老师商文斌教授对我的关心与厚爱。感谢魏自涛教授对我的支持与帮助。在本书撰写过程中还有许多其他帮助过我的专家、老师、同事们，也一并致以衷心的感谢。

感谢我的妻子和女儿，她们多年来无怨无悔的付出和支持是我永远的动力。

本书除得到国家社会科学基金（项目批准号：13FZZ001）的资助外，还得到了湖北省社会科学基金（立项号：2011LZ031）的资助，谨表谢忱；其中部分成果已经在《社会主义研究》《武汉大学学报》《湖北社会科学》等CSSCI源刊以及《湖北科技学院学报》等学术期刊上发表。

囿于本人的学术水平，书中肯定有这样或那样的问题和疏漏，敬请各位专家、同人、读者不吝批评指正。

田新文

2015年春于湖北科技学院揽月湖畔

目　　录

图清单

表清单

第一章　导论

一　选题缘由与意义

本章概述选择民生政治作为本书主题的理论和现实背景，并从学科意义和现实意义两个角度阐述选题的价值。

1. 选题缘由。政治学是一门研究人类社会生活中的政治现象、政治过程、政治关系以及政治实践的学科[①]。对于究竟什么是政治，人们尤其是学者之间有着不同的主张，但认为政治主要涉及公共领域的价值和权力分配，因而它是一门与公共管理、公共行政与公共决策密切相关的社会科学一直是主流的看法。尽管政治学高度关注公共管理、行政与决策，但无论是在国外还是在中国，长期以来一个主导性的研究倾向是，政治学一直将自己的研究视角集中在权力、国家、政党、选举、阶级、民主等高层政治领域，关注更多的是形而上的问题或者说是高阶政治（high politics），而对基层民主、治理等基层社会现状以及广大普通民众的日常生活等形而下的问题或者说是低阶政治（low politics）则很少涉及。这种情况在中国表现得尤其明显。在21世纪之前，低层政治议题很难进入主流政治学议题之中。进入21世纪以来，随着我国经济社会的日益发展，现实生活中的事关社会发展与普通公众生活的一些重要问题与需求显得越发迫切，这导致政治学的研究范围也开始有所拓展，例如长期以来农村社会和城市基层社会的村民自治和城市居民自治已经成为我国政治学的一个重要研究领域。对低阶政治的关注要求政治学研究不仅关注那些传统的主题，如（公共）权力和（公共）权力的运用管理职能，更应关注这些权力的服务功能。从强调统治、管理为主到向管理职能与服务功能并重不仅应成为当

---

① 陈振明主编：《政治学——概念、理论和方法》（修订本），中国社会科学出版社2004年版，第1页。

代政府职能的主要变迁方向，而且也应成为政治学研究主题演变的重要方向。

同时，对于马克思主义政治学即科学社会主义学科来说，改革开放以来，学科研究重点主要放在如何从革命理论向建设理论过渡这一转型之中。由于马克思主义经典作家对社会主义建设论述不多，这就要求学科投入大量精力为改革开放后的新形势服务，重点要为党和国家的战略重点转移和新的政策转型服务，这就需要整个学科研究论证社会主义社会的相关重大问题，包括实践与真理的关系，社会主义的特征与本质，社会主义社会的根本任务，社会主义的发展道路、发展阶段、矛盾、动力与必要条件、领导力量、依靠力量等，同时要着眼于时代的新发展，研究社会主义社会的若干具体建设领域，包括物质文明建设、精神文明建设、民主政治建设、党的建设、国家统一、对外关系等，而这些研究又涉及如何科学认识科学社会主义和国际共产主义运动，因而就需要从历史和理论的高度对社会主义从理论到实践的历史命运进行完整的理论概括与分析。正如党的十三大报告中所指出的那样，以上研究所形成的各种主要观点，“构成了建设有中国特色的社会主义理论的轮廓，初步回答了我国社会主义建设的阶段、任务、动力、条件、布局和国际环境等基本问题，规划了我们前进的科学轨道”①。

进入20世纪90年代以后，随着有中国特色的社会主义道路的逐步形成以及邓小平理论的成形，科学社会主义学科研究重心再次发生转变，由开始诠释和发展科学社会主义的基础理论逐渐转变到如何为建立社会主义市场经济体系服务，如何论证和完善邓小平理论、“三个代表”重要思想、科学发展观、和谐社会建设等中国特色社会主义理论体系框架的相关重大命题。如果说20世纪80年代的科学社会主义学科的中心议题相对来说主要是发展和推进科学社会主义关于新型的社会主义社会的基础理论，更具宏观性和普遍性，那么90年代以后，学科议题就更具针对性和民族性，重点探索马克思主义中国化的问题，探索中国特色社会主义道路的前进方向和发展规律问题，实质是从科学社会主义的角度来研究中国模式问题，即将马克思主义普遍规律与中国具体国情相结合的理论命题。学科演进的转变和重心的调整使得马克思主义政治学（科学社会主义）对当代中国现实问题的关切程度也越来越高。例如，随着社会建设开始进入政治

① 党的十三大报告：《沿着有中国特色的社会主义道路前进》。人民网：中国共产党历次全国代表大会数据库，http：//cpc. people. com. cn/GB/64162/64168/64566/65447/4526368. html。

决策和执政过程之中，马克思主义政治学关于社会主义建设的基本内容也在政治、经济、文化建设和党的建设之外，增加了社会建设和生态文明建设，社会建设由此成为学科关注的重要议题。社会建设的重点是改善民生，因而社会建设这一现实政治术语和学科术语的引入意味着民生问题也会逐渐成为马克思主义政治学的研究议题。众所周知，传统科学社会主义的核心议题是无产阶级如何夺取政权和巩固政权，研究无产阶级革命的一般规律。当代马克思主义政治学的核心议题则是研究社会主义国家如何进行现代化建设的基本规律①。科学社会主义学科的这一转向意味着无论是在我国的学术研究还是在现实生活中，也需要实施类似的转向，即在政权政治议题已经过渡到生产力政治议题的基础上，进一步向民生政治议题倾斜，使民生政治成为政治生活和学术研究的重要维度。

社会建设和民生议题已经成为当前现实政治生活的一个重要热点问题，但是关于这一领域的专门研究从总体上来看仍然偏少。以“民生”为主题在中国期刊全文数据库中进行精确检索，可以查询到61000多篇直接相关或间接相关甚至不相关的文章②。但是，粗略地浏览一下这些文章便可发现其主要由三大部分构成。第一部分是与民生概念基本不相关的，只是凑巧主题词中既有民，也有生而已，这是技术上的问题。第二部分是研究历史上的民生主义尤其是孙中山先生的民生主义。第三部分是当前现实生活中与民生有关的种种新闻通讯报道类的文章。真正以民生为研究对象的学术类研究非常之少。这说明，虽然近年来民生议题渐成时事关注热点，但并不代表民生命题已经成为学术研究热点。主要原因在于，民生问题在传统上并不是政治学和科学社会主义学科所重点关注的研究领域。例如，将民生与政治联系在一起，直接提出民生政治这一概念或以民生政治为研究议题的相关学术成果还比较少。笔者以“民生政治”为主题在中国期刊全文数据库中进行精确查阅，只查阅到118篇论文，其中只有不到40篇是与民生政治这一主题直接相关的③。由此可见，关于民生政治的议题目前的相关研究还不多见，而且现在的民生政治的相关研究多是以单篇

---

① 尽管科学社会主义学科在不同时期所关注的核心议题有所区别，但在本质上，这门学科是一门研究无产阶级解放的科学。见高原主编《科学社会主义》，湖北人民出版社1993年版，第4页。革命和建设这两个关键词只是界定了这一学科不同时期的基本研究任务，而它们都是服从和服务于无产阶级解放这一最终目标的。

② 2013年3月18日查阅。相关参数为：时间：1980—2013年；更新：全部数据；范围：全部期刊；匹配：精确。

③ 同上。

论文的形式出现，一般都是对民生政治的相关定义和概念等进行阐述与理解，大多涉及的是推进民生问题政治化的必要性和意义，以及下一步应该怎么做。目前尚没有以民生政治为专题研究对象的博士论文或专著出版。由于缺乏相关的专门研究，这使得民生政治的理论研究显得较为薄弱，这突出表现在以下问题上，诸如：（1）民生政治与传统政治议题的关系何在？民生政治是否是个伪命题，提出这一新概念的现实基础何在？如何界分作为现实政治理念的民生政治和作为学术分析框架的民生政治？（2）如果民生政治概念在理论上可以成立，那么，它的内涵和外延是什么？以民生政治概念为基础的相关学术命题包括哪些？这些命题之间的学术关系和逻辑联系体现在哪些方面？（3）民生政治作为一种分析框架的先行理论或原理论前提是什么？即提出民生政治的理论基础何在？通过何种理论或现实逻辑才能推理出民生政治命题？（4）民生政治作为框架的内在逻辑体系是什么？它包括哪些原初假设、基本变量和核心变量？它的方法论基础何在？又是运用何种研究方法？等等。所以，虽然目前与社会建设和公共服务等议题有关的学术研究成果颇多，但直接涉及民生政治这一概念的确实非常之少。现实政治的发展与理论要求之间是极不相称的。现实发展一日千里，例如已有若干地方政府高级官员提出民生政治任务，民生政治议题已经成为当前中国社会生活中的重要关注领域，但相关学术研究却存在滞后的问题，这就既不能在现实世界中推动善政的发展，也无法拓宽学科的学术研究领域。

基于以上考虑，本书选择民生政治作为研究对象，就是希望抓住现实世界已经浮现的若干发展迹象，对之进行深入系统的学术研究，这种研究包含三个部分，一是理论研究，二是对策思考，三是案例验证支撑。最终希望借此能够对民生政治议题有一个专业研究，以期抛砖引玉，体现一定的学术探索价值，同时也希望能够在实践上对当前的社会建设、新农村建设、公共服务等现实生活提供有益的经验性应用价值。

2. 选题意义。本书将研究对象设定为民生政治这一新的社会现象和社会存在。其目的在于通过总结、分析当前我国社会生活中所出现的民生问题政治化的发展趋势，以民生政治这一概念从学术上归纳和概括现实世界的相关现象，把民生政治作为一种新的政治学研究框架予以提出，以此作为观察和思考当前中国若干政策变迁和管理转型的新角度，并通过新农村建设中的公共服务来予以解读。值得指出的是，民生政治在中国只是一个刚刚开始的发展阶段，在现实生活中它的演进仍然有待加速，而在理论研究领域，它所取得的学术成果是极为有限的，它从现实世界中所获得的实践支撑也必然是极为有限的，这就导致本书所做的研究在很大程度上必须依赖于理论推理，再寻找实践的印证。因此，民生政治在更多的时候所体现的其实是一种现实政治理念和一种具体行动纲领，但这样一种政治理念和行动纲领如果能够获得理论上的合理建构，可能反过来对现实中的推进起到很大作用。民生政治的灵感与线索来自于社会生活的具体实践，它的提炼和升华反过来也可能会推进现实生活的具体进展。同时，如果将民生政治作为一种思考框架，可能有助于提高对现实政治的理解。

在本书中，民生政治首先体现为一种社会存在，即当前我国社会生活中所出现的民生问题政治化这一发展趋势，主要指的是中央政府和地方各级政府对事关普通公众生活的吃、住、行、医、学、就业、社会保障等问题予以越来越大的关注，将之提升为政府行政的重要关注领域，列入中央政府和执政党的重要政治决策之中，并采取种种有效措施，从决策、投资、评估等相关程序予以展开。当前，党和国家已经采取了一系列专项举措来推进民生问题的加速解决，如城乡社区建设、社会主义新农村建设、城乡居民社会保障体系构建、新型农村居民合作医疗体系的探索建立等都属于推进解决民生问题的内容。更为重要的是，随着社会建设任务的正式提出，民生议题的受重视程度和被推进的力度已经越来越大，在中央政府层面和地方政府层面，民生问题事实上已经被逐步政治化了，曾经被认为是微不足道的小事的民生已经逐步被列为庙堂之上，成为政治决策的中心议题。许多地方政府官员已经将民生问题看作是一种政治任务①。其次，民生政治指一种分析或思考问题的框架，这是从双重意义上来被看待的。对于实践者来说，民生政治要求从政治的角度来看待民生问题，将民生问题视为政府行政的重要组成部分，虽然不一定非要将民生视为政治任务，但是需要从政治的高度来重视解决民生问题，以提高政府行政效率来提高全社会的公共服务、公共产品供给水平。对于研究者来说，从民生政治的角度观察社会现象，能够促使人们用更为精确的学术概念和理论框架来提炼社会事件，获得对现实政治的更为深刻的理解，并以此为基础，推进学术发展。当然，实践者的视角和研究者的视角之间是互相建构的。

---

① 例如前郑州市委书记王文超就曾撰文指出，改善民生是一项重要的政治任务。见王文超《改善民生是一项重要的政治任务》，《求是》2008 年第 2 期。前河南省委书记徐光春认为，经济发展是政绩、改善民生更是政绩的理念，甚至指出，解决民生问题是最大的政治。见徐光春《解决民生问题是最大的政治》，《人民论坛·双周刊》2007 年第 3 期。

从以上两个角度出发，本书选题具有理论和实践两个方面的意义。首先，从理论方面来看，民生政治这一议题有利于推进中国特色社会主义理论体系的发展，有利于将现实生活的新变化引导、充实进马克思主义政治学领域，使这一领域获得新的研究血液。关注民生问题的政治化趋势这一现实新发展是与关注学科的发展与更新密切相关的。当代马克思主义政治学（科学社会主义）以中国特色社会主义理论体系建设为自己的研究重心。众所周知，由于中国改革“摸着石头过河”的实践特点，从而导致与许多其他兄弟学科所不同的是，中国特色社会主义理论体系建设虽然表现出的是一个理论构建过程，但却受到现实生活中中国特色社会主义事业发展的巨大影响，这一影响甚至是决定性的，也就是说，现实生活的演进是中国特色社会主义理论体系和马克思主义政治学这一学科的根本基础。只有建基在现实政治发展中的理论才是常青的，同样，只有关注现实政治发展才能为学科发展和理论更新提供源源不竭的动力。学科要想进步，必须能够对现实政治发展中的新现象、新趋势、新命题予以有效、合理的解释和概括，在此基础上提出新的概念和命题，这样才能跟上时代的发展，才能不断推进理论和学科的发展。中国共产党是一个勇于也善于改革与创新的政党，在其九十多年的发展历程中，与时俱进始终是党最宝贵的品质之一。这种与时俱进的实践特质为科学社会主义的学科建设提供了宝贵的智力资源，同时也对学科发展提出了越来越高的要求。上一届中央领导集体执政期间，继承了前人的宝贵传统，“不断进行政治创新与理论创新，创造性地提出了以科学发展观统领经济社会建设，坚持以人为本，建设和谐社会的思想。在此思想指导下，中共十七大报告中前所未有地提出了社会建设，十八大报告中又增加了生态文明建设，大大扩充了中国特色社会主义建设的范围”①，从而形成了中国特色社会主义五位一体的总体布局。中共十七大报告指出：“必须在经济发展的基础上，更加注重社会建设，着力保障和改善民生，推进社会体制改革，扩大公共服务，完善社会管理，促进社会公平正义，努力使全体人民学有所教、劳有所得、病有所医、老有所养、住有所居，推动建设和谐社会。”② 十八大报告强调：“在改善民生和创新社会管理中加强社会建设”，“加强社会建设，必须以保

① 本章论述借用了笔者发表过的论文。参见田新文《民生政治：理解政治生活变化的新视角》，《社会主义研究》2008 年第 4 期。

② 胡锦涛：《高举中国特色社会主义伟大旗帜　为夺取全面建设小康社会新胜利而奋斗——在中国共产党第十七次全国代表大会上的报告》，《人民日报》2007 年 10 月 25 日 01 版。

障和改善民生为重点。提高人民物质文化生活水平，是改革开放和社会主义现代化建设的根本目的。要多谋民生之利，多解民生之忧，解决好人民最关心最直接最现实的利益问题，在学有所教、劳有所得、病有所医、老有所养、住有所居上持续取得新进展，努力让人民过上更好生活”[①]。以胡锦涛同志为核心的上一届中央领导集体所进行的理论创新体现在两个关键概念上，一是科学发展观，二是社会建设。科学发展观使得中国特色社会主义理论体系（邓小平理论）中关于发展的理论更加精致化；而社会建设概念的提出则是一个更大的创新。它拓宽了传统上所界定的社会主义建设中的政治建设、经济建设、文化建设三大领域，发展成为四大建设，之后，又增加了生态文明建设，最终形成五位一体的整体建设格局。这是中国共产党对中国特色社会主义进行不断探索所取得的成果。同样，以习近平为总书记的新一届中央领导集体提出了“中国梦”的新理念，它是中国特色社会主义理论体系的最新发展。

无论是社会建设、生态文明建设议题还是“中国梦”的新理念，它们的提出“是中国特色社会主义理论在当代中国的新发展，有利于我们从更为宽广的视野来研究当今中国的现代化建设”[②]。同时，作为科学社会主义这一学科的从业者，如何从专业的角度来看待社会建设、生态文明建设和“中国梦”这些议题或概念呢？社会建设、生态文明建设、“中国梦”与政治学、科学社会主义学科有何联系呢？社会建设、生态文明建设在本质上与政治建设、经济建设、文化建设一样，是政策用语、政策概念。这种政策概念所发挥的功能主要是现实层面、政策层面的，是用来号召与鼓舞执政阶层和广大政府官员从事或关注某一方面的具体工作的，同时也是一种对具体工作和具体领域的分类。社会建设、生态文明建设概念有其学术意义，但主要是现实意义的。并且，其学术意义也可以被多个学科所共享。从政治学领域来解读社会建设就必须寻找相应的术语。社会建设主要关注民生问题，而民生问题本身也属于公共之事，虽然长期以来它属于形而下的低阶政治，但仍然处于政治学的议题之内。因此，倡导民生政治的概念与分析框架，将民生政治这一更多是学术用语的概念与社会建设这一主要是政策用语的概念衔接起来，

---

① 胡锦涛：《坚定不移沿着中国特色社会主义道路前进　为全面建成小康社会而奋斗——在中国共产党第十八次全国代表大会上的报告》，《人民日报》2012 年 11 月 18 日 01 版。

② 本章论述借用了笔者发表过的论文。参见田新文《民生政治：理解政治生活变化的新视角》，《社会主义研究》2008 年第 4 期。

有利于将学科发展与现实发展结合起来，同时又能使现实发展、现实概念在本学科领域内寻找到合适的坐标，这能够使学科更新、理论演进与现实变化、政策演进实现有机的结合与互动，显然是有利于本学科的概念创新和理论发展的。"基于此，引入民生政治的概念，试图从理论上为概括和理解政治生活的新变化提供一种新的视角①。"同时提出的一种新研究框架来理解和解读社会建设议题、生态保护议题和"三农"问题等，有助于突破传统的视角，有一定的创新意义。中国特色社会主义理论体系作为一个宏观理论构架的提出，需要有不断发展的具体理论与之配合，需要科学社会主义、政治学领域不断进行理论创新。这些创新既需要在原有的理论框架内实现继承和衔接，也需要结合实际从具体概念到研究方法等各个领域不断向前发展创新。本书提出一种民生政治学的概念框架，并运用"三农"问题、公共服务下乡等作为概念的具体指向对象，就是试图进行一些理论方面的创新尝试。

从研究者自身这个微观角度来说，民生问题由于开始具有政治含义也应进入政治学的研究范畴。与传统政治学主要关注国家结构、公共权力、宪政制度等相对静态的议题不同，现代政治学更加关注行为与过程，也就是说，更关注主体的参与及这种参与的具体进程，希望通过揭示进程的普遍模式来发掘一般性规律。这就是第二次世界大战后，行为主义政治学兴起的表现。尽管20世纪70年代末以后，行为主义遭受许多批评，但对微观政治行为与政治过程的研究仍然方兴未艾，实际上，政治行为与过程研究是政治学走向科学化的重要条件之一，这个领域的研究也产生了许多量化的经验案例。公共政策、公共行政或者说公共决策、公共管理长期以来一直都是政治学的重要领域，都是政治过程的重要环节，也是政治生活的基本内容之一。如果说夺取或维护政权是政治行为体的终极目标，那么政策则是实现这一目标的必要举措。而公共政策则是一定的政治行为体在掌握了合法公共权力以后，以国家权力为后盾，通过国家意志所表现出来的政策纲领。因此，在非革命时期或者说在有序的宪政状态下，公共政策是国家政治生活的核心之一②。公共管理是对公共政策的执行。不过传统上对公共政策和公共管理的研究内容主要集中在高阶政治领域和宏观政治领域。所谓高阶政治，是指公共管理更多关注的是诸如最高和重大政策制

---

① 田新文：《民生政治：理解政治生活变化的新视角》，《社会主义研究》2008年第4期。

② 关于公共政策的地位，可参见陈振明主编《政治学——概念、理论和方法》（修订本），中国社会科学出版社2004年版，第281—282页。

定、决策实施、政治统治、法律制度、国防外交事务处理等传统上重要的事关全局的政治议题。所谓宏观政治，是指全国范围内的，事涉全体国民利益和国家整体发展前途的政治议题。随着社会建设概念的提出，城乡社区建设、新农村建设、社会保障体系以及事关普通百姓生活的吃、住、行等“琐碎”的民生议题具有了政治化的含义。事实上，民生政治议题具有政治行为的特点。在现代西方国家，诸如堕胎、同性恋合法化、减税等与公民生活相关的民生议题往往可能比与其他大国的外交关系或某一重大经济决策更能触动老百姓的关注，上述民生议题由于其在意识形态和政治上的相对不敏感性，更能呈现政治运作的发展特点，完整展现政治行为的微观过程，而往往成为微观政治学特别是行为主义政治学、计量政治学的研究对象。民生议题的政治化以及民生议题进入政治学研究领域将会使得政治领域将触角伸展到低阶政治、微观政治领域，有利于拓宽政治学的研究范围。因此，民生问题之所以具有政治含义，这是由当代政治运作的特点所决定的。

其次，从实践方面来看，“提出民生政治概念，把民生问题提到政治高度，有利于提高各级党政干部重视社会建设、生态文明建设，改善民生的政治敏感性，有利于提高民众的实际生活水平，也有利于建构良性的政治文化[①]”。民生政治议题的提出有利于推进全社会尤其是执政阶层对公共服务、公共产品的重视，有利于提高民生问题的受关注程度，这可以在一定程度上提高普通公众的实际福祉，提高党和政府执政的客观效果。21世纪以来，民生问题受到了越来越大的关注，在中央和地方政府政治决策中的地位越来越高。城乡社区建设的推进，社会主义新农村建设的展开，“医疗保险、养老保险、最低生活保障等社会保障体系的建设，与老百姓生活密切相关的学、劳、衣、食、住、行、游、保等工作的大幅度推进”[②] 都表现这样一种新的趋势，那就是，在各级党委、政府的工作日程中，人民群众的日常生活正得到越来越多的重视，涉及公众的民生问题已经日益明显地构成了执政工作的重要部分。民生问题开始逐渐在中国政治生活中占据一个重要的位置，民生问题已经被逐步地政治化了，成为党政官员思考问题、公共决策，开展行动的重要维度。但客观地讲，执政阶层对民生问题的认识在当前而言主要还是一种感性认识，更多时候是受到

---

① 本章论述借用了笔者发表过的论文。参见田新文《民生政治：理解政治生活变化的新视角》，《社会主义研究》2008 年第 4 期。

② 同上。

“上”“下”两个方面的驱动被动完成的。从“上”的角度看，近年来，许多地方政府官员都在不同的场合，以不同的方式宣传过这样一种认知，即改善民生。对各级党政领导干部来说，这是一项重要的政治任务。但许多执政阶层的精英对于为什么民生问题是政治任务，为什么民生问题会政治化往往是知其然而不知其所以然。对于一部分执政者来说，之所以重视民生问题，是因为上级领导尤其是中央的政策取向开始发生了变化，中央领导更加关注民生问题，所以他们觉得也有必要关心民生，这就意味着与中央保持一致，显示了某种政治上的正确性。此外，中央政策或国家投资更加偏向于民生方面和公共服务，所以地方也要循此偏好，以期罗列更多的项目立项，从中央财政和国家获取更多的资源来促进本地发展，提交更好的成绩单。也就是说，上层领导的好恶本能地直接影响到下层执政者的政治活动取向。从“下”的角度来看，虽然当前中国的政治体制决定了本地民众的好恶往往并不能直接决定官员的升降任免，并且相对比较软性的民生问题也并不如地方 GDP、财税指标等硬的经济数据和城市建设、吸收外资等标志性结果那样更能显示政绩，但对于一些志在长远、有理想、有觉悟的地方党政领导干部来说，他们在一定程度上信奉着中国传统文化中那种“为官一任，造福一方”的政治理想，希望能够“雁过留声，人过留名”，主政一方，就能够对当地百姓的福祉提高有所贡献。但是，这种认识往往是传统的民本主义思想在当前环境中的一种朴素的、本能的执政冲动式的反应，对于民生问题为何重要，为何要提高到政治的高度来看待，人们往往缺乏深刻的理性认识。因为在传统的政治议题中，很少关注民生问题，民生问题往往很难与政治正确性和政权兴衰等联系起来。在这种情况下，迫切需要通过理论创新来进一步提高政策决策者的理性认知。因此，提出民生政治学的概念并用之来理解和解释公共服务问题，十分重要。

总之，民生政治概念“这种新视角的提出有两个方面的重要意义。第一，有利于增强各级党政干部促进社会建设发展和改善民生的政治敏感性、主动性和积极性。中国国情特殊，许多重大的社会经济问题必须与政治密切联系才能得到系统的解决。当前我国尚处于发展进程之中，人口多，底子薄，经济社会发展不平衡，这就使得在我国开展社会建设，改善民生进程中所面临的矛盾异常复杂，任务异常艰巨，没有党和政府的主导不可能真正推进，没有党政干部的自觉努力，不可能真正实现。另一方面，在我国，党和政府在社会生活中处于主导地位，无论是资源的动员还是价值的分配上都体现出鲜明的政府主导型特征”[①]。通过六十多年的努力，我国人民的生活水平不断提高，从饥寒型上升到温饱型再发展到小康型，民生改善取得了世人公认的辉煌成就。但仍有“一些结构性的民生问题如人们常说的‘七难’问题（就学难、看病难、出行难、住房难、治安难、办事难和就业难等问题）存在[②]，要解决这些问题必须由党和政府出面打一场综合战役，统筹进行才行。从讲政治的角度来说，开展工作对于政治家来说，就是抓主要矛盾，解决主要问题。政治就是体现为最主要、最核心的那些问题，对这些问题的解决构成不同历史时期政治的主旨。从这个意义上理解政治，就会扩大我们的思维视野，突破传统政权政治的框架，而使发展经济、改善民生上升到讲政治的高度，有利于增强各级领导干部的政治敏感性，增强工作的自觉性和主动性，更好地关注民生，推进社会建设，推进各项工作”[③]。

“第二，有利于建构一种新型的良性的执政文化，实现国家建设转型和全面均衡可持续发展。政治文化包括政治认知、情感与评价，指一国居民中一定时期内所盛行的态度、信仰、价值观和技能，如社会的各种传统、公共机构的精神、公民的情感与集体的理性以及领导人的风格与行为规范。一般来说，它可以分为精英文化和大众文化[④]。具体到中国的具体国情，政治文化体现在各级党政干部的实际工作中，就形成了执政文化，这种执政文化就是领导干部在从事执政工作时所逐渐形成的政治思想倾向、价值观念和行为规范。改革开放以来，以经济建设为中心深入人心，生产力政治得到极大弘扬，开放进取，视野开阔，专业水平高成为新型党政领导干部的优点与长处，但毋庸讳言的是，在部分地区，过于关注政绩也在一定程度上导致了 GDP 崇拜，导致执政文化中不太健康、非科学因素的出现，如部分党政领导干部不顾客观实际，热衷于搞政绩工程、面子工程，工作浮夸、作风浮躁，‘数字出官，官出

---

① 本章论述借用了笔者发表过的论文。参见田新文《民生政治：理解政治生活变化的新视角》，《社会主义研究》2008 年第 4 期。

② 郭剑鸣：《民生：一个生活政治的话题——从政治学视角看民生》，《理论与改革》2007 年第 5 期。

③ 本章论述借用了笔者发表过的论文。参见田新文《民生政治：理解政治生活变化的新视角》，《社会主义研究》2008 年第 4 期。

④ 参见［美］阿尔蒙德、小鲍威尔《比较政治学：体系、过程和政策》，曹沛霖等译，上海译文出版社 1987 年版，第 15 页；景跃进、张小劲主编：《政治学原理》，中国人民大学出版社 2006 年版，第 249 页。

数字’现象屡屡出现，官僚主义、形式主义盛行，所谓的软性腐败和潜规则大行其道，许多干部只对上负责，眼睛向上，对普通百姓生活不太关心。另一方面，长时间以来我们一直以经济成长为核心来进行公共资源配置、公共政策制定、公共部门考核，带有浓厚的经济政治色彩[①]，而很少将民生问题的改善与官员个人的升迁挂钩。这些弊端不能不严重影响到执政效果、和谐社会的构建和‘中国梦’的实现。建构新型的良性的执政文化，强调民生政治就是要树立这种观念，即党政干部的政绩既要体现在维护稳定、发展经济上，也要体现在促进本地人民群众生活的改善上，避免功利化、形式化、非科学化，而将群众化、科学化和实效化作为追求的主要目标，使对干部的考察真正实现上下结合，受到人民群众的监督，让人民群众来评价干部，这样才能树立一种良性执政文化。因此，正如有些学者指出的那样，要转变观念，不再把简单的经济发展指数作为评价政治发展的标准而代之以民众生活质量指数和满意指数，把提高民众生活质量作为政治合法性的支撑来源，以民生与公平为新的动力源，在民生政治模式下引领新一轮中国改革，这将增强社会认同感和稳定性[②]。”[③]

其实，有些决策者已经充分认识到民生政治研究的重要价值。原河南省委书记徐光春指出，民生就是政治，解决民生问题就是最大的政治。这充分说明原来游离于传统政治学视野的形而下和具体微观的诸如公共服务、基层治理等已经上升到政治学的高度。因此，也有人提出基层民主政治的关键是民生。甚至有人已经勾勒出中国民生政治的路线图。尽管这些说法和主张并不那么全面，但是，随着新一代中国领导集体对涉及广大人民群众切身利益的各项民生问题的高度重视，用一种新的视角——民生政治的视角来解读并发展公共服务问题很有必要。民生政治的基本要求就是关注民生、重视民生、保障民生、改善民生。

---

① 郭剑鸣：《民生：一个生活政治的话题——从政治学视角看民生》，《理论与改革》2007 年第5 期。

② 曹文宏：《民生政治：民生问题的政治学诠释》，《社会主义研究》2007 年第6 期。

③ 本章论述借用了笔者发表过的论文。参见田新文《民生政治：理解政治生活变化的新视角》，《社会主义研究》2008 年第4 期。

二　研究现状与不足

本书研究所涉及领域主要为政治学一级学科，所牵涉的次学科则包括科学社会主义理论与实践、政治学理论、公共管理、公共服务等。本书研究分为理论和实践两个部分，具体包括理论研究、对策建议和经验验证三个环节。理论研究主要是对民生政治作为一种分析框架予以政治学的逻辑解读和分析；实践研究则分政策建议和案例验证两个部分。政策建议相对宏观，是通过对民生政治议题的逻辑分析，为当前的民生问题如何进入政治决策程序和更好地推进民生政治建设提供具体的对策；案例验证更为具体，主要是以新农村建设为案例来分析新形势下的公共服务如何促进民生政治的发展的，并检验这种发展的经验、教训等。因此，本书的研究基础需要建立在学界现有的对民生政治的研究和农村公共服务的研究这两个方面。

1. 关于民生政治的研究。纵观国内目前已有关于民生政治的研究，主要可分为以下几个方面。一是关于民生、民生问题和民生政治的概念、种类和范围。学者们或引经据典，或进行理论概括，对民生一词的历史由来、当代含义进行了深入的研究，对究竟什么是民生政治，它的内涵和外延是什么进行了各自的解读，同时也对究竟哪些问题属于民生问题进行了分类。目前这方面较有代表性的研究者包括曹文宏、李红珍、郭剑鸣等人。二是关于民生问题的政治实质和推进民生政治的必要性和意义研究。有的论证了民生问题的政治实质，代表性研究者包括徐勇、项继权教授。他们深刻地指出，民生问题不只是单纯的经济问题，实质还是政治问题，关系国家发展、社会安宁、政权稳定，关乎人们的权益分配、社会的公平正义、政府的功能定位、政权的合法性，“民生问题的解决最终将取决于政治解决及相应的体制改革，取决于赋予并切实保障公民平等的民生权，取决于城乡之间及不同群体的人们平等分享改革和发展的成果。……涉及我国政府的功能定位及权力边界，关系到我国改革和发展的方向”①。这就把民生问题与如政府职能、权力范围、政治体制改革等政治问题深刻地联系到一起。此外，曹文宏将民生政治与社会公平正义、公共服务、制度

① 徐勇、项继权：《主持人语：民生问题的实质是政治问题》，《华中师范大学学报（人文社会科学版）》2008 年第 3 期。

安排等政治价值和政治议题紧密联系在一起，并从保障社会主义国家的政治合法性的角度论述推进民生政治的必要性[①]。夏金梅从人民的利益、民主权利的实现和维护社会稳定等政治学视角论证了发展民生政治、开展民生建设的重要意义[②]。谢金林等人从公民权利和政治伦理的角度论证了民生发展的必要性。同时认为只有在民主政治的体制下，通过有效的制度供给，以制度化的途径才能将民生问题的解决落到实处[③]。郭剑鸣则试图引进吉丹斯的“生活政治”概念来解读当今中国的民生问题，认为当前民生问题的根本是民本和民权政治，其解决与政府行为紧密相关，“它不是一个单纯的经济性社会问题，而是一个需要调整公共政策方向、政府考绩标准和公共财政投入重点，以改善民生为指针去发展社会和管理社会的政治性社会问题”[④]。三是关于民生政治的发展历程。姜纪垒、黄辉研究了改革开放以来民生政治的发展历程，他们认为，改革开放 30 年，我国民生政治的发展的特点呈现富民政治、利民政治到人本政治转变[⑤]。田新文则认为，新中国成立以后我国现实生活经历了政权政治、生产力政治到民生政治不断发展演进且日趋完善的进程，并认为民生政治将成为未来党和政府执政工作的新趋势之一[⑥]。

以上是对当前学术界民生问题研究的基本总结。如果从更深的层次上溯源的话，民生与政治这两个议题则分别可以追溯到马克思主义政治学和西方政治学中的相关理论。从马克思主义政治学来说，民生问题以及民生政治命题是与未来国家（社会主义社会国家）的实质与职能以及政府的职能紧密联系在一起的。从西方政治学来看，民生问题、民生政治命题则与政府的起源、政府职能以及公民权利与义务等相关理论联系在一起。从次学科领域来看，民生政治与现代社会科学中的多个学科联系密切，不仅政治学中的公共行政、公共管理和公共服务理论可以为民生政治问题提供学术支撑，经济学中的福利经济学、政府经济学中诸如公共选择理论、公共财政理论、公共产品理论等都是研究民生政治的重要学术基础。但是，

---

① 曹文宏：《民生政治：民生问题的政治学诠释》，《社会主义研究》2007 年第 6 期。

② 夏金梅：《民生建设的政治学视角》，《江苏省社会主义学院学报》2008 年第 1 期。

③ 谢金林、张艺：《民生问题的政治伦理诠释》，《理论探讨》2008 年第 3 期。

④ 郭剑鸣：《民生：一个生活政治的话题——从政治学视角看民生》，《理论与改革》2007 年第 5 期。

⑤ 姜纪垒、黄辉：《民生政治与改革开放 30 年的政治发展》，《景德镇高专学报》2009 年第 1 期。

⑥ 田新文：《民生政治：理解政治生活变化的新视角》，《社会主义研究》2008 年第 4 期。

这些原理论只是本书进行研究的基础，并不能算是现有的研究成果，因此，关于这些理论的文献综述将放在后续的行文中概括与归纳，作为本书理论研究的平台。

2. 关于农村公共服务的研究。作为现实生活中的民生政治表征，当前农村经济社会所出现的巨大变化尤其是农村公共产品、公共服务系统的逐步完善是本书研究的重要基础，也是与民主政治直接相关的。特别是2006年社会主义新农村建设开展以来，关于农村公共服务的研究日趋增多，学术成果也非常丰富。以“农村公共服务”为主题在中国期刊网上进行精确检索，共查询到1454篇文章，而以“公共服务”为主题进行检索，其信息则是海量的，共查询到34781篇文章①。

在学术期刊论文方面，目前关于农村公共服务的研究主要有以下几个方面。一是加强农村公共服务的必然性和必要性。重点是当前农村公共服务的发展现状、所存在的问题以及为什么要加强农村公共服务等。大多数学者认为，农村公共服务体系薄弱是导致我国城乡发展不平衡的重要原因，同时也是其重要表现；要推进社会主义和谐社会建设，推动社会主义新农村建设，就必须将加强农村公共服务体系建设作为重要的政治任务予以落实，农村公共服务体系建设是我国当前社会建设的重要内容，是民生政治的重要表现形态。只有大力加强农村公共服务和公共产品体系建设，才能较快缩小城乡差距，推进工业农业均衡发展、城乡均衡发展，实现工业反哺农业，城市支援农村的目标。吕微、唐伟从生活性服务支持体系、生产性服务支持体系、发展性服务支持体系、保障性服务支持体系、安全性服务支持体系五个方面剖析了当前我国农村公共服务体系建设的现状，认为其与新农村建设的要求差距较大。同时分析了建设存在的主要问题，如制度缺陷、农村建设能力不足、政府投入严重不足等，并提出了相应的对策②。张开云认为，农村公共服务政府供给存在效率低下、总量不足、结构失衡等问题，面临诸多现实困境。政府公共服务职能的缺位与错位并存；结构失衡，效率低，供给过度与供给短缺并存，供给效率不高，供给绩效较差。政府在农村公共服务供给过程中自身应定位准确，担当四种角色即“农村公共服务的制度公共品供给角色、主导性供给主体和投资者

① 2013年3月18日查询。相关参数皆为：时间：1980—2013年；更新：全部数据；范围：全部期刊；匹配：精确。

② 吕微、唐伟：《农村公共服务体系建设的现状与对策建议》，《中国行政管理》2009年第7期。

角色、多元化供给主体的服务者与多元化供给方式的引入角色和农村公共服务供给的监督者角色”①。

二是关于农村公共服务体系建设的模式构建、路径选择和策略建议等。由哪些主体来提供农村公共产品是学界多年来热烈探讨的一个重要问题。一般认为，当前我国农村公共产品的供给者主要是政府尤其是基层政府，而理想的模式则是建立政府、市场和社区社会组织的多元供给模式。同时，学者们对相关供给模式的效率与优缺点也进行了各自的分析。林万龙对农村公共服务市场化供给中的效率与公平问题进行了认真思考，并通过案例予以分析。他认为农村公共服务的市场化供给并不必定能提高供给效率，还有可能会带来供给的公平性问题。他通过实地调研，对乡、县及省级以上财政对农村公共服务的供给能力进行了分析②。史传林强调，农村公共服务应该实现从“政府供给”到“社会供给”的转变，认为农村公共服务社会化供给有三种模式：即参与型、合作型和主导型。并分析了各种模式的具体形式及特点，最后提出了农村公共服务社会化的应对策略即界定农村公共服务社会化过程中的政府责任、提升社会化主体的公共服务能力以及尊重农村居民对公共服务供给的选择权和评价权③。彭焕才则在评析现有农村公共服务供给体系后，指出构建新型农村公共服务供给体系不仅必要而且可能，首先要着力解决农村公共服务的基本问题如农村公共服务的性质、农村公共服务改革取向、供给主体多元化等，再者要强化政府农村公共服务职能，加速推进相关体制和制度改革，建构政府、社会与市场互动有效的供给机制④。程又中、陈伟东通过对大规模调查样本资料信息的处理，从七个方面对当前农村公共产品的供给现状进行了分析，认为村民日益增长的个体需求和公共需求与私人产品和公共产品双重短缺的矛盾是当前农村面临的主要矛盾。而解决这一矛盾的前提条件是细分公共产品，定位中央、地方、社区的角色与功能，同时要借鉴国际经验，建

① 张开云、李倩：《政府供给农村公共服务的现实困境与角色路径》，《社会科学家》2008 年第 12 期。

② 林万龙：《农村公共服务市场化供给中的效率与公平问题探讨》，《农业经济问题》（月刊）2007 年第 8 期；林万龙：《不同级层财政主体的农村公共服务供给能力分析》，《甘肃行政学院学报》2009 年第 1 期。

③ 史传林：《农村公共服务社会化的模式构建与策略探讨》，《中国行政管理》2008 年第 6 期。

④ 彭焕才：《论新型农村公共服务供给体系的构建》，《求索》2007 年第 9 期。

立多元供给模式[①]。

三是关于农村公共服务均等化问题研究。这方面代表性的研究成果主要是项继权等所提供的研究。项继权、袁方成等在实证调查的基础上，以公共财政投入与分配为视角研究了我国基本公共服务均等化问题，并认为，财政投入总量不足是现阶段我国基本公共服务面临的客观现实，此外还存在分配不均、城乡之间、地区之间公共服务有明显的非均衡性等问题。他们分析了我国未来十年（2010—2020 年）基本实现城乡基本公共服务均等化的财政需求及其可行性，提出“同步推进、分步实现”的基本公共服务均等化发展战略：第一步实现“广覆盖”，人人享有基本公共服务；第二步实现“一体化”，消除城乡二元化，建立健全城乡一体基本公共服务体制；第三步实现“均等化”，消除差距，人们平等享有基本公共服务[②]。陶振等认为，我国现行农村公共服务体制是以县乡投入为主的，县乡基层政府承担着主要支出责任。他们从县域体制内调控资源空间能力、基层政府内在投资动力等方面评估了对实现公共服务均等化的功效，并对改革路径进行探索。他们认为，要实现公共服务均等化，就必须加快建立公共财政体系，优化政府公共服务结构，增加政府公共服务支出；县乡政府承担日常管理，中央及地方较高级政府承担投资支出任务；同时加大一般性转移支付力度[③]。

在著作方面，中国（海南）改革发展研究院编的《基本公共服务均等化：新农村建设之重》汇集了政策建议、调查报告、理论研究等各种类型的文献，对新农村建设中的公共服务问题进行了全面系统的论述[④]。徐小青主编的《中国农村公共服务》一书则从理论基础、制度变迁、服务需求和农业科技推广、农村经济信息服务、农村卫生医疗体制改革等方面对当前中国农村公共服务的理论和现实问题进行了总体梳理[⑤]。龙兴

---

① 程又中、陈伟东：《国家与农民：公共产品供给角色与功能定位》，《华中师范大学学报（人文社会科学版）》2006 年第 2 期。

② 项继权、袁方成：《我国基本公共服务均等化需求的财政投入与需求分析》，《公共行政评论》2008 年第 3 期；项继权：《我国基本公共服务均等化的战略选择》，《社会主义研究》2009 年第 1 期。

③ 陶振、叶敏：《农村公共服务均等化：体制障碍与机制探索》，《改革与战略》2009 年第 5 期。

④ 中国（海南）改革发展研究院编：《基本公共服务均等化：新农村建设之重》，中国经济出版社 2007 年版。

⑤ 徐小青主编：《中国农村公共服务》，中国发展出版社 2002 年版。

海、曾伏秋等著的《农村公共服务研究》在公共产品及其供给理论的视角下，以现实中我国社会主义新农村建设为背景，深入探讨我国农村公共服务供给问题，力图解决农村公共服务供给中的理念问题、制度问题、机制问题等[①]。王再兴著的《农村公共服务概论》概述了农村公共服务，并对农村公共服务的公平与效率、农村公共服务产品供给模式、农村公共教育、农村公共服务的财政保障、农村公共服务的体制与机制、农村公共服务社区化等进行了专题研究[②]。总的来说，当前农村公共服务也已经成为学界研究的重要议题，在政治学领域，此类研究更多是从公共服务、公共产品下乡的角度出发，并且是与服务型政府建设、基层政府职能转变、加强社会建设等密切联系在一起的角度来进行论述的。

在博士论文方面，吉林大学于凤荣的博士论文《我国农村公共服务供给模式问题研究》，“在占有大量现实资料的基础上，以公共服务供给方式为主线，系统地探讨了我国农村公共服务供给模式的特点、作用、历史演变、改革的价值取向、路径选择原则、保障机制以及供给模式创新的具体策略选择”[③]。南京农业大学于水的博士论文《乡村治理与农村公共产品供给问题研究——以江苏为例》通过比较江苏省内苏南与苏北地区若干个地区的不同乡村治理模式，来分析农村公共产品供给机制的差异及其深层次的原因，其最终目的是为了论证不同的乡村治理模式对农村公共产品供给关系和供给效率的影响[④]。山东大学曲延春的博士论文《我国农村公共产品供给体制变迁研究》对农业合作化时期、人民公社时期和家庭联产承包责任制时期这三个不同历史阶段中我国农村公共产品的供给体制进行了总体梳理和评述。他认为，从整体上看，我国农村公共产品的供给体制是以制度外供给为特征的，多年来并无实质改变。导致这一体制形成的主要原因在于我国选择的重工业优先发展的战略，它导致形成了城乡二元的公共产品供给结构。农村公共产品供给体制变迁应该把以制度外供给为主转向以制度内供给为主作为目标，构建城乡一元的供给结构。这就需要用以工促农、以城带乡的新战略取代“重工轻农”、“重城轻乡”

---

① 龙兴海、曾伏秋等：《农村公共服务研究》，湖南人民出版社 2009 年版。

② 王再兴：《农村公共服务概论》，四川大学出版社 2008 年版。

③ 于凤荣：《我国农村公共服务供给模式问题研究》，吉林大学博士学位论文，2006 年。资料来源：中国博士学位论文全文数据库，http：//epub. cnki. net/kns/brief/result. aspx？dbprefix = CDFD，下同。

④ 于水：《乡村治理与农村公共产品供给问题研究——以江苏为例》，南京农业大学博士学位论文，2007 年。资料来源：中国博士学位论文全文数据库。

的传统发展战略，统筹城乡发展，而健全公共财政体制就是其中最关键的一点，要求不仅要对农村和农业的财政资金支持力度加大，而且要对中央政府与地方政府的事权予以合理界分，建立责任分担机制，还要完善转移支付制度，建立科学的决策机制，真正发挥政府在农村公共产品供给中的作用①。湖南农业大学张珺的博士论文《我国农村公共产品供给问题研究》对农村公共产品供给与农业和农村社会经济发展与农民增收之间的关系进行了探讨，并分析了我国农村公共产品供给的规模和效益，认为目前我国农村公共产品的供给仍严重不足，政府的财政支农资金离实际需要相差甚远，必须在近几年内达到 1 万亿元人民币才能补足②。天津大学姜岩的博士论文《中国农村公共服务体制的研究》表明，几经变迁的我国农村公共服务体制基本能满足农民的公共需求，促进了中国经济社会的发展，尤其是进入 21 世纪后，成就显著，但目前公共服务的供给存在的问题也较多。因而，迫切需要从决策结构、信息结构、动力结构以及运行模式等方面重构农村公共服务新体制，并建立涵盖农村基本公共服务的评价指标体系，对农村公共服务进行定量分析③。复旦大学胡志平的博士论文《中国农村公共服务非均衡供给的政治经济学分析》认为当前我国农村公共服务供给存在非均衡的现象，分为三种基本类型：类型Ⅰ城乡非均衡供给；类型Ⅱ总量非均衡供给；类型Ⅲ结构非均衡供给。通过对三种非均衡供给类型形成的政治经济机理分析，认为农村公共服务非均衡供给的深层次原因是利益主体之间的博弈而非财政压力。要完成我国农村公共服务从非均衡走向均衡发展这一系统工程，一方面需要改革提供机制，另一方面更需要从宏观如战略上根本改变城乡关系、中观如改变政绩考核制度、微观如实现提供模式从单中心向多中心治理模式转变的政策设计等三个层次再架构体制机制④。湖南农业大学贾先文的博士论文《农村公共服务的社区化问题研究》认为我国农村公共服务供给在现阶段有成效但未能达到预期，关键原因是供给体制和机制存在问题，农村居民作为公共服务消费

---

① 曲延春：《我国农村公共产品供给体制变迁研究》，山东大学博士学位论文，2008 年。资料来源：中国博士学位论文全文数据库。

② 张珺：《我国农村公共产品供给问题研究》，湖南农业大学博士学位论文，2008 年。资料来源：中国博士学位论文全文数据库。

③ 姜岩：《中国农村公共服务体制的研究》，天津大学博士学位论文，2009 年。资料来源：中国博士学位论文全文数据库。

④ 胡志平：《中国农村公共服务非均衡供给的政治经济学分析》，复旦大学博士学位论文，2010 年。资料来源：中国博士学位论文全文数据库。

者参与不足，农村社区的作用没能得到应有发挥。而农村公共服务社区化不仅能提高公共服务资源的配置效率、满足居民多样化需求、提高居民的幸福指数，而且有利于实现城乡基本公共服务均等化目标、实现社会公平与正义。通过分析农村公共服务社区化的理论与现实依据、宏观环境与微观条件，提出了农村公共服务社区化的路径选择比如以社区为平台的社区化运作机制、发挥社区的整合作用促进公共服务均等化等①。山东农业大学刘光俊的博士论文《财政分权体制下农村公共服务供给研究》以我国目前的财政分权体制为背景研究了中国农村公共服务提供问题，探讨了政治激励、财政激励以及财政制度设计对农村公共服务供给的影响。当前农村公共服务供给中存在政府供给不足与错位、供给效率低下、供需脱节、需求表达机制缺失等困境，这是我国经济发展过程中必然出现的经济现象，是放大了财政激励的必然后果。中国式财政分权对农村公共服务供给水平的负面影响显著，因而需要改革财政体制、官员晋升体制以及相关配套制度②。浙江大学汪杰贵的博士论文《乡村社会资本视阈下的农村公共服务农民自主供给制度研究》结合当前我国农村经济、社会和文化等制度环境现状，研究了农村公共服务供给制度，认为可以构建农村公共服务农民自主供给制度来创新农村公共服务制度，并从乡村社会资本的视角进行了探讨，提出乡村社会资本重构有三条途径：发挥基层政府引导作用、弱化乡村宗族组织职能和推动农民自治组织发展③。吉林大学张菊梅的博士论文《广东省农村公共服务中的公私合作模式研究》在阐述广东农村公共服务供给模式演变历程的基础上，剖析了其产生背景、实践模式类型和运行效果，同时，对公私合作模式的合作目标、合作主体、合作过程和合作制度等相关问题进行了探讨，指出"公平"、"效率"、"民主"、"多赢"的"多元治理"高效运作模式应是农村公共服务公私合作的目标模式，并提出了农村公共服务公私合作的对策建议④。

除了上述研究外，有关公共管理、政府职能转变等政治学传统研究领

---

① 贾先文：《农村公共服务的社区化问题研究》，湖南农业大学博士学位论文，2010年。资料来源：中国博士学位论文全文数据库。

② 刘光俊：《财政分权体制下农村公共服务供给研究》，山东农业大学博士学位论文，2011年。资料来源：中国博士学位论文全文数据库。

③ 汪杰贵：《乡村社会资本视阈下的农村公共服务农民自主供给制度研究》，浙江大学博士学位论文，2012年。资料来源：中国博士学位论文全文数据库。

④ 张菊梅：《广东省农村公共服务中的公私合作模式研究》，吉林大学博士学位论文，2013年。资料来源：中国博士学位论文全文数据库。

域的成果都是本书的重要基础①。由于这方面的研究情况比较熟悉和流行，在此不做专门综述，相关成果将在后文论述中引用。

从总体上看，目前国内关于社会建设和民生政治的研究相对较少，这主要可能基于以下两个方面的原因：一是社会建设本来就不属于传统的科学社会主义和政治学研究的内容，人们关注的是较为传统的宏大理论；二是在基层治理中，传统上关注较多的是以选举政治为核心的民主政治。尤其是在新农村建设和农村社区建设在实际工作中得到开展之前，政治学界很少关注民生问题。

三　研究目标、思路、理论框架、研究方法以及创新与不足

1. 研究目标与思路。本书的研究目标是提供全面系统的对于民生政治的研究。而在当前的现实世界中，民生政治这一概念事实上兼具学术内涵和现实内涵，也就是说，同时存在作为学术命题的民生政治和现实议题的民生政治。所谓学术命题，是指将民生政治看作一种观察现实政治变化

① 公共服务、公共管理相关领域的研究也是本文的重要研究基础，但由于是间接相关，不拟专门介绍相关观点，只列出此领域的代表性作品。如：其他关于公共服务的相关研究有［美］埃莉诺·奥斯特罗姆、帕克斯、惠特克：《公共服务的制度建构：都市警察服务的制度结构》，宋全喜、任睿译，上海三联书店 2000 年版；李军鹏：《公共服务型政府》，北京大学出版社 2004 年版；任洁编著：《公共服务能力》，人民出版社 2005 年版；句华：《公共服务中的市场机制：理论、方式与技术》，北京大学出版社 2006 年版；中国（海南）改革发展研究院编：《中国公共服务体制：中央与地方》，中国经济出版社 2006 年版；李军鹏：《公共服务型政府建设指南》，中共党史出版社 2006 年版；中国（海南）改革发展研究院编：《聚焦中国公共服务体制》，中国经济出版社 2006 年版；杨寅主编：《公共服务政府与行政程序构建》，法律出版社 2006 年版；唐铁汉、袁曙宏主编：《公共服务创新（第 2 版）》，国家行政学院出版社 2007 年版；孙晓莉：《中外公共服务体制比较》，国家行政学院出版社 2007 年版；［美］保罗·乔伊斯：《公共服务战略管理》，张文礼、王达梅译，清华大学出版社 2008 年版；［美］莱斯特·M. 萨拉蒙：《公共服务中的伙伴：现代福利国家中政府与非营利组织的关系》，田凯译，商务印书馆 2008 年版；靳永翥：《公共服务提供机制：以欠发达农村地区为研究对象》，社会科学文献出版社 2009 年版；中国（海南）改革发展研究院编：《中国基本公共服务建设路线图》，世界知识出版社 2010 年版；曾著强：《公共服务与管理发展导论》，光明日报出版社 2012 年版；柳成洋等：《社会管理和公共服务标准化概论》，中国质检出版社、中国标准出版社 2014 年版。

的分析视角或概念框架。所谓现实议题，是指实际生活中业已存在民生问题政治化这一客观趋向。因此，要完成这一研究目标，就需要展开一项理论与实证相结合的研究。在理论上，针对作为学术命题存在的民生政治，需要系统阐述民生政治作为一项新的政治学概念框架所产生的历史必然、现实可能性，并对其概念、原初假设、基本命题、核心变量等内在逻辑理论体系进行深入细致的研究，揭示这些理论要素之间的相互关系。在实践上，针对现实生活中存在的民生建设和民生关注，用民生政治的概念予以概括，并对这一趋向发生的必然性、必要性，蕴涵的价值与意义，存在的矛盾与问题，未来发展的规律性趋势进行实证性研究，这种研究是以社会建设和新农村建设中的公共服务等为案例予以展开的，最终是要为推进民生政治这一现实政治进程提供若干政策建议。

研究思路取决于研究目标。在以上目标的指引下，本书拟通过以下思路来展开研究。首先，本书将依次展开分属两大类型的三种研究，分别是理论研究、对策研究和案例解读，其中，理论研究自然属于基础理论研究，而对策研究和案例解读则属于现实问题研究。理论研究主要是概念和理论研究，将相关民生政治的学术概念和理论基础予以阐述和论证，进而推导出民生政治这一概念框架。对策研究是对民生政治这一现实议题的发展脉络、必然性、内涵、内在规律等进行研究，在此基础上，提供若干对策建议。案例解读则以社会建设、新农村建设中的公共服务等为对象，来系统验证作为概念框架的民生政治，同时也对前述对策建议进行还原分析。其次，通过综合性的方法，经由学术提炼，将三类研究予以最终的总体归并与修正。最后，运用整体主义方法，对全文进行总体检视，得出最终的总结论和核心论点。因此，本书在总体逻辑思路上，将主要采取演绎法与归纳法相结合的方法，在结构设计上，将采取分—总的模式，即先分别阐述各相关理论要素，最后再通过理论提炼工作，将这些要素综合起来；先进行具体分析，再予以整体综合。

2. 理论框架。本书以作为学术命题和现实议题存在的民生政治为研究对象，意味着需要同时展开基础理论研究与现实问题研究。前者需要解决的是民生问题与传统学科包括马克思主义政治学和西方政治学之间的关系，后者则需要解决反映在民生问题之中的公共服务、公共管理与现实政治行为之间的关系，或者说，现实中的公共服务与公共管理的基本状况及内在矛盾。这两个方面的需求决定了本书的理论基础是马克思主义国家理论和现代政治学的政府理论，所使用的理论框架则可以具体为科学社会主义的国家职能理论和政治学的政府理论、公共管理、公共服务理论，同时，经济学、管理学、行政学中的有关公共产品、公共财政等理论也是必要的补充。更重要的是，由于涉及当代中国政治实践，因此，以上相关理论必须要在当代中国社会主义现代化建设的背景中，与中国的具体问题实现充分的结合，组成综合性且符合实际的整体理论框架。显然，这一理论锻造的任务是艰巨的，所以将在第二章予以专门论述。

3. 研究方法。本书将以马克思主义为指导，遵循唯物辩证法中事物间普遍联系和运动的原理，遵循矛盾双方既对立又统一的主张，遵循唯物史观从历史、科学的态度来看待世界变化和各种实际问题的观点，力图将规范研究与实证研究、理论研究与问题研究、宏观研究与微观研究、定性分析与定量分析进行充分的结合，为研究服务。重点采取以下研究方法和技术手段。

①矛盾分析方法。以马克思主义的辩证唯物主义为指导，运用对立统一规律和矛盾分析方法，对当前民生政治发展进程中的矛盾尤其是民生供给和社会建设、农村公共服务中的若干对基本矛盾和进程进行科学辩证和实事求是的分析，为研究目标服务。

②历史分析方法。以历史唯物主义为指导，运用历史分析方法，结合时代背景，对政治学发展思想历程、中国现实历史演进中的相关大历史事件和史实问题进行分析，获得对史实的真理性认知，作为研究结论的实证基础。

③文献研究方法。大量查阅马克思主义经典作家原著以及政治学、管理学、经济学等学科的重要理论著作、学术论文、历史文献以及领导人文集等，了解各种相关信息和文本资料，掌握相关理论的研究脉络，消化成为系统论据或理论基础，并运用合适的论证方法完成，形成初步观点。

④规范研究方法。以马克思主义政治学相关理论为指导，借鉴相关学科领域的最新学术研究成果，对民生政治学的理论和实践进行学理性研究，提出民生政治学的主要概念、基本假设、核心变量和主要观点。

⑤实地调查、个案与数据分析法。在进行对策研究时，将会采集大规模的数据信息，并运用相关软件进行数据处理。在进行案例验证时，将通过实地调查的方法，进行专题性的个案研究，同时辅之以小规模的数据统计分析方法，

4. 创新与不足。本书预期的创新或特色之处在于，本书可能属于国内目前较为系统地涉足民生政治这一新的政治现象，并将之上升到理论高度进行提炼的专门性研究著作。具体来说，本书的特色与创新可能主要表现在：①较为系统地提出民生政治的概念，并将它与传统的政治学命题进

行比较研究。②较为系统地提炼民生政治作为概念框架的内在理论要素，发掘理论要素之间的内在逻辑联系，试图在整体上推进民生政治学的原创性研究。③试图用社会建设、公共服务下乡这一现实生活中的新的史实来为民生政治注解，同时又试图从民生政治的视角来解释社会建设和公共服务下乡，实现理论与实践的交互注解，这是一种新的理解与思考问题的方法。

不足之处在于：①对民生政治作为学术命题和现实议题之间的合理界分还有所欠缺，两个概念在具体行文中出现过混淆的情况。②民生政治作为一项新概念的内涵和外延的界定有待进一步明确，相关命题和判断需要继续锤炼，说服力还不是很强。

四 总体结构与核心观点

1. 总体结构。本书共分为八章。第一章是导论，主要是阐述本书选题的缘由以及选题的意义，并通过文献综述的形式对当前国内学界与本书议题相关的研究进行了概括。导论部分还提出了本书的研究目标、思路、理论框架、研究方法，对本书可能存在的创新与不足也进行了预估，简述了本书各部分的内容与总体结构，并对本书的核心观点进行了陈述。

第二章阐述民生政治的概念和理论基础，主要通过对民生、民生政治等核心概念的内涵和外延分析，为民生政治的学术内涵和现实内涵打下基础。本章重点对民生政治的理论基础进行了梳理，主要包括马克思主义国家本质理论和职能理论，现代政治学的政府理论和公共物品理论，它们是后续论证的重要框架。本章还对古今中外的有关民生思想进行了梳理，目的是从整体上了解人类社会中的民生主张，它们同样是后续论述的思想基础。

第三章专门论述作为学术命题的民生政治。重点研究如何从政治的视角来看待民生相关议题，形成一套分析、研究当前中国民生问题的学术框架。为此，需要建构民生政治的理论逻辑体系。这一体系由三个原初假设、五对核心变量关系和四个基本命题组成。

第四章专门论述中国特色社会主义民生政治。在揭示中国共产党历届领导集体的民生政治主张后，重点对民生政治与中国特色社会主义的联系、中国特色社会主义民生政治的内涵与特征、主要内容、实现路径等问题进行了宏观上和理论上的剖析。

第五章专门论述作为现实议题的民生政治。通过描述新中国成立以来的民生建设实际历程，总结我国当前民生建设所取得的成绩，存在的问题，并指出如果要进一步推进民生建设，需要将民生政治作为一个重要的政治议题，贯彻其三个基本原则，制定若干行动纲领，扎实地予以推进。

第六章以社会建设以及社会建设的五个主要内容国民教育、劳动就业、城乡居民收入、社会保障、医疗卫生为对象，全面具体地论述了中国特色社会主义民生政治在当代中国实践中的具体表现。

第七章专门从民生政治的视角，对“三农”问题尤其是公共服务下乡等农村的民生议题进行了深入论述。

第八章是结论，将各章节的主要观点贯穿起来，得出核心观点。

2. 核心观点。本书所研究的核心变量关系就是民生问题与政治运作的关系。具体表述则为，从理论层面来看，为什么在进入 21 世纪以后，民生问题得到越来越多的政治关注，开始具有政治含义，从而被政治化的？不断涌现的民生问题是如何影响现实世界中的政治运作的？反过来，在现实层面，政府的政治运作包括公共管理与服务是如何推进、影响、深化民生问题的，它的实际进程是如何体现的？成功经验与失败教训，还有哪些不足，如何进一步改善等？

核心观点是核心变量关系的反映。通过对以上变量关系的系统论证，本书最终拟得出的核心观点或最终结论是：随着我国社会主义现代化建设和经济社会改革发展的进步，无论是从学术研究还是从实践工作中，有必要提出一种新型的有别于传统政权政治、生产力政治的民生政治命题，以民生政治概念来解读、统率和加强社会主义社会建设，改善民生，建设和谐社会。现实生活中的民生政治议题是新中国经济政治社会事业发展的必然产物，也反映了我国中国特色社会主义现代化事业发展的曲折进程。中国特色社会主义民生政治是民生政治议题在当代中国的具体实践。当前，要推进民生政治的发展，必须正确认识生产力政治与民生政治的关系，拓宽政府职能范围，正确界分管理与服务，使公共服务成为各级政府行政重要内容。新农村建设中的公共服务是民生政治不断发展的佐证。因此，有必要以更为全面的民生政治体系来观察社会建设、“三农”问题和公共服务下乡，为推进民生工作、为实现“中国梦”提供更有力的知识保障和智力资源。

第二章　民生政治的概念与理论基础

无论是从学术命题还是从现实议题来考察民生政治，都需要首先了解相关的学术概念以及这些概念的内涵与外延。概念厘定是学术研究的细胞，也是后文相关学术命题和框架的基础。

一　民生政治的基本概念

1. 民生政治的概念与内涵。民生，英文称作“the people's livelihood”。《辞海》中的解释是：民生，指人民的生计①。民生一词在中国古典文献中的使用频率虽然不太高，但仍有多种含义。今天所能考证到的最早记载“民生”一词的文献是《左传》，在《宣公十二年》晋楚邲之战中，当谈到楚国时栾武子说：“楚自克庸以来，其君无日不讨国人而训之于民生之不易”，接着又说，“箴之曰：‘民生在勤，勤则不匮’”②。这里出现的两处“民生”就是指人民的生计、生活、生存。先秦时期楚国伟大的爱国诗人屈原在《离骚》中也曾使用了“民生”一词：“长太息以掩涕兮，哀民生之多艰”③，此处的“民生”显然也是指人民的生计。类似的含义还出现在明代何景明的《应诏陈言治安疏》中，其文说，“民生已困，寇盗未息，兵马弛备，财力并竭”④。清朝末年，著名国学大师章炳麟在《訄书·商鞅第三十五》中也曾提到：“国政陵夷，民生困敝，其危不可以终一餔。”⑤ 此外，在中国古代的一些文献中，“民生”还有人的本

① 夏征农主编：《辞海（彩图本）》第4卷，上海辞书出版社1999年版，第4840页。

② 陈国勇主编：《春秋左传（二）》，广州出版社2003年版，第137页。

③ 屈原、宋玉著，康瑛译注：《楚辞》，青海人民出版社2002年版，第9页。

④ 李淑毅等点校：《何大復集》，中州古籍出版社1989年版，第562页。

⑤ 章炳麟：《訄书》，古典文学出版社1958年版，第111页。

性、人生、生民，民众等含义。

现代以来对民生一词最重要的界定当属伟大的革命先行者孙中山先生。民生主义被看作是旧三民主义（民族、民权、民生）思想的重要组成部分。孙中山先生在《民生主义》中给民生下定义时说："民生就是人民的生活——社会的生存、国民的生计、群众的生命。"① "在现代文明社会中，民生已和民主、民权皆相互倚重，而民生之本，也由原来的以生产、生活资料的拥有的物质特征，上升为生活形态、文化模式、市民精神等既有物质需求也有精神特征的整体样态。"② 当前学术界关于民生的定义，与此大同小异。他们一般都把民生理解为人民的生活、生计或指民众的基本生存和基本生活状态，具体指标包括民众的基本发展机会与能力、基本权益状况等，认为民生构成社会生活的最基本内容，是国家和社会组织活动的重要目的。③

从上述定义出发，再结合历史和现实生活的具体演进，我们可以合理地得出民生概念的具体内涵，也就是说，民生这一概念到底包括哪些基本要素和特有属性。

首先，民生以人民大众为其主体要素，以大众性为其特征。民生这一概念所指向的是人民大众这一抽象主体，无论是在政治学、经济学或管理学等学科中，这一主体具有自己特定的定义域。人民大众这一主体在不同的学术领域中和范围中，可以用人民、公民、民众、群众等概念来予以替换，但不管如何替换，它必然指的是与作为公领域代表的国家、政府相对应的公民；与私领域的公司法人、社团法人等相区分的自然人。从公民的角度出发，民生所指涉的是公民作为国家或社会一分子所应该享有的赖以生存和发展的基本权利。这一基本权利有其理论上的存在理由。后文当予以论证。从自然人的角度出发，民生是关涉作为单个个体而非集体或虚拟集体的生存和发展事务。也就是说，民生是与真实的人而非虚拟的人相关的。这是后文我们论述为什么民生必然是与人本主义思想、民本主义思想和以人为本理论相关联的原初理由。

其次，民生以人的自然权益为其客体要素，以自然性为其特征。作为一种最高级的动物，人的权益需求是多方面的且分层次的。例如人的政治

---

① 《孙中山选集》，人民出版社 1981 年版，第 802 页。

② 朱天、程前、张金辉：《解读电视"民生新闻"现象》，《传媒观察》2004 年第 8 期。

③ 龙佳解、罗泽荣：《胡锦涛民生思想初探》，《学术论坛》2009 年第 2 期；姜纪垒、黄辉：《民生政治与改革开放 30 年的政治发展》，《景德镇高专学报》2009 年第 1 期。

发展、人的社会地位、人的感情友爱、人的艺术享受等都属于人的权益，但是，这些权益更多与人的社会权益联系在一起，相对来讲，属于更高层次的人的需求。而民生内涵所强调的是人在自然和生理方面的基本权益，换句话说，民生关涉的是维持人的生存和尊严的最起码的权益。如果用马斯洛五需求层次来说，民生所指涉的内涵必然是生理需要、安全需要等低层次的需求，用通俗的概念来解读就是首先要满足温饱问题。但随着时代的进步，最低要求也会逐渐提升。在不同经济社会发展水平的国家，民生所指涉的人的自然权益必然有所不同。

最后，民生以个体与整体关系为其方法论要素，以公共性为其特征。民生概念的内涵中隐藏着这一假设，即民生所涉及的人民大众的基本自然权益这一内涵意味着它的实现是需要通过公权力来完成的。我们知道，一个人的自身生存和发展离不开个人作为个体的奋斗，也离不开宏观性的国家或社会政策及环境。东西方社会不同的价值观可能对是个体自身还是整体社会在人的发展进程中占据更重要的地位这一点有不同的看法。但是，民生概念意味着人民大众作为抽象主体，需要国家、政府履行公权力代表这一职责来推进人民生计的进程，民生就是要强调社会和国家对公民个体的责任和关照。

综上所述，民生概念的内涵同时具备三个要素，即作为主体要素的人民大众，作为客体要素的人的自然权益，作为方法论要素的个体整体关系。这三个要素决定了民生概念必然以与普通大众的最低自然权益需求为基本属性的，同时，对这一需求的解决需要公权力的介入。从这三个内涵要素出发进行总结，“所谓民生，从人权角度看，就是人的全部生存权和普遍发展权。从需求角度看，民生是指与实现人的生存权利相关的全部需求和与实现人的发展权利有关的普遍需求。前者强调的是生存条件，后者追求的是生活质量，即保证生存条件的全部需求和改善生活质量的普遍需求”①。从责任角度看，推进民生改善是公共权力的应尽义务，也就是政府公共施政的基本要求。从民生概念的内涵我们可以演绎出这样一个结论，即在民生概念的内涵中天然地就是与政治相关的，或者说，只有进入公共价值的视野，民生概念才具有真正的内涵。

外延是内涵的外在表现和概念的适用对象，是满足内涵的事物的分类。民生概念这一内涵的外延就是民生问题及其种类。它需要明确的是，

---

① 张鸣雨：《什么是民生》，http://blog.sina.com.cn/s/blog_4a0ecb9c01007qga.html，2007年12月11日。

在现实生活中，哪些问题属于民生问题。与界定内涵一样，尽可能地穷尽事物的外延是科学研究的必备前提。民生问题是与人民的生计、生存和生活相关的基本问题，它事关民众作为个人生存和发展的基本权益。那么，哪些社会问题属于民生问题呢？这一点目前有着不同的看法，分别有四问题说、五问题说和八问题说。其中四问题说的持有者最多，但内容不尽相同。一种看法认为，民生问题主要是指与老百姓生活密切相关的衣食住行、教育医疗、劳动就业、养老保险等诸多方面，是人民群众最直接、最关心、最现实的利益问题，可概括为就业、就学、就医、社会保障的“三就一保”问题，其中“就业是民生之本，就学是民生之基，就医是民生之急，社会保障是民生之盾”①。另一种看法也认为民生问题包括四个方面，分别是就业、教育、分配、社会保障，可以概括为四大民生问题。还有一种四问题说认为，民生问题首先指社会问题、经济问题，最主要的是指教育、医疗、住房、就业这四个问题②。四问题说这一主张认为，就业是民生之本，即解决国民生计的根本。有就业就有收入来源，就有基本的生活保障，解决就业问题就是解决最基本的民生问题。教育是民生之基，指教育是国民在社会上生存的基石。要优先发展教育，实现教育公平，全面、努力提高国民素质。分配是民生之源，指分配是国民用来保障生活、生存与发展的财富源泉。让全体国民合理分享改革发展成果是社会分配改革的目标，通过改革使收入分配更公平、合理、有序，不断提高劳动者的收益，积极发展慈善公益事业。社保是民生之安全网，指社保是解除国民各种生活后顾之忧的根本保证。我们必须尽力尽快健全社会保障体系，为全体国民提供一个安全可靠的生活保障和稳定的预期③。五问题说中的前四个问题与四问题说相同，只是加入了社会稳定，有一些学者认为“‘稳定是民生之盾’，就是说‘稳定’是人民安居乐业的可靠保障和坚强后盾”④，因而“稳定压倒一切”。另一些学者则认为，现阶段我国存在八大关乎人民生活和生计的焦点民生问题即就业、收入、农业、教育、医

---

① 徐光春：《解决民生问题是最大的政治》，《人民论坛·双周刊》2007 年第 3 期。

② 汪玉凯：《民生问题的政治高度》，《文汇报》2007 年 3 月 22 日。资料来源：http：//pkunews. pku. edu. cn/xwzh/2007 －03/22/content_ 112569. htm。

③ 黄月平：《民生问题实质上是一个政治问题》之主题延伸：《郑功成说四大民生问题》，人民网：http：//cpc. people. com. cn/GB/64093/64099/5549067. html，参见《北京日报》2007 年 4 月 2 日。

④ 翟玉君：《老百姓关心的五大民生问题》，新华网：http：//news. xinhuanet. com/comments/2006—10/12/content_ 5189858. htm，2006 年 10 月 12 日。

疗、环保、社保、交通等，这些民生问题是社会价值和利益分配不和谐的表现[①]，这是八问题说。还有一种意见是把民生分为四个方面，分别以经济民生、政治民生、文化民生和社会民生予以概括。经济民生致力于“民富”，在经济层面解决国民衣食住行等物质需求，引导国民走共同富裕的道路；政治民生致力于保障“民权”，在政治层面解决国民最迫切的政治权利需求；文化民生致力于提高“民质”，在文化层面解决国民最迫切的包括精神支柱和文化权利在内的文化需求，这也是公民生存权和发展权的有机组成部分；社会民生致力于尊重“民意”，在社会层面解决与国民生计和发展相关的社会问题，提供良好的社会条件和社会保障让国民安居乐业、幸福生活。[②]

以上不同看法的存在说明目前对民生问题并没有一个统一的界定，在实际工作中，各地也出台了许多民生工程一类的解决民生问题的政策和举措，具体涵盖的范围也有所不同。例如，安徽省从2007年开始推行民生工程。2007年、2008年、2009年分别推行和实施了12项、18项、28项，提高了人民生活质量和幸福指数。2010年，该省在继续实施2009年28项民生工程的基础上，实施33项民生工程，计划投入资金330亿元。从这些工程来看，主要包括农村居民最低生活保障、新型农民培训工程、农村“五保户”供养、城镇未参保集体企业退休人员基本生活费保障、提高城镇居民基本医疗保险补助标准、城乡卫生服务体系建设、城乡医疗救助、新型农村合作医疗、重大传染病病人医疗救治和生活救助、农村饮用水安全工程、城乡义务教育经费保障、高校和中职学校家庭困难学生资助、校舍安全工程、政策性农业保险制度、计划生育家庭奖励扶助、城市低收入家庭住房困难保障、广播电视“村村通”工程、农村公路“村村通”工程、大中型水库移民后期扶持、贫困白内障患者复明、重度残疾人生活救助、农民工技能培训工程、提高妇女儿童健康水平、乡镇综合文化站建设、社会（儿童）福利中心建设、农民体育健身工程、农村留守儿童之家建设、农村沼气建设工程、光荣院建设、病险水库除险加固工程[③]。吉林省长春市2009

① 姜纪垒、黄辉：《民生政治与改革开放30年的政治发展》，《景德镇高专学报》2009年第1期。

② 龙佳解、罗泽荣：《胡锦涛民生思想初探》，《学术论坛》2009年第2期。

③ 《安徽省人民政府关于2010年实施33项民生工程的通知》（皖政〔2010〕1号），中国·安徽网站：http：//www. ah. gov. cn/UserData/DocHtml/1/2013/7/12/4521418023159. html；《2010年我省将实施33项民生工程》，安徽省财政厅网站：http：//www. ahcz. gov. cn/portal/zdzt/msgc/gcjz/1279068861682226. htm。

年的民生行动计划也重点放在增收、就业、社保、住房、救助、治安、教育、卫生等民生问题上。

由此可见，对民生问题并没有一个统一的分类，在现实生活中各地是根据本地区的实际情况来予以分类的。最基本的民生问题就是人民群众的物质性需求与基本教育需求。这些需求会随着经济社会发展水平的提高而逐渐提高档次，范围也定会有所拓展。但无论其外延如何拓展，民生问题都离不开其三个特有属性的内涵界定。当然，如果对民生问题到底包括哪些内容需要进行一个最低限度的标准性的界定，那么十七大报告中所规划的五个方面的目标应该成为标准范本。十七大报告在第八部分“加快推进以改善民生为重点的社会建设”谈到“努力使全体人民学有所教、劳有所得、病有所医、老有所养、住有所居”①。也就是说，民生问题最起码要包括五个方面的内容，即教育、就业、医疗、养老、居住。当然，诸如出行、交通、救助等都应该包括在这五个方面的内容中，这是最低限度的要求。要谈民生，至少要包括这些方面的内容，其目的就是让全体国民衣、食、住、行、劳、学、病、老无忧，日子越过越好。

从与国民作为个体利益关联性角度来看，我们可以将民生问题划分为生存、生活、发展三个层次。第一个层次是生存，涉及人基本存活水平的相关事务。人在这个世界上要活下来，就要有饭吃，有衣穿，有地方住，病有医，老有养。这就涉及就业、医疗、住房、养老，它的底线是享有基本社会保险，包括国民医疗健康保险、国民基本养老保险、国民失业保险、最低生活保障和福利保障。后两个保障针对弱势群体。第二个层次是生活，人不仅能活下来，还要活得方便、舒适、低价、舒心。这就涉及城乡公用事业和公共服务，包括道路交通、民用的水、电、气、油等的供应、食品及百货供应、住房、基本教育、社会治安、环境保护一类的菜篮子、米袋子、车轮子、蓝天碧水工程。第三个层次是发展。这是维持人的尊严和社会地位的权利。不是简单的存活，而是实现人自身的价值。这就涉及更高层次的教育供给、公民权利维护、文化艺术生活供给等。

近年来，民生问题的社会关注度越来越高，人们对于如何衡量整个社会的民生进步水平也存在一些争议。有一种社会舆论认为，看民生有没有进步，一个重要指标是看 CPI（消费者物价指数 Consumer Price Index 的英文缩写）的水平与工资水平的关系。如果 CPI 涨幅超过工资水平涨幅或

① 胡锦涛：《高举中国特色社会主义伟大旗帜　为夺取全面建设小康社会新胜利而奋斗——在中国共产党第十七次全国代表大会上的报告》，《人民日报》2007 年 10 月 25 日 01 版。

者持平，那意味着普通百姓的实际民生生活水准实际上是下降了。但是，也有许多人对当前的CPI计算持有疑问，他们认为，住房特别是大中城市的住房问题是困扰人民群众的一大难题，住房应该被看作是民生的重要内容。但在CPI指标中，住房并没有被列进去，因此，CPI并不能真实地反映民生指数。此外，虽然不少地方政府做了许多民生实事，但在“居者有其屋”方面一直难有大的作为，这被看作是民生问题的一个重要挑战。看来如何看待住房问题是民生研究的一个重要维度。有官员对CPI没有列入房价的解释是，在传统国民经济核算中，购买商品房是算投资的，因此不能进入CPI指数。这的确是一个复杂问题。在中国，第一套房算自有住房，应该属满足基本生活需求，第二套房则更多带有投资性质。这样解释也不是完全没有道理，但在实际生活中又如何计算出哪些属于二套房的购买价格呢？同时，房地产和住房问题是一大系统工程，它涉及地方政府财政、税收、经济发展、政绩等方面，异常复杂。

2. 民生政治的概念与内涵。受到民生概念和民生问题受关注的影响，近年来，民生政治一词的使用频率也逐渐增加，尤其是在政界、新闻界和学术界，民生政治这一概念频频亮相。从笔者掌握的资料来看，现存有据可查的最早将民生与政治联系在一起的是2006年1月15日的《文汇视点》网站发表的短评。该评论在谈到上海市政协召开会议时曾指出，政协委员参政议政，民生就是政治[①]。在实际工作中，较早提出民生与政治相关的是河南省委书记徐光春，他在2007年2月26日的河南省省委常委会议上曾提出，解决民生问题是最大的政治，改善民生问题是最大的政绩[②]。而从新闻界和学术界来说，较早使用民生政治一词的是何忠洲、曹文宏等人。何忠洲在2007年第38期的《中国新闻周刊》上曾发表名为《中国崭新的民生政治路线图》，在同年第11期的《法制与经济》（上半月）上发表《中国—民生政治时代到来》，曹文宏在2007年第11期的《求实》杂志上发表《民生政治：民生问题的政治学诠释》一文，都比较早地使用了“民生政治”这一概念。

那么该如何给民生政治下一个准确的定义呢？有的学者认为，“所谓民生政治就是以改善民生为政治目标，以民生问题作为政治决策、政治职

---

① 《民生就是政治　民生问题是委员关注的热门话题》，东方网文汇视点：http://news.eastday.com/eastday/node9/node116/node3596/userobject1ai52079.html，2006年1月15日。

② 《解决民生问题是最大的政治　改善民生问题是最大的政绩》，《河南日报》2007年2月27日01版。

能和政治资源配置的重心，以民生为准，把民生的改善、国民的福祉作为衡量发展的最高标准，用民众生活质量指数取代简单的经济发展指数作为考量政治发展的标杆的政治模式"[①]。这一定义是否准确呢？我们认为，这个定义基本抓住了民生问题与政治行动之间的本质关系，但是仍然存在两个缺陷。第一，当前我国仍是一个发展中国家，发展不足依旧是我国的基本国情，因此，以经济建设为中心仍是党和国家最根本的任务，也就是说，发展生产力仍然是最大的政治目标。而上述定义要求将改善民生作为当前政治行为的最高目标和标准，无疑并不符合当前我国实际。民生问题需要以发展生产为基础，尽管从根本上说，一切发展都是为了人的发展。但至少在当前历史阶段，民生的改善并不是最高政治目标和标准，当前中国还没有条件搞某些西方国家的福利政治，民生政治不是福利至上，不是福利政治，而应该追求效率与公平兼顾。第二，在实际生活中，民生问题受到重视并不意味着它已经完全成为一种成熟的政治模式，在当前情况下，要求从政治高度来重视民生问题更多是一种政治理念或显性的政治进程。上述定义欠缺了政治理念的维度，其概括并不完全准确。

我们认为，"民生政治，顾名思义，指涉的显然是民生问题与政治决策、政治行为的互动关系。一方面，它表明的是一种实际生活趋势，就是现实中的民生问题具有政治化的趋向，也就是说，传统的事关普通百姓生活、生计等形而下的经济社会议题在新的历史形势下已经逐步成为公共价值、公共决策的重要关注对象，开始进入公权力视野，成为执政党执政和政府行政的重要内容。另一方面，它实际表达的是这样一种政治理念和政治追求，即在当前的时代背景下，在科学发展观、以人为本与和谐社会思想的指引下，从讲政治、讲大局的高度来看待民生问题，将民生问题视为立党为公，执政为民的必要举措，视为加强党和政府执政合法性的必要举措。因而，民生政治既不是一种已经完全发生的成熟政治模式，也不是一种毫无现实迹象的政治理想，相反，它兼具了理想与现实的双重特性，它已经处于发展之中，但具有极强的主观建构性，其进程受到主客观的复杂互动的深刻影响"[②]。从这个角度出发，本书认为，所谓"民生政治，是指一种贯彻共同建设、共同享有原则，以社会建设为行动基础，以建立和谐社会为行动目标，以着力提高事关广大普通民众幸福安康的日常生活质

---

① 曹文宏：《民生问题的政治学解读：一种民生政治观》，《唯实》2008 年第 2 期。

② 本章论述借用了笔者发表过的论文。参见田新文《民生政治的科学内涵和精神实质》，《湖北科技学院学报》2014 年第 1 期。

量为主要行动过程的一种政治理念和政治运行模式”[①]。这一概念具有以下基本内涵。

第一，民生政治以共同建设、共同享有为基本原则，强调人民群众的主体性。如前所述，改革开放取得了巨大成果，创造这一巨大成果的主要贡献者是广大人民群众，但由于历史发展的阶段性和曲折性，改革开放的成果并没有能够做到全体公民公平地享有。以胡锦涛为核心的上一届中央领导集体提出建立和谐社会的一个重要出发点就是要让人民群众共享改革开放的成果，即共同建设、共同享有，民生政治的理念和发展模式就是以共同建设和共同享有为基本原则，才能符合构建和谐社会要求。[②] 民生政治要求关注民生、重视民生、保障民生、改善民生，就意味着人民群众既是民生政治行动的主体，也是其客体。这就是胡锦涛所一再强调的“发展为了人民，发展依靠人民，发展的成果由人民共享”。

第二，民生政治以社会建设作为自己的行动基础。党的十七大报告指出，社会建设的重点是民生问题，与人民幸福安康息息相关。不加强社会建设，不加强与广大人民群众日常生活直接相关的各项管理、服务、教育、就业工作，就谈不上改善民生。民生政治必须建立在社会建设的坚实基础上，只有将社会建设提上重要议事日程，才谈得上民生政治的意义[③]。

第三，民生政治以建立和谐社会为行动目标。和谐社会是个异常宏观巨大的社会工程，要实现这一目标，必须以科学发展观为指导，以人为本，统筹“四个发展”，努力缩小各方面的差距。只有推进社会建设，改善人民生活，着力解决人民最关心、最直接、最现实的利益问题，才能保障社会公平正义，不断促进社会和谐[④]。

第四，民生政治以着力提高广大普通民众幸福安康的日常生活质量为主要行动过程。长期以来，我们工作的重点主要集中在发展经济和巩固政权上，虽然发展经济和巩固政权也关系到普通民众现实生活，但毕竟不是那么最直接、最紧迫的体现。特别是在许多地区，不少领导干部片面理解以经济建设为中心，一谈到经济建设，就是招商引资，大搞工程建设，热

---

① 本章论述借用了笔者发表过的论文。参见田新文《民生政治：理解政治生活变化的新视角》，《社会主义研究》2008 年第 4 期。

② 同上。

③ 同上。

④ 同上。

衷于修高楼，建大桥，搞市政建设，而对事关普通百姓的教育、生活、就业、社会保障等问题往往不太关注。民生政治要求将事关普通百姓的日常生活琐事纳入党和政府重要议事日程中，并且采取切实行动加以推进①。

第五，民生政治既是一种政治理念，也是一种政治运行模式。说是政治理念，是指应该将改善民生，推动社会建设放在与巩固政权，发展经济同等重要的地位，树立民生问题无小事的新观念，改变旧的思维模式，真正认识到改善民生对于落实科学发展观，构建和谐社会的重要意义；只有思想认识到位，真正树立起以民为本的政治理念，才能切实推动民生政治的发展。说是一种政治运行模式，是指要在日常方方面面的工作中，无论是从立法、制定政策等决策层面，还是资金投入、工作规划、执行等行政层面都切实地将民生政治的理念贯彻到实处；同时，要加大对民生政治的研究和宣传，形成重视民生问题的良好社会氛围②。

上述关于民生政治的概念与内涵分析适用于本书所涉及的作为现实议题的民生政治。如导论所述，在本书语境中，民生政治还有作为学术命题的另一重含义。作为学术命题的民生政治指的是一种政治学分析框架，这一分析框架所要揭示的是民生政治这一现实议题背后的学术蕴义，或者说是从理论的视角来解读、分析民生政治这样一种社会现象、政治理念或政治运行模式。这一角度的民生政治命题在学术上的深入发展有可能开辟一个新的研究领域——民生政治学，它对应的是社会主义现代化建设中的社会建设内容，在一定程度上拓宽了传统科学社会主义的研究范畴。作为学术命题的民生政治具有自己内在的逻辑体系，这将在下一章重点论述。

二　民生思想的源起与发展

民生、民生政治的概念与内涵是与民生思想密切联系在一起的。应该说，自从人类建立国家与政府以来，与民众的生活、生计相关的思想和认识就一直是政治认知、社会管理思想的重要内容之一。古今中外，与民生有关的言论和思想很多。

① 本章论述借用了笔者发表过的论文。参见田新文《民生政治：理解政治生活变化的新视角》，《社会主义研究》2008 年第 4 期。

② 同上。

1. 中国传统思想中的民生主张。古代社会的民生观是与民本主义思想联系在一起的，对普通民众的关心，对民生问题的关注一直是历代思想家或政治家民本主义思想的重要组成部分。这些古代先哲们非常重视普通民众在治理国家和历史进程中的重要作用，重视普通百姓的生活、生产与一个国家、一个政权兴亡的重要关系。早在《易经》和《尚书》等远古典籍中就有类似的记载。例如，《尚书·皋陶谟》中谈到如何更好地治理国家时，曾说过“在知人，在安民”、“安民则惠，黎民怀之”。《尚书·大禹谟》中曾说过“德惟善政，政在养民”等词句[①]，这就是说善政的重要任务和标准是要安抚爱护人民，使民众安居乐业。《尚书·五子之歌》中又指出“民可近，不可下，民惟邦本，本固邦宁”，把百姓看作是国家的基础。《尚书·泰誓上》中指出“天矜于民，民之所欲，天必从之”，认为顺从民意就是遵循客观规律，就是符合天道。西周时期，重民思想出现。周公一再要求统治者必须“敬德保民”、“惠民”、“裕民”，要以民心来考察为政得失[②]。春秋战国时期被称为“大争之世”，各诸侯国纷纷在政治、经济、文化、军事等领域展开竞争，这也带动了学术的繁荣，出现了诸子百家争鸣的局面。儒家、法家等学派纷纷从自己的学术角度出发为各国治国增力出谋划策。其中，如何看待君民关系，如何整合普通民众力量成为一个重要内容。这就使得这一时期成为中国古代民本主义思想的集大成时期。法家巨子管仲是春秋时期民生思想的一个杰出的代表。在《管子·牧民》中，管仲强调，“政之所兴，在顺民心；政之所废，在逆民心”，要顺民心，就要做到“民恶忧劳，我佚乐之。民恶贫贱，我富贵之，民恶危坠，我存安之。民恶灭绝，我生育之”，这才是“政之宝”所在。在《管子·霸言》中，管仲还指出，治国要“以人为本，本理则国固，本乱则国危”。在《管子·牧民》中，管仲说：“仓廪实，则知礼节；衣食足，则知荣辱”[③]，这是对民生问题与精神文明的关系的阐述。

“儒家的基本主张是‘仁者爱人’，一贯关心民众疾苦，重视民生问题，认为民生问题与国家的稳定与发展存在着不可分割的关系，重民、富

① 本章论述借用了笔者发表过的论文。参见田新文《民生政治的科学内涵和精神实质》，《湖北科技学院学报》2014 年第 1 期。

② 曹磊：《中国传统法律文化的现代价值初探》，《光明日报》2005 年 1 月 25 日 B4 版。

③ 本章古代典籍的文本除特别注明的外皆来源于“中国哲学书电子化计划”，http：//ctext.org/zhs。

民、顺民、爱民的主张构成了儒家治国理政思想的核心。”① 儒家强调民众对国家政权的重要作用，认为“君者，舟也；庶人者，水也。水则载舟，水则覆舟”②。在《论语·颜渊篇》中，孔子告诫统治者要将人民信任作为政权安定的最重要的选项，强调“民无信不立”。同时强调，“百姓足，君孰与不足？百姓不足，君孰与足？”因此治理国家的人一定要“因民之所利而利之，择可劳而劳之”③。荀子说：“天之生民，非为君也；天之立君，以为民也。”④ 儒家就是从民本主义出发，主张对民心向背要重视，对老百姓疾苦要关心，先富后教，不要苛政与滥罚。此外，还认为犯罪的根源与人民的生活状况是有关系的，所以要从经济手段上预防犯罪，形成了儒家的“富民”思想⑤。

孟子是儒家也是古代民本主义思想的最重要代表，他的思想也集中体现了古代先贤对民生问题的重视。在《孟子·尽心下》中，孟子发出了“民为贵，社稷次之，君为轻”的议论。在《孟子·梁惠王下》中，孟子告诫统治者“忧民之忧者，民亦忧其忧”。在《孟子·尽心上》，孟子认为“中天下而立，定四海之民”是君子的快乐。对于民生问题，孟子也有直接的论述。在《孟子·滕文公上》中，孟子指出，“民之为道也，有恒产者有恒心，无恒产者无恒心。苟无恒心，放辟邪侈，无不为己。及陷乎罪，然后从而刑之，是罔民也。焉有仁人在位，罔民而可为也？是故贤君必恭俭礼下，取于民有制”，要求满足民众的基本物质生活需要。在《孟子·梁惠王上》中，他再次指出安民与政权的关系，“古之人与民偕乐，故能乐也”、“老吾老，以及人之老；幼吾幼，以及人之幼。天下可运于掌”，要求“明君制民之产，必使仰足以事父母，俯足以畜妻子，乐岁终身饱，凶年免于死亡”⑥。

道家一贯主张珍惜民力，爱护民心，强调不要与民争利，不要过度抽取赋税，要轻徭薄赋，让民众休养生息，以足民食，足民用。西汉初期汉

---

① 本章论述借用了笔者发表过的论文。参见田新文《民生政治的科学内涵和精神实质》，《湖北科技学院学报》2014 年第 1 期。

② 一般认为“君者，舟也；庶人者，水也。水则载舟，水则覆舟”出自《荀子·王制》。但也有人考证这句话最早乃孔子所言（或所闻）。《荀子·哀公篇》中记载：“孔子曰：‘丘闻之：君者，舟也；庶人者，水也；水则载舟，水则覆舟。君以此思危，则危将焉而不至矣？’”

③ 王应麟主编：《四书》，时代文艺出版社 2003 年版，第 154、226 页。

④ 荀况撰，廖名春、邹新明校点：《荀子》，辽宁教育出版社 1997 年版，第 131 页。

⑤ 曹磊：《中国传统法律文化的现代价值初探》，《光明日报》2005 年 1 月 25 日 B4 版。

⑥ 王应麟主编：《四书》，时代文艺出版社 2003 年版，第 229、236、237 页。

武帝之前的几代统治者以黄老哲学治理国家，看似无为，实则有为，这种有为就是放水养鱼，强调轻徭薄赋，惜民，保民。因而后来汉武帝搞盐铁开发和专营，就曾遭到很大反对。

西汉初期的思想家贾谊继承了先秦诸哲的民本思想，并进行了新的总结与发挥，他在论述君、吏、民三者关系的基础上，提出了政以民为本的思想。贾谊认为，“闻之于政也，民无不为本也。国以为本，君以为本，吏以为本”，因为，“国以民为安危，君以民为威侮，吏以民为贵贱，此之谓民无不为本也”，“菑与福也，非粹在天也，必在士民也”，告诫统治者“士民之志，不可不要也”①。

唐朝前期的统治者大都清醒精明，十分了解民众力量，唐太宗就曾多次告诫自己及臣下“水可载舟，亦可覆舟”，后来的柳宗元则进一步提出“吏为民役”的观点。宋代的程朱理学继承了儒家的民本思想，强调顺民心、厚民生、爱民力，以安民、顺民、恤民。明末顾炎武提出了利国富民思想。清代黄宗羲在《明夷待访录·原君》中提出“天下为主，君为客”②。

“天地之间，莫贵于人”，“以民为本”是中国古代政治的优良传统。历代思想家们一直比较关注民生问题，将民生与国计相提并论，认为重民、亲民、爱民、惠民、恤民是治理国家的重要基础，要求统治者做到“宽政惠民、厚生利民、除暴安民、济世为民”③。但是在封建社会，历代统治者主要关注的是自身的政权稳固和个人威望问题，对于老百姓的生活除非关系到政权稳定和社会安定才会格外引起重视。在封建统治者看来，解决民生问题只能是作为巩固统治，维护封建政权的一种手段，其目的就是不要过分压迫人民，导致官逼民反，尽量营造“水者载舟”，避免出现“水者覆舟”的政治局面。

20世纪以来，民生思想得到了进一步的发展。孙中山、梁漱溟等人都有着丰富的民生主张。孙中山先生的民生思想是现代以来最为重要的学说之一，包括民生主义在内的三民主义是中国资产阶级革命的重要理论指南。孙中山十分关心民生。在他的早期著作如《上李鸿章书》中就已提到“民生”一词，后又数次使用。如前所述，在1924年的《民生主义》一文中，孙中山认为民生就是人民的生活。孙中山先生把民生主义看作是

---

① 贾谊著：《贾谊新书·第九卷·大政上》，上海古籍出版社1989年版，第63页。

② 黄宗羲撰：《明夷待访录》，中华书局1985年版，第2页。

③ 龙佳解、罗泽荣：《胡锦涛民生思想初探》，《学术论坛》2009年第2期。

三民主义的归宿。民生主义“要把历史上的政治和社会经济种种中心都归之于民生问题，以民生为社会历史的中心”[1]。社会问题即是民生问题，民生问题即是生存问题。其中吃饭问题是民生主义的第一个问题，他认为中国人吃不饱饭的最大原因是农业不进步，所以应该尽快解放农民，这是他主张平均地权，试图实现“耕者有其田”的原因。民生主义在于以养民为目标，解决民众的生活需要，使四万万同胞人人丰衣足食。如何解决民生问题呢？孙中山主张从土地、资本、实业、教育四个方面入手。在土地方面，他提倡“平均地权”，通过核定地价、增价归公、平均地权的方式来实现“耕者有其田”的目标。在资本方面，他主张要节制私人资本的过度膨胀，同时要培育发展国家资本。在实业方面，他强调要用国家的力量振兴交通、矿业、工业等实业，并制定了若干实业规划。其中最为有名的是他曾希望在十年内修建20万里铁路以及修建三峡大坝。在教育方面，他主张广开学校，实施全民教育、义务教育。孙中山先生还强调，人类求生存是社会进化的定律，民生是一切社会活动中的原动力，民生是整个历史的重心[2]。

2. 西方人本主义思想中的民生相关观点。民生思想直接以普通民众为关注对象，这使得它与一切与人有关的思想有着直接或间接的联系。在西方文明体系中，与中国传统民生主张相近或相似的论述应该来源于西方的人本主义观[3]。与中国古代相比，西方古代和中世纪对民生的直接关注并不多，更多是从政治哲学，如追求善、道义或公正、公平的角度出发，将抽象意义上的民众幸福或安康与国家或公权力联系在一起，直接涉及民众实际利益的相关论述较少。例如，奥古斯丁在《上帝之城》中论述国家的目的时曾经指出国家的目的就是提供健康、安全这些现世生活的利益，阿奎那也指出国家存在的目的是为了追求公共福利。马基雅维利从统治者的角度出发，强调了君主博得人民爱戴的重要性，要求统治者不与民争利，并保护人民的财产[4]。与中古时期多从抽象和政治哲学的角度强调不同的是，近代以来尤其是启蒙运动中的政治思想家从反对神权政治的需

---

① 《孙中山选集》，人民出版社1981年版，第825页。

② 蒋大椿：《孙中山民生史观析论》，《中国社会科学》2000年第2期。

③ 西方的人本主义有多重含义。例如第二次世界大战后在西方国家兴起一股人本主义思潮，覆盖在哲学、心理学、教育学等多个领域。这种思潮主要是从学术研究的角度研究人性、人的心理等问题。本文中的西方人本主义观主要指长期存在于西方社会中的以人为本位，关爱人、重视人的普遍性社会思想主张。

④ 胡俊修、朱子夏：《中外政治文化中的民生关怀》，《湖北行政学院学报》2009年第2期。

要出发，试图通过复兴古希腊、罗马文明传统中的人文主义关怀，倡导以世俗的人为中心，阐述人权政治来演绎近代的资产阶级人本主义观。启蒙思想家从民族国家兴起、新兴（资产）阶级兴起需要的角度，大力反对崇尚神权、神性，反对在世俗生活中以神为中心，而要求崇尚科学，反对专制、崇尚自由，反对神性、张扬人性。资产阶级人本主义强调公民作为个人的权利，提倡平等、自由、民主、人权等主张。但是，启蒙思想家论述以上主张时多是从整体的、抽象的个体权利角度出发，真正强调具体的特定领域的民生问题并不多见，即使有，也主要是指抽象的财产权利。例如霍布斯、洛克、卢梭等人在论述国家的存在或政府起源及必要性时，都强调保护人民的权利是一个重要理由。罗尔斯的正义论也是从社会公正和保护权益的角度来看待的。美国的建国思想是近代社会契约论思想的现实翻版，强调人民结成契约组成政府，政府是用来保护、服务人民的生命权、自由权利和追求幸福的权利。后来林肯进一步提出了“民有、民治、民享”的著名主张。其中民享与当代民生思想有直接的关联。现代西方政治思想中的人本主义理论与民生主张也有着类似的相关关系①。

值得指出的是，对于中国古代的民本主义思想和西方的人本主义思想，我们应该以批判的眼光来看待和借鉴。中国古代的民本思想强调重民、爱民的主张，这在封建社会中对于提高人民群众的生活水平，改善他们的生活具有一定的客观效果。但同时应注意，这种民本思想往往是从理政治国的角度出发来论述的，是以统治者为本位的，并不是真正以百姓为本位的。其中的“民”是指相对于“君”、相对于皇权、相对统治者而言的普通百姓，重民、爱民的最终目的是为了安国理政，维护封建统治。因而，这里的“民”还不是现代意义上的“人”，民众的幸福往往被视为是恩赐的，即使有些微民权，也不是真正的人权，更谈不上民主，因为“君为民主”。

同样，近代西方人本主义也起到过相当的积极作用，如反对专制、迷信、神性、封建主义，崇尚自由、科学、张扬人性、推进人的解放等，但同时它也是同中世纪宣扬神权压抑人性、“以神为本”的宗教神学文化相对应的。为了强调人的自然主义本性，西方人本主义从唯心主义的历史观出发，从现实中不存在的、所谓普遍的、不变的、抽象的人性出发，离开社会关系来讲人、讲人性、讲以人为本，这是毫无意义的。因为“人的

---

① 参见田新文《民生政治的科学内涵和精神实质》，《湖北科技学院学报》2014 年第 1 期。

本质不是单个人所固有的抽象物，在其现实性上，它是一切社会关系的总和”①。资产阶级通过一些冠冕堂皇的形式将其丑陋的、自私的思想表现出来，通过“自由、平等、博爱”等所谓的普世价值观念和人道主义理论宣称资产阶级社会是最理想、最公正、最美好的社会，实质上这只不过是资产阶级用来剥削压迫民众，为本阶级谋取私利、维护统治辩护的工具。资产阶级宣称自己是由民众选举上台的，代表着整个国家和民众，超越一切阶级和社会，其实不然，在西方的社会选举是有钱人玩的游戏，在选举中大量掺杂着权钱交易、财色交易等肮脏卑鄙的手段，选举上台后积极地为自己人服务。因此，西方的人本主义反映的是资产阶级的狭隘利益与本性，根本就不能真正代表人民的根本利益与要求。②

三　民生政治的理论基础

通过以上历史文献的整理，我们已经对古今中外的民生思想和主张有了一个通盘的了解。但是，将民生与政治连接起来后，仍然需要从多个学科领域去寻找它的理论基础。也就是说，如何从政治的视角来理解民生？又如何从理论上来分析民生问题与政治决策、政治行为的关系？将民生与政治连接在一起，意味着需要援引马克思主义政治学和西方社会科学的若干重要理论作为学术支撑，才能解决当前问题。这就需要首先涉足关于国家本质、政府职能等政治学概念和命题。因为这些概念和命题与政治有关，政治就是公共之事。其次，要涉足公共管理、公共服务相关概念和命题。民生思想只是从公民的角度来看待问题。但是一旦将民生与政治连接，意味着需要从公共利益的角度来解决，公共管理、公共服务是对政府职能的具体运用的概念和命题，在根本上，它是指涉公共利益的，具有对一个社会中存在的公共利益的实现、保护和发展的功能。

1. 国家本质与政府职能理论。国家、政府都是政治学的核心概念，无论是马克思主义政治学还是西方政治学，都将国家的本质和政府的职能问题视为重要研究对象，它们也都是两个政治学次学科领域的核心理论之

---

① 《马克思恩格斯选集》第1卷，人民出版社1995年版，第60页。

② 李慎明：《以人为本的科学内涵和精神实质》，《中国社会科学》2007年第6期；本章论述借用了笔者发表过的论文，参见田新文《民生政治的科学内涵和精神实质》，《湖北科技学院学报》2014年第1期。

一。要了解政府职能、国家职能，先要了解国家的起源和本质。长期以来，对于国家的起源和本质有着极为不同的主张。社会共同体说、国家统治说、国家契约说、国家要素说等是西方政治学在国家起源问题上的主要观点，他们既各有不足之处，又存在共同的缺陷，那就是离开生产力、离开阶级而主要根据表面现象来研究国家，因而不但没能正确地揭示国家的本质，相反却造成了人们对国家认识的极大混乱。马克思主义国家观提供了对国家的起源和本质问题的真理性认知。马克思主义认为，国家不是从来就有的，它是人类社会生产力发展到一定历史阶段的产物。生产力的发展不仅导致了社会分工，也产生了私有制和阶级，人类社会第一次巨大的利益分化和利益对立由此出现，占统治地位的奴隶主阶级为了控制、剥削奴隶阶级并镇压其反抗，协调其他矛盾，需要一种建立在暴力组织基础上的、表面上凌驾于社会之上的特殊公共权力，即是国家。因此，国家的本质“无非是一个阶级镇压另一个阶级的机器”①，是统治阶级用来维护自身利益的工具。从历史唯物主义的角度马克思主义揭示了国家的本质不过是产生于一定社会经济基础之上的政治上层建筑的一种表现形式，其根本属性是阶级性、暴力性，这为我们全面地认识国家问题提供了重要的指导。②

与对国家本质认识相对应，对国家的职能也有不同的看法。西方政治学一般将国家视为超然的、中立的社会机构，是管理全体社会事务的机关，服务于全体阶级、全体国民的，是社会公共利益的代表，因而国家的职能就是为社会公众履行公共事务。另一种看法则正好与之相反，认为既然国家是阶级统治的工具，是为统治阶级利益服务的，那么国家的属性就不应该有社会性，只能有阶级性，国家的社会管理和服务职能应该让位于阶级统治、政治统治这一职能。事实上以上两种看法都是错误的，都不符合马克思主义国家观和国家职能理论。

对国家职能的研究是马克思主义政治学（科学社会主义）的一个老话题，这一议题在20世纪80年代一度成为热点，讨论的重点集中在国家职能中的社会管理和经济建设职能与政治统治职能之间的关系如何处理上，换言之，应该如何看待国家职能的阶级性与社会性的关系上。在当时的时代条件下，服务于中共十一届三中全会以后将国家工作重心转移到改革开放和社会主义现代化建设的需要，国家的社会管理职能得到了很大的

---

① 《马克思恩格斯选集》第3卷，人民出版社1995年版，第13页。

② 胡宗山：《国际政治学基础》，华中师范大学出版社2005年版，第183—184页。

重视，这也可以看作是对“文化大革命”时期片面强调阶级斗争和无产阶级专政、无产阶级革命错误做法的一种理论上的纠正。总体上看，在20世纪80年代，关于社会主义国家的政治统治职能与社会管理和经济发展职能之间的关系已经在理论上得到了比较明确的界定，在实际政治生活中，也得到了较好的处理。通过二十多年的改革开放实践进程，进入21世纪以后，全社会对政治统治与社会管理关系已经取得了基本共识，但是，新的形势变化要求要进一步拓展社会管理内涵，细分社会管理的种类，明确界定经济建设与社会建设的关系，明确界定管理、服务等职能在各项具体建设进程中的地位、功能和展现。恰恰是在这些问题上，学术界目前尚未进行很深入的探索，但实践的发展又需要提供这一领域的理论指导。因此，本书的相关研究就是以此为出发点的。

与西方政治学中将国家视为中立和独立的观点不同的是，马克思主义政治学（科学社会主义）对国家的看法是与阶级联系在一起的，认为不存在中立和独立的国家。恩格斯对国家的起源和本质进行了深刻的研究，他指出，“国家是社会在一定发展阶段上的产物；国家是承认：这个社会陷入了不可解决的自我矛盾，分裂为不可调和的对立面而又无力摆脱这些对立面。而为了使这些对立面，这些经济利益互相冲突的阶级，不致在无谓的斗争中把自己和社会消灭，就需要有一种表面上凌驾于社会之上的力量，这种力量应当缓和冲突，把冲突保持在‘秩序’的范围以内；这种从社会中产生但又自居于社会之上并且日益同社会相异化的力量，就是国家”①。公共权力的设立是国家的一个重要特点。但是，与西方理论不同的是，马克思主义认为，哪个阶级掌握政权、掌握公共权力是决定国家本质的最重要标准，而决定哪个阶级掌握政权的根本依据则是看哪个阶级在生产资料上占据统治地位，这就与国家的所有制有关。之所以将国家的本质与某一个阶级联系在一起，是因为，在马克思主义看来，国家的本质是阶级统治，国家“是最强大的、在经济上占统治地位的阶级的国家”②，“国家是剥削被压迫阶级的工具”③，国家是为维护和实现统治阶级的根本利益而服务的。虽然“国家是整个社会的正式代表，是社会在一个有形的组织中的集中表现”，但“这仅仅是说，它是当时独自代表整个社会的

① 《马克思恩格斯选集》第4卷，人民出版社1995年版，第170页。

② 同上书，第172页。

③ 《列宁选集》第3卷，人民出版社1995年版，第118页。

那个阶级的国家”[①]。对于未来的社会主义社会中的国家，经典作家认为，劳动者需要的国家是组织成为统治阶级的无产阶级，这是马克思主义的阶级斗争学说运用到国家和社会主义革命问题上的必然结果。[②] 此处所谓的“无产阶级”是指在新的国家中拥有执政权的那个阶级。

“国家的本质决定了国家职能的性质、基本内容和实施方式，国家的职能集中体现了国家的本质”[③]，是国家本质的具体展开。所谓国家职能，是指国家机器活动的总方向、总任务及其基本使命和基本目的，是国家（主要通过政府这一合法代表）为实现国家利益和满足社会发展的需要而负有的职责和所发挥的功能。马克思主义认为国家具有政治统治和社会管理两个基本职能，它们分别体现了国家本质的规定性，即阶级性与社会性。国家的阶级性、主权性决定了国家必须对敌对分子、敌对阶级以暴力手段进行镇压、消灭，使国家政权得到巩固，国家主权得到维护。国家的社会性、公共性决定了国家必须实施对社会的经济管理和公共事务的管理[④]。我国是社会主义国家，无产阶级专政是我国的国家性质。无产阶级代表国家履行政治统治职能，因而所谓无产阶级的政治统治，也就是“无产阶级的专政，即不与任何人分掌而直接依靠群众武装力量的政权”[⑤]。

马克思主义认为，国家的两个基本职能是互相影响、相互促进的，缺一不可。政治统治职能是社会管理职能的前提，一个代表统治阶级利益的国家政权如果不能有效地镇压敌对阶级的反抗，有效地履行其统治功能，那么它就不能有效地履行社会管理职能。当代一些发展中国家由于政府无能，国家管治无力而使整个社会处于无政府或半无政府状态，国内冲突频繁，无法建立一个稳定的秩序，在这种情况下，国家的社会管理职能是不可能发挥作用的。例如，黑非洲一些国家长期处于内战状态，人民流离失所，根本谈不上享受社会管理所带来的应有福祉。另一方面，社会管理职能是国家的重要职能之一，是维护政治统治的长远保障。马克思在论述古代东方社会国家的特点时，就认为在古代亚洲国家一般只有三个政府部

① 《马克思恩格斯选集》第3卷，人民出版社1995年版，第631页。

② 《列宁选集》第3卷，人民出版社1995年版，第130页。

③ 陈振明主编：《政治学——概念、理论和方法》（修订本），中国社会科学出版社2004年版，第96页。

④ 郭小聪：《论国家职能与政府职能》，《中山大学学报（社会科学版）》1997年第2期。

⑤ 《列宁选集》第3卷，人民出版社1995年版，第131页。

门，虽然其中的财政部门主管对内掠夺，军事部门主管对外掠夺，但同时也存在公共工程部门来为全社会执行经济职能，举办公共工程。① 恩格斯更是直接指出，“一切政治权力起先都是以某种经济的、社会的职能为基础的”，“政治统治到处都是以执行某种社会职能为基础，而且政治统治只有在它执行了它的这种社会职能时才能持续下去”②。如果一个政权只知镇压，只知汲取，那么它显然不可能有效地维护社会的存在与发展，自身也就不可能长期支持下去，人民的反抗将会很快推翻其统治。中国古代的秦王朝、隋王朝就是因为其过于推行暴政、苛政而漠视了国家的社会管理和公共服务职能，最终激化了国内矛盾，导致“二世而亡”。

恩格斯曾指出：“政治国家以及政治权威将由于未来的社会革命而消失，这就是说，公共职能将失去其政治性质，而变为维护真正社会利益的简单的管理职能。”③ 在马克思主义经典作家看来，随着社会主义社会向共产主义社会的逐步过渡，国家的社会管理职能将会逐步增强。与政治职能相对应的管理职能将成为主导性职能。马克思主义的国家理论和经典作家对国家职能的论述主要是基于无产阶级革命斗争的需要，是以革命和夺取政权为前提和背景的，且更多是理论上的和宏观的。在无产阶级革命的历史任务完成以后，尤其是社会主义国家在完成过渡，开始进行大规模的社会主义建设以后，即在共产主义社会的第一阶段或者说是低级阶段即社会主义社会中，情况有所不同。现实进程中的社会主义社会还需要国家，即社会主义国家，但社会主义国家的基本职能如何体现，这一点马克思、恩格斯等经典作家并没有明确断言，并且，他们所设想的共产主义低级阶段的公共权力形式可能与现实生活中的社会主义国家的政权形式存在很大的差异。如果社会主义国家也具有政治统治和社会管理的两个基本职能，那么，它们是如何在具体的行政管理和行政执法工作中体现的，二者关系又如何正确定位和妥当处理是一个更加值得探索的新问题。一般来说，一个国家的职能可分为对内和对外两大部分。以我国为例，国家的对外职能主要是指保卫国家领土完整和主权不受侵犯，保护世界和平，促进对外交流与各国合作等。国家的对内职能则可具体划分为：（1）政治职能，主要是指保障人民民主和维护国家长治久安的职能；（2）经济职能，主要指组织社会主义经济建设的职能；（3）文化职能，主要指组织社会主义

---

① 《马克思恩格斯选集》第2卷，人民出版社1972年版，第64—65页。

② 《马克思恩格斯选集》第3卷，人民出版社1995年版，第526、523页。

③ 同上书，第227页。

文化建设的职能；（4）社会服务职能。其中，后三项职能主要就是经典作家所界定的社会管理职能。

政府是国家的合法代表，有广义和狭义之分。广义的政府是指代表国家的政权机关，一般包括中央和地方各级行政、立法和司法机关以及诸如军队、法院、警察、监狱、安全等国家暴力机器构成部门，它们构成国家执政体系。狭义的政府一般只指行政机关。尽管政府不能等同于国家，但国家的职能主要都是由政府来行使或者由政府来组织、领导全社会力量来行使或完成。“职能，指人、事物、机构应有的职责和功能。”近代以来，“政府职能是专指狭义的政府职能，即指国家行政机关在一定时期内，根据国家和社会的发展需要而承担的职责和功能”[①]。同时，行政机关履行职能离不开其他机关的支持，尤其是立法机关和司法机关，在我国尤其离不开权力机关即全国人民代表大会通过制定法律形式的制度提供这一支持。要履行上述职能对于国家来说，需要通过政府这一合法代表来完成。一般来说，国家的职能就是政府的职能，就是国家机关所应负有职责和所要发挥的功能。当然，在现实政治生活中，不同的国家机关对职能的划分不同。如行政机关主要履行行政职能，立法机关主要履行立法职能，司法机关主要履行司法职能，但这只是不同机关履行职能的专业形态，从本质上来看，它们都是在履行国家的政治统治和社会管理职能。在我国，由于实行的是人民代表大会制度的政体，因此，政府的职能是指整个国家机关的职能，而不仅仅是国务院和行政系统的职能。

国家或政府的几大职能之间是互相补充的，谈转变政府职能或者说加强政府的社会管理与公共服务职能，并不意味着要削弱政府其他方面的职能，而是随着时代的发展，根据实践的需要不断地丰富、充实某一方面的职能，如政治统治职能和经济发展职能。

政治职能、经济职能和社会文化职能作为马克思主义政治学关于国家职能的理论的延伸是本书后续研究的一个重要基础。本书后面的政权政治、生产力政治和民生政治其实就是以这三大职能的功能为其演绎前提的。其中文化职能具有双重性，一方面，文化职能中的意识形态和主流政治文化的建设其实是政治职能的重要组成部分。另一方面，其他文化职能则属于民生政治和社会建设内容。尤其是当代中国，随着中国共产党由革命党转变为执政党，如何深入地思考国家职能。关于这些理论将在下文具体分析中展开。

---

① 郭小聪：《论国家职能与政府职能》，《中山大学学报（社会科学版）》1997年第2期。

2. 公共产品与公共服务理论。公共产品是指能为绝大多数人共同享有的消费品，直接与公共利益和公共需求相关，比如环保、国防等。“公共产品的基本特征是消费的非竞争性、非排他性。非竞争性是指一个消费者对一种公共产品的消费不影响其他消费者对该产品的消费和使用；非排他性是指公众的任何一员都不能被排除在对该公共产品的消费之外，都可以享受这种产品。公共产品的特性导致了对其供给的稀缺，因而只能依靠政府出面组织生产和供应才有可能得以解决，这是政府职能的基本依据。”① 提供公共服务是国家的基本职能之一，是历朝历代政府执政的天职所在。这是由国家和政府的权利和义务所决定的。亚当·斯密在《国富论》中就曾指出，国家的义务之一“就是建立和维持某些对于一个大社会当然是有很大利益的公共机构和公共工程”。② 马克思在论述亚洲国家政府的职能时曾将经济职能、提供公共服务的职能如组织水利兴修、灌溉排水等公共工程看成是传统国家的三个最主要职能之一。③ 公共服务属于公共品，产权上的非公有性和收益的公共性决定了提供公共服务属于集体行动。在理性主义视野下，任何个人不会为了公共利益和公共事业而牺牲自己的时间和精力。因此，公共事务必须由政府提供。反过来，政府既然是由人民赋权的，就应该为人民服务；政府代表国家依照法律收取赋税，按照权利相等的原则，就有义务从公共财政中支出公共服务。这是纯理论视角的。在实际生活中，由于不同国家、不同地区和不同历史时代存在差异，公共服务的实践程度是不同的，但从根本上来说，提供公共产品、公共服务一类的集体行动是国家社会管理职能的重要体现。

存在着另外的观点主要是从经济学原理出发，从效率的视角来考察问题的。即认为虽然政府提供公共服务和公共产品是天经地义的，彰显了公平原则，但在实践中，政府也是经济人，有自己的独立利益需求，并且由于政府是一种特殊的经济人，它在开展公共服务这一经济活动时，有其优点，也有其缺陷。缺陷主要体现在由于政府提供的公共产品产权不清，经常导致腐败丛生、效率低下、浪费严重且投入与产出不成比例，供给与真正需求脱节等现实问题。因此由政府提供公共服务并不一定是最优选择或唯一选择，在实践中往往会出现政府失灵的问题。政府失灵使得一部分经

---

① 王伟等著：《构建与嬗变：中国政府改革发展 30 年》，郑州大学出版社 2008 年版，第 34—35 页。

② ［英］亚当·斯密：《国富论》，唐日松等译，华夏出版社 2005 年版，第 516 页。

③ 《马克思恩格斯选集》第 2 卷，人民出版社 1972 年版，第 64—65 页。

济学家如新制度经济学的代表人物科斯等认为公共产品和服务也可以由私人或市场提供。

除了政府供给模式外，还存在市场供给公共产品的模式。问题是市场也有“失灵”的时候，那么非政府、非市场的社会或社会组织提供公共服务模式的出现和存在也就是必然的了。在当今各国公共产品的供给实践中，政府、市场、社会组织的多元或混合供给成为比较流行的模式。

无论是马克思主义政治学还是西方政治学，关于国家的研究都是重点之一。对于国家来说，其本质和职能显然更是重中之重。对于民生问题、人民利益问题，公共产品、公共服务问题是与国家的起源、本质，政府的来源和职能等紧密联系在一起的。如同国家是政治的核心概念一样，国家职能或政府作用也是国家的核心概念，也一直是政治学的核心议题。马克思在《哥达纲领批判》中谈到在未来的社会中，在社会总产品“进行个人分配之前，还得从里面扣除：……第二，用来满足共同需要的部分，如学校、保健设施等。同现代社会比起来，这一部分一开始就会显著地增加，并随着新社会的发展而日益增长。第三，为丧失劳动能力的人等等所设立的基金，总之，就是现在属于所谓官办济贫事业的部分”。[①] 可见，马克思的论述虽然不是那么直接和明确，但为社会提供公共产品和服务应该是国家尤其是未来的社会主义的基本国家职能之一，这一点毫无疑问应该是马克思、恩格斯等经典作家一以贯之的思想。马克思主义经典作家的论述是宏观的、指导性的，但是涉及具体事务时，必须要吸收国外政治学有关管理理论。

亚里士多德用社会共同体来比喻国家，认为人具有结群而居的本性，是天生的政治动物，因而就具有了从事政治事务的本能。公共服务被看作是公共的善的体现之一。亚里士多德认为国家存在的目的是为了实现某种正义和善业。正因如此，有学者认为，虽然亚里士多德没有直接使用“公共产品”一词，但却在事实上讨论了由政府组织供给的一系列公共产品，既包括纯公共产品如市场秩序、城邦内公共安全等，也包括准公共产品如教育、公共基础设施等。[②] 虽然亚里士多德以后的中世纪政治思想家和文艺复兴时期的霍布斯、卢梭、洛克等人以不同的方式阐述了关于国家实质、政府源起、权力配置与制衡等的思想，但严格来说，他们的思想主

---

① 《马克思恩格斯选集》第 3 卷，人民出版社 1995 年版，第 303 页。

② 于凤荣：《我国农村公共服务供给模式问题研究》，吉林大学博士学位论文，2006 年。资料来源：中国博士学位论文全文数据库。

要还是聚集于政治权力和公共权力，即使涉及有关国防、公共财政税收与服务的相关论述，也主要是服从和服务于对政府权力与职能与公民权利的研究的，这与强调国家或政府的管理和公共服务职能还是具有很大差别的，也就是说，还没有形成相对独立的政府职能理论，更不用说公共产品或公共服务理论。这一点也是笔者与某些学者的不同看法。

近代以来，真正从政府管理角度论述公共服务职能的应是英国的大卫·休谟。休谟在《人性论》一书中指出，人类受利益支配的自私本性是导致社会发生纷乱的原因，这就需要产生政府来弥补人性的弱点。政府的功能之一就是执行正义，来完成那些个人不愿意完成的集体性任务。[①] 虽然休谟这种关于个体理性（个人的自私符合自己的理性要求）导致集体非理性（不利于社会秩序的维持）的判断主要是从人性视角出发，是服务于休谟作为哲学家思想阐发的需要，但毕竟是第一次有了对政府功能的相对独立的阐述。

在休谟之后，密尔（John Stuart Mill，也译作约翰·穆勒）对政府的功能和职能理论做出新的贡献。密尔从他的自由主义思想出发，以个人自由和社会秩序为两端，论述了他的折中主义的国家适度干预理论。在经济领域，密尔强调自由放任应作为一般原则，同时也指出了在特定情况下政府干预的必要性。密尔认为政府职能可以分为“必要职能”和“任选职能”。必要职能多种多样，范围很广，无法做简单分类，主要包括税收、财产和契约、司法和执法等制度，这些都是政府行使的必要的、公认的职能。任选职能指可选择的政府职能，是公认职能界限之外的、政府不一定非得行使的职能，这些职能政府行使与否人们可以有不同意见。在他看来，政府应采取措施阻止人们相互侵害，而把人们用来相互侵害或用来保护自己不受侵害的力量用于征服自然这一正道，以造福于人类。就此，他认为，政府的职能应该体现在两个方面，一是做有益于社会和民众的整体利益但却没有人愿意去做的事情，如修路、建立医院，提供公共教育等；二是提供与人们日常生活密切，私人无法承担的公益服务。[②]

公共产品理论作为一种独立的学说形成于19世纪80年代，当时的代

---

① ［英］休谟：《人性论》，关文运译，商务印书馆1980年版，第574—579页。

② ［英］约翰·穆勒：《政治经济学原理及其在社会哲学上的若干应用》（下卷），胡企林、朱泱译，商务印书馆1991年版，第366—571页；颜鹏飞、张青：《论约翰·穆勒的国家适度干预学说——早期形态的市场缺陷论和政府缺陷论的混合体》，《经济评论》1996年第6期；张琳：《论约翰·穆勒的政府干预思想》，《枣庄学院学报》2007年第4期。

表人物有马佐拉、萨克斯和林达尔等。瑞典经济学家埃里克·罗伯特·林达尔 1919 年在其博士论文《公平税收：一个实证解》中通过对公共支出的实证分析的理论表述，提出了用市场来提供公共产品的思路，这一思路实际上比科斯要早很多年。在该论文中，他还正式提出了公共产品一词。林达尔认为，“公共产品是国家对人民的一般给付，个人或个人集团对公共产品所支付的价格就是赋税，并建立了林达尔均衡模型，用以分析两个政治上平等的消费者共同决定公共产品供应并相应分担其税后份额的问题”①。现代经济学对公共产品的研究主要体现在公共财政学领域，这始于保罗·萨缪尔森 1954 年发表的论文《公共支出的纯理论》和 1955 年发表的论文《公共支出理论的图式探讨》。“在这两篇论文中，萨缪尔森提出并部分地解决了公共产品理论的一些核心问题：（1）如何用分析的方法定义集体消费产品（以区别于私人消费产品）？（2）怎样描述生产公用产品所需资源的最佳配置的特征？（3）如何评价能给公共部门的支出提供财源的既有效率而又公平的税收体系的设计？”② 这主要依靠是市场失灵理论。

以布坎南等人为代表的公共选择学派从经济人假设等基本原则出发，论述了政府在提供公共产品方面的优势与不足，分析了政府失灵的原因。他们认为，不存在纯粹的公共产品，在私人产品和公共产品之间，还存在着俱乐部产品；公共产品的供给并不必然需要通过政府供给，社会个体之间可以通过自愿协商在缔结契约的基础上来解决公共产品的供给问题。布坎南认为政府的功能是提供公共物品，政府提供的优点有两个，一是有着比个人提供更高的效率，更具规模效益；二是政府可以通过公共权威的强制性来解决“搭便车”问题和物品匮乏，从而使公共物品能够得到有效的维护、管理和分配。维护、管理和分配公共物品必须集体决策，此过程即是公共选择。公共选择学派将政府进行分类：从公共物品的角度分为保护性的和生产性的两类；从效率的角度分为仁慈的专制者模式、“拥有独立利益的巨物”模式和西方式的民主政府模式三类。现实中的政府无法绝对明确属于哪一类，而是介于“巨物模式”和“民主模式”之间，其缺陷的存在就不可避免了，此即政府失灵。因为政府并不是永远代表公共利益，官员和政治家不仅有个人利益而且其理性能力也有限。另外，政府

---

① 于凤荣：《我国农村公共服务供给模式问题研究》，吉林大学博士学位论文，2006 年。资料来源：中国博士学位论文全文数据库。

② 张培刚：《微观经济学的产生和发展》，湖南人民出版社 1997 年版，第 434 页。

行为难以形成高效率资源配置，政府决策要做到帕雷托最优也困难。对公共物品的提供，政府较之于市场有垄断性，民众也无法用退出的方式予以对抗，对政府也往往难以有效地监督。布坎南认为，选民对提供公共福利的要求使得政府感到压力很大，因而会不断扩张财政，造成赤字，这就是现代民主政治的经济后果。①

新制度经济学派的科斯通过对英国近代历史上灯塔这一典型的公共产品的生产和经营进行研究，指出公共产品的供给并不必然由政府提供，也可以通过私人的方式供给，通过产权界定的方式可以解决某些问题。

自20世纪70年代末80年代初以后，西方各国持续开展了一场以推行政府管理商业化、效率至上和顾客取向的政府改革运动，即“新公共管理”运动。自此，公共管理学开始进入新公共管理时代。新公共管理理论强调突破传统公共管理和公共行政的若干基本原则，如政治事务与行政事务的二分，政府或行政组织的最佳运行方式是科层制原则，政府供给公共产品模式的独享性或主导性；职业化的官僚等。新公共管理理论奉行古典泰勒主义管理纲领，力图将私营部门和工商企业的运作方式用于公共部门，强调职业化管理、采用私人部门管理方式、项目预算与战略管理、明确的绩效标准和绩效评估、竞争机制的引入、公共服务机构的分散化和小型化、提供回应性服务、管理者与政治家、公众关系的改变。② 新公共管理运动强调政府治理角色的转变，即政府应“服务而非导航”，倡导公共服务精神，重视政府、社区、公民之间的沟通与合作。此后，更加强调非政府行为主体功能的新公共服务理念兴起。根据丹哈特等人的阐述，新公共服务理论，是以民主社会的公民权理论、社区和市民社会模型、组织人本主义和组织对话理论、后现代公共行政理论等为基础的。新公共服务理论包括以下几个方面的基本内容：服务而非掌舵；公共利益是目标而非副产品；战略地思考，民主地行动；服务于公民而不是顾客；责任不是单一的；重视人而不只是生产率；超越企业家身份，重视公民权和公共服务。③

---

① 徐大同主编：《现代西方政治思想》，人民出版社2003年版，第405—416页；胡宗山：《政治学研究方法》，华中师范大学出版社2007年版，第94—95页。

② 关于这方面的介绍，参见陈振明《评西方的“新公共管理”范式》，《中国社会科学》2000年第6期。

③ ［美］罗伯特·B. 丹哈特、珍妮特·V. 丹哈特：《新公共服务：服务而非掌舵》，刘俊生译，《中国行政管理》2002年第10期。

3. 评述。以上对有关公共产品与公共服务的理论进行了一般介绍，以为以下论述奠定基础。一般认为，社会中存在三种物品或产品：私人产品、准公共产品和公共产品。公共产品是指任何他人对该产品的享用不会影响已经存在的使用者的使用那一类产品。政治是对社会公共价值的权威性分配，社会公共价值有许多种，对社会财富的物质占有就是其中的一种。那么这种分配如何实现呢？显然，与政治权力可以在一定的宪政结构体系中通过民主投票的方式来予以分配不同的是，公民对社会财富的二次分配与占有可以通过公共权力即国家或政府提供公共产品的方式来实现。所谓公共产品，按照美国经济学家萨缪尔森的定义，是指这样一种物品，任何人的消费不会导致其他人对该物品消费的减少，即具有非竞争性和非排他性特征。据此，萨缪尔森提出，“私人物品的总消费量等于全部消费者对私人物品消费的总和，而公共产品的消费总量则等于任何一位消费者的消费量，用公式表示即：$Xk = Xki$（$k = J + 1, \cdots, J + K$）”①，这就是萨缪尔森定律。因此，从不太严格的意义上说，代表国家权威的政府向社会提供的其实都是公共产品，包括军队、警察、法律制度、和平秩序甚至监狱、税收系统等；公共产品不仅包括有形的存在，如建筑物、人员、设施，也包括无形的存在，如制度文本、管理系统、服务系统等；不过在实践中，由于上述政府的派生物具有不同的职能，因此，人们倾向于将所有有形的或无形的公共设施或公共供给都称为公共产品，而具体到与普通百姓生活密切相关的内容，则细化为公共设施、公共服务和公共管理。所谓公共设施主要是指政府供给的为全体成员所共享的看得见的有形的物质实在，如道路、桥梁、公共水、电、气、学校、影剧院等城乡基础公共设施；公共服务则涉及对这些基础设施相配套的服务系统；公共管理则是依照国家法令对全社会进行管理的活动。公共服务有广义和狭义之分。广义的公共服务包含公共管理在内，因为在新公共管理运动中，强调的是融管理与服务一体，在服务中实现管理。而狭义的公共服务则不包含约束性条件。管理必然包含约束性条件。在现实生活中，公共服务与公共管理也很难具体区分。例如，农村的计划生育工作，就同时包含管理与服务，杜绝超生是管理，但在这管理过程中，保障孕妇权利则属于公共服务。

对于公共产品来说，其非竞争性和非排他性是区别于私人产品的两个

---

① 席恒：《公共物品供给机制研究》，西北大学博士学位论文，2003年，第15页，资料来源：中国博士学位论文全文数据库。参见席恒《公与私：公共事业运行机制研究》，商务印书馆2003年版，第14页。

重要特性。所谓非竞争性指公共产品投入消费领域后，消费者人数的增加不会带来产品成本的增加，即边际成本等于零。同时，消费者共同进行消费而不存在拥挤，即边际拥挤成本等于零。所谓非排他性指公共产品是集体共同消费的，一旦被提供，就不能排斥任何人消费该种产品，即使是想通过收费的方式来进行限制也几乎是不可能的。在严格的意义上说，只有非竞争性和非排他性两种特征同时具备，才是纯粹的公共产品。纯粹的公共产品包括国防、环境保护、航标灯、路灯、公益天气预报等。① 但在现实生活中，同时具备这两种特征的公共产品并不多。现实生活中的公共产品往往因为多种原因而无法完全满足上述条件。例如，低廉的市政交通是一种公共产品，但它往往具有拥挤成本。在一定的消费量之下，不存在任何拥挤现象，但当乘客超过一定数量之后，每增加一名乘客就会影响其他乘客。类似的公共产品还包括街道、桥梁、游泳池等，它们都属于拥挤性的公共产品。此外，那些具有非竞争性却同时又具有排他性的公共产品，往往被称作俱乐部产品，或者被叫作排他性公共产品，例如加密电视节目或会员制的俱乐部消费。排他性的公共产品和拥挤性的公共产品又被称作非纯粹公共产品，或者被叫作准公共产品。此外，一些物品同时具有私人产品和公共产品的特征，这被称作混合产品。例如缴费型的社会保障体系实际上就是一种混合公共产品。公共产品按享用者的覆盖范围又可分为地方公共产品和全国公共产品。

公共产品具有典型的公用特征，是理性的个体或组织免费搭便车的对象。因此，对公共产品供给问题的研究，首先需要在理论上解决如何克服集体行动困境的难题。何谓集体行动？集体行动是指谋求集体公共利益的行为，奥尔森在《集体行动的逻辑》中指出，集体公共利益是指为所有集团成员共享且任何一个个体享有而不会影响其他成员的享有的利益，如减税、以加薪为目标的劳资谈判、市场准入等。实际上，这种公共利益就是一种公共产品。奥尔森认为由于理性自私的原因，个体从自我利益出发是不会自愿地采取行动以实现集团公共利益的，因为理性的个体寻求利益的自我最大化，如果从集团公共利益中收益小于自己为争取公共利益的支出，那么个体就不愿意去领导或参加集体行动，除非受到独立的激励或者强迫。集团越大，往往成本支出就越大，个体在有利于集团的行动中获得

---

① 章昌裕、李青编著：《西方经济学原理——宏观与微观经济学》，对外经济贸易大学出版社1995年版，第182页；张培刚：《微观经济学的产生和发展》，湖南人民出版社1997年版，第435页。

收益的份额就越小，所得报酬就越少，因此大集团普遍会遇到集体行动困难的问题。同时还存在“搭便车”问题，集团中的每个个体都希望别人付出全部成本去争取公共利益而自己去享受成果。[①] 然而，要是每个个体都不愿参加集体行动，则会使集体行动难产，甚至集团的存在和运行都会十分困难，这就是个体理性与集体理性的悖论，亦可视为集体行动的困境。[②] 这种集体行动困境的模式也被其他学者提出。例如哈丁提出有名的“公用地悲剧”，即放牧者出于个人利益需要，无限地在公共草地上投放羊群，结果导致牧场被过度使用，草地状况迅速恶化，最终所有羊群都无法维持生存。“公用地悲剧”展现的是一幅无休止地、无情地掠夺的狼狈景象。类似集体行动的困境，卢梭、休谟等人也曾提出。卢梭在《论人类不平等的起源和基础》中提出有名的猎鹿困境。几个猎人合伙去打猎以解决饥饿问题。在他们面前有两种猎物供选择，一个选择是鹿，但这需要几个人合作围猎，各司其职，如果有一人中途放弃就会事倍功半。猎鹿的结果是一头鹿至少可满足所有猎人的食欲且还有剩余。另一个选择是野兔，野兔很多，一只野兔就可以满足一个猎人的需要，但并没有多少剩余。在这种情况下，几个人的合作猎鹿就往往面临着机会风险。即在合作围猎鹿的过程中，常常会有一只野兔在一个猎人面前出现，这时，出于个体理性自私的缘由，经常会有某个猎人为了确保满足个人眼下的饥饿感以及由于不信任别人（因为他可能无法确保相信别人不会放弃猎鹿承诺）而放弃去猎捕能满足全体需要的鹿，破坏了合作行为，其结果是，其他猎人继续挨饿，而该猎人也仅仅能满足眼前的需要，没有剩余可供带回家。类似的场景还有著名的“囚徒困境”。上述场景都反映了一种集体行动的困境。休谟在《人性论》中指出：“人性中使我们的行为发生最致命的错误的性质，就是使我们舍远图近并根据对象的位置而不根据它的真正价值来求取对象的那种性质”，在超过一定规模人员参加的集体行动中，“各人都在寻找借口，要想使自己省却麻烦和开支，而把全部负担加在他人身上”。[③]

西方社会科学具有以人性在本质上是自私的这一理性主义假设作为学术研究基本逻辑的传统。但这一基于个体主义的认知命题无法解决的一个

---

① ［美］曼瑟尔·奥尔森：《集体行动的逻辑》，陈郁等译，上海三联书店、上海人民出版社1995年版，第1—74页。

② 胡宗山：《政治学研究方法》，华中师范大学出版社2007年版，第94页。

③ ［英］休谟：《人性论》，关文运译，商务印书馆1980年版，第578—579页。

难题是，以效用最大化为目标的、自私的个体利益怎样导致以追求公平和高效率为目标的、具有利他功能的公共或集体利益，也就是个体理性怎样走向集体理性。亚当·斯密认为，人在寻求私利时亦服务于公共利益，个人对自我利益的追求也就帮助了社会利益的实现，这是传统自由主义的利益和谐论。但上述公用地悲剧、猎鹿困境、囚徒困境等各类集体行动困境的出现说明，个体的理性行为却容易导致集体行为的非理性，那些对一个个体看起来是有利的行为（如尽可能多地在公用牧场中投放羊群、在合作猎鹿时放弃合作去追捕野兔，出卖同伙换取法官的减刑等），其结果却导致所有人都无法实现预期的利益，其原因在于理性自私的存在。虽然每个人期望自己的背叛行为能够获取最大利益，但这样做的条件是其他人忠实地履行合作。问题在于，其他合作者也会背叛（他们也想更多地投放羊群，也想追捕野兔，也想出卖同伙换取减刑），所以其结果必然是获益最小。相反，如果每个人都能按照事先的承诺忠实地合作，那么所有的人获益即使不是最优的，但也不会是最差的，而是次优的。集体行动的困境实质上是合作的困境，它需要解决的是在自私的理性行为者之间如何促进合作的发生？西方社会科学理论认为，在一个无政府的社会中，解决此类问题是困难的，但并非没有办法，不同的学科、不同的理论也提出了对这个问题的解决思路。社会学提供的办法是通过提供规范、制度、文化等进行社会控制；合作博弈论提供的思路是通过多次重复博弈，威胁实施报复战略，降低理性行为体对于报偿结果的正面预期；奥尔森提供的思路是建立选择性激励机制，划小行动联盟；新制度经济学认为之所以存在集体行动难题的原因在于不确定性和不对称信息的存在，要解决这些问题就需要创设制度，通过制度供给来影响博弈者的预期，制定具有稳定性和可预期性，可以减少行为体的机会主义，增强合作发生的可能性。① 另一种方法是通过外部强制力量予以制约。例如，休谟针对人的自私和短视而不愿合作，强调要发挥政府的作用来补救这些弊病，认为政府要促使人们订立互利的协议，强使人们来促进某种公共目的，以求得自己的利益。② 后来的公共选择学派也是强调发挥政府作为公共权威的作用，依靠强制性手段来提供公共产品。这是因为，根据公共产品的非竞争性和非排他性特征，对公共产品的消费实行配给是不可行的，同时公共产品由私人提供亦会造成

① 胡宗山：《政治学研究方法》，华中师范大学出版社 2007 年版，第 96—97 页。

② ［英］休谟：《人性论》，关文运译，商务印书馆 1980 年版，第 578—579 页。

资源配置效率的缺乏。[1] 因此，政府被看成是公共产品的最佳供给者。公共产品并非必然由公共权力供给，但在现实生活中的常见情况是很少有甚至没有非公共力量提供。

公共产品的供给是一种典型的集体行动，因而与理性逻辑密切相关，要解决公共产品的供应问题就需要解决个性理性与集体理性之间的悖论。既然不同的学科提供了不同的解决办法来克服集体行动困境，那么，公共产品的供给问题也可以通过这些问题予以解决。不过，在传统经济学看来，“经济学解决的是私人领域的问题，主流经济学将外部性和公共问题假定为既定的，不加以研究。但政治学研究的是众人之事、公共之事，无法回避集体性的、公共性的问题。个体理性的自私、短视等原因会造成集体行动的困难和公共物品的匮乏，因此，在传统古典经济学的视野中，用经济学个体优先的方法无法解决政治学中的集体行动和公共行动问题，用社会学的术语来说就是难以解决社会团结问题”[2]。这就需要对相关主体在公共产品供给中的作用予以准确的了解。

另外，正确认识政府、市场及社会组织在公共产品供给中的不同作用及其优缺点。传统经济学中的市场机制作用的发挥有一个基本的前提，那就是整个市场处于完全竞争的状态，所有的商品都以某一个价格在市场进行交易，没有哪一个经济行为体能够以非经济的手段来影响市场价格，土地、劳动力、资金、技术等要素的流动不受限制，所有“经济人”可以随心所欲地按照自己的意志去自由交易或进行经济选择。自由放任原则的实施，政府守夜人角色的扮演都是以此为前提的。但是现实生活中，几乎没有哪个国家、哪个行业会处于完全竞争状态，影响资源配置和交易的因素如此之多，任何“经济人”都不可能充分实现选择的自由，这就使得完全竞争和市场机制充分发挥作用成为一种理想状态。事实上，在现实经济生活中，影响竞争的因素众多，例如政府管制、非经济因素干扰（包括腐败、垄断、结盟交易等）、制度障碍、交易成本、意识形态等各种各样的因素。这些因素使得古典经济学所崇尚的市场功能必然有失灵的时候，不完全竞争（垄断或管制）、外部性（如环境污染、气候变暖等）和公共产品需求是导致市场失灵的最主要的三种因素。市场失灵会导致生产或消费的无效率或低效率。这时就需要政府发挥作用来纠正这些偏差。所

---

① 方福前：《公共选择理论——政治的经济学》，中国人民大学出版社 2000 年版，第 31—34 页。

② 胡宗山：《政治学研究方法》，华中师范大学出版社 2007 年版，第 97 页。

谓外部性就是企业的溢出效应，它们一般是负面的并且是强加于他人或社会的，是一种副产品，用当下流行的网络用语来说，他人或社会往往是“被享受”的。例如，化工企业排放的有毒气体，造纸企业排放的污水都会对当地居民产生负面影响。事实上，除极少数例子外，大部分公共设施和公共服务体系都有其适用范围，它们虽然不是私人物品，但是，如果一部分人享用，那么事实上也会影响到其他人享用。例如，地铁、公交车等属于公共产品。但如果地铁、公交车超过一定的载客量时，后上车的乘客就会影响已上车的乘客；已上车的乘客也会影响后上车的乘客。与污水不同，公共产品具有正外部性，公民不是“被享受”，而是“享受”。由于公共产品具有正外部性，即它能够为他人或社会带来正面效应，这就需要一定的成本，因而它就不是副产品，也就无利可图，其结果就是经济活动的无效率，在这种情况下，就不会有理性的、自私的经济人愿意提供此类的公共产品。市场无法自动调节经济人去从事利他行为，这就需要政府来提供。政府在经济中的职能和作用是现代经济学的重要议题。在萨缪尔森看来，现代经济学最关键的一对关系就是如何处理市场与政府的关系，也就是说，如何划分市场与政府在经济活动中的界限。①

显然，市场只能引导经济人来做他们愿意做的事情，但并不能强迫经济人去做他们不愿意做的事情。因为市场无法去改变人性，无法改变人的偏好。市场机制只是依靠自然原理（nature law）去发挥作用，而不能依靠人为规则（subjective rule）去制约行为。能这样做的只有政府，它或者自己利用公众所缴纳的税收形成公共财政和公共支出来提供公共产品，从而体现权利义务相等之原则；或者通过民主程序制定规则（包括法律、制度等）来引导包括强迫经济人的利他行为。但是，政府如同市场一样，也会失灵。所谓政府失灵，是指“当国家行动不能改善经济效率或当政府把收入再分配给不恰当的人时，政府失灵就产生了”②。根据公共选择理论，政府失灵的原因在于组成政府机构的人员把个人的利益和动机带进政府和政府决策中，会利用权力进行寻租、浪费、权钱交易等腐败活动，政府部门缺乏竞争削弱人们的积极性和进取心，导致冗员大量存在等；此

---

① ［美］保罗·萨缪尔森、威廉·诺德豪斯：《微观经济学（第十六版）》，萧琛等译，华夏出版社 1999 年版，第 20—33 页。

② 参见 P. A. Samuelson and W. D. Nordhaus: *Economics*, 13*th Edition*, McGraw—Hill Book Company, 1989, p. 769。转引自方福前《公共选择理论——政治的经济学》，中国人民大学出版社 2000 年版，第 197 页。

外，政府在进行公共价值分配时，面临着信息的不完全性和不对称性，难以有效采集到真实可靠的信息以供决策也是一个重要原因。政府失灵表现为公共政策的偏差、低效率、自我扩张和短视行为等。要解决政府失灵，除了重新创造市场外，还要创造新的政治技术和民主形式来对政府权力施加制度或宪法约束，控制官员机构的蔓延滋长和国家权力的日益膨胀。①

政府、市场、社会组织、个体都各有其优点和不足，任何一者都会有失灵的时候。市场主要在私人领域发挥作用；政府则在大规模公共物品供给领域发挥作用；社会组织则适用于社区和小范围公共物品的具体议价和管理等方面。但无论在哪个领域，都需要三种机制互相补充，形成一个适合本地本行业的具有活力的供给模式。政府会失灵，市场也会失灵，社区或社会组织也有失灵的时候。市场的失灵导致福利经济学的产生，政府的失灵导致公共选择理论的产生。纵观西方公共产品、公共服务或新公共管理理论，其实质反映了西方社会科学包括政治学、经济学的两个永恒议题：作为实然命题来说，就是市场与政府的关系问题，作为方法论或认识论传统来说，就是个体理性与集体理性之间的悖论。如何解决市场与政府的关系，既是西方经济学也是政治学一直反复争论的话题，无论是经济学还是政治学领域的自由主义、新自由主义、保守自由主义或保守主义等都是在市场与政府这两极之间摇摆。

四　小结

本章主要开展理论研究，包括民生政治的概念、民生思想的源起与发展、民生政治的理论基础。从理论上研究民生政治的概念，目的是通过概念分析，从政治理念和政治运行模式两个角度的界定，揭示出民生政治这一学术用语所具有的内涵与外延，尤其是民生政治在现实生活中的意蕴与发展趋势。这一概念研究是后文对民生政治作为学术命题和现实议题研究的重要基础。

本章还通过文献综述对古今中外与民生和民生问题的相关思想主张进行了一个整体的梳理。这种梳理主要是通过对中国传统民本主义思想中的民生论述，西方人本主义思潮中的民生相关性来进行的。目的是从总体上了解民生问题作为一种重要的思想人文传统在古今中外政治生活和社会生

---

① 方福前：《公共选择理论——政治的经济学》，中国人民大学出版社2000年版，第202页。

活中的重要地位和影响，这种地位和影响实际上已经在很大程度上赋予了民生问题的政治化色彩。也就是说，无论是在中国传统社会还是在西方社会，民生问题一直具有政治化的蕴义，一直与国家、政权、统治等政治议题密切相关。

民生政治这一概念的提出使民生与政治两个词汇直接联系在一起，虽然从既往关于民生问题的思想概述中已经发现二者的内在逻辑关联，但在新形势下，如何从学术上去深入研究与民生政治相关的各种议题，如何揭示民生政治的本质，如何更深入地推进民生政治的议题，就需要强大的理论支撑。这就要从现有的学术宝库中去寻找相关智力资源。因此，本章锁定马克思主义关于国家本质和职能的理论以及西方政治学中关于政府职能和公共产品、公共服务的相关理论，同时补充了经济学理论中的相关观点，将它们作为本书对民生政治进行学术研究的理论基础。更关键的是，如何结合新的形势需要，结合中国的具体实践，对上述理论进行有效的综合与提炼，发展出一种新的民生政治研究分析框架，是本书后续研究的重要任务。

第三章　民生政治的逻辑体系研究

本章重点研究作为学术命题的民生政治，目的是从政治的视角来看待民生议题和社会建设，形成一套分析、研究当前中国民生问题的学术框架视角。为此，需要建构民生政治的理论逻辑体系。这一体系由三个原初假设、五对核心变量关系和四个基本命题组成。

一　民生政治的若干原初假设

如前所述，民生政治既是一种政治理念，也是一种政治运行模式。这一理念和运行模式的存在和发展必须建立在一定的前提基础上，即民生政治作为学术命题的三个原初假设。

1. 国家、政府、人民与政府官员间具有不同的利益诉求和不同的偏好。国家与政治运行密切相关，国家是最重要的政治行为体，在某种意义上，研究政治就是要研究国家的行为。作为行为体的国家的行为与规律是政治学的一个核心主题。无论是马克思主义政治学还是西方政治学，对国家的起源、本质、职能与消亡等问题都进行了深入的研究，并形成了不同的理论。如何来理解国家？如何看待国家这个行为体？一般地，人们都知道，国家有四个基本组成要素：领土、人口、政府和主权。这四个要素的统一体构成一个国家存在的基本前提，是一个国家区别于其他国家的重要标准。主权即对内的最高统治权和对外的独立自主权是构成国家的最重要的要素，这种主权从国内社会的视角来看就是公共权力。政府是国家的合法代表，是国家主权的行使者，是公共权力的执行者。政府的存在意味着政权的存在，政府的更替意味着政权的更替。从根本上说，一个国家存在的核心要素就是围绕着政权、围绕着主权和公共权力而展开的，政府是这些核心要素运行和发挥作用的最重要的中介者。政府显然也是重要的政治行为体。那么，国家与政府这两个行为体之间是什么关系呢？政府能够完全等同于国家吗？在实际政治运行中，与政府相比，国家这个行为体具有抽象性、整体性和被动性的行为特征。首先，国家更加抽象，而政府则较为具体。在国内政治运行中，国家更多被看作是一种象征存在，例如，国家与社会，国家与人民，人们常说，某某方面的要求是国家规定的，这意味着，国家是被看作是与社会、与个体相对应的抽象存在，没有人会去追究国家的哪个部分、哪个部门的规定。这种抽象意味着国家是最高的权威，国家是没有错误的，不受谴责的。政府则不同，它执行国家的指令，代表国家权威，并且，政府常常被分割成中央政府、地方政府或者行政机关、立法机关、司法机关，在不同的领域履行自己的职能，发挥自己的作用。政府会有失误，会有错误，因而会被推翻，会被问责，会下台，而国家不会。一般来说，政府的更替不会影响国家的兴亡。例如，辛亥革命后，清王朝这个君主制政府被推翻了，但中国这个国家仍然存在，只不过是换了国号而已，因为中国的领土、人口、内外主权就总体而言并没有改变。其次，国家具有整体性特征，至少在形式上对内对外代表整个社会的利益，政府则更加具体。马克思主义政治学和西方政治学对国家的本质具有不同的看法，马克思主义强调国家的阶级性，而西方理论强调国家的中立性。国家毫无疑问是阶级统治的工具，但至少在形式上，国家在执行其社会管理职能时是具有整体性特征，代表整个社会的利益。对外，国家是以一种整体的存在，例如，国家利益、国家形象都是以整体面目出现的。此时，这些利益就不能更换为政府利益、政府形象，因为它涉及的是一个国家领土之内的全体社会成员的利益与形象。再次，国家具有被动性，而政府则更为主动。国家虽然是一种行为体，但由于其具有抽象性和整体性的特征决定了它的政治行为具有被动性。国家的行为都是由其合法代表——政府代理的，国家无法自身主动参与。一旦一国陷入无政府状态或政府治理失败，那么，国家就会陷入混乱状态。国家是由政府来打理的，来托管的，离开政府，国家无所作为。政府的存在是国家之所以为国家的真正理由。

人民主要是个政治概念，公民主要是个法律概念，但涵盖的主要都是在一国之内领土上居住的合法人口。一般来说，国家与人民相对应，政府与公民相对应。人民/公民也是政治行为体，但是在指涉具体政治行为时，就细化为个别参与者。政府官员或者说公务员来自于人民，受人民委托组成政府，治理国家，同时，公民缴纳赋税，形成公共财政，供养政府官员。这使得政府官员具有双重特征，一方面，他们是人民的雇佣者，需要对人民这个“老板”负责，需要为人民服务。另一方面，在针对具体的个人时，他们又是管理者，代表国家、代表政府管理作为个体的公民。

从理论上讲，国家、政府、人民和政府官员在根本的利益诉求上是一致的。因为国家无论是阶级专政的工具还是社会共同体的产物，国家存在的理由中至少总有相当一部分是为了维护社会的利益，维护人民的利益。政府和政府官员作为国家意志的执行者，在根本上也是为了实现和维护人民的利益。但是，在具体政治运行中，情况并非完全如此。国家、政府、人民和政府官员都是政治行为体，具有不同的利益诉求，具有不同的期望与偏好。这也就意味着，这四个政治行为体之间的行为可能会一致与和谐，但也有可能会彼此矛盾和冲突。这种矛盾和冲突是民生政治作为分析框架的一个重要起点。也就是说，如果认为四个政治行为体之间完全一致，这是一种理想状态，那么就不存在政治，不存在从政治的视角来理解民生问题了。在历史上，不乏卖国政府，如晚清统治集团就被世人看作是一个卖国投降的政府，也不乏出卖人民利益、压榨人民的政府和政府官员，如历朝历代的腐败政权和贪官污吏。同样，国家也并不一定能够代表和保护人民的利益，满足人民的需求。在马克思主义看来，国家来自于社会，但却高于社会，在共产主义之前的社会，国家都是统治阶级镇压人民的工具，是为统治阶级汲取社会资源以满足本阶级利益和需求服务的，国家是一种暴力存在。因而，人民对国家的不满也比比皆是。政府是国家的代理机构，政府官员则是国家的代理人，不管这种代理机制是通过暴力方式形成的，还是通过契约方式形成的，一旦委托—代理关系形成后，除了履行代理职能、执行国家意志外，实际上，作为独立的政治行为体，分别以组织形式体现的政府和作为个人形式体现的政府官员必然具有独立意志，必然会寻求自身的特殊利益。这就是，不同时期、不同地域、不同层次的政府为什么会对同一个现象持有不同的主张，会出台不同的政策、法令的原因。同样也是为什么国家同一个法律、同一个政策，会在不同的政府机构、不同的政府官员手中得到不同的执行结果。不去区分作为代理者的政府和政府官员的这种特殊偏好，就无法理解民生政治的基本内涵，无法理解为什么要将民生政治作为一种政治理念，无法理解为什么要将民生与政治联系起来，赋予其政治上的高度地位。因为，在中国政治实践中，政治任务、政治认识、政治路线是关系到政府官员的核心评价标准。是不是具有高度的政治敏感性，是不是在政治上与党中央保持一致，是不是识大体、顾大局是评价官员升迁的重要前提。对于政府官员来说，作为国家代理人，他们当然要去忠实地履行国家意志，为人民服务，但如何履行，如何执政，选择何种方式，重点如何，次序如何则具有很大的机动性。除此之外，实际上还需要考虑个人的特殊利益，作为集体的政府组织和作为个体的政府官员都是经济人。他们会以理性选择作为自己的行为标准，在面对若干个不同选项时，他肯定会选择有利于自己利益最大化的选项，这就是一种个体理性的体现，不管这种个体理性是否有利于公共理性或公共利益。例如，某一地方政府同时面对两个选项，一是投入100亿元兴办教育，改善民生问题；二是投入100亿元招商引资，开展城市建设。当面临二选一的时候，在现行以经济建设和GDP、财税指标为核心的政绩评价体系下，出于本届政府执政绩效的组织利益考虑，政府可能会选择后者，因为后者更能在短期内见效，好看又好吃，还可以从中寻租。前者虽然功在当代，利在千秋，但看不见，摸不着，其效益是长远的，分摊到眼前对于本届政府来说其收益远远不如后一个选项。虽然说，“金杯银杯不如老百姓的口碑”，但决定官员升迁的不是口碑，而是上级领导的偏好和组织部门的考察，这些偏好和考察的依据就是来源于数字和指标。同样，对于个体的公务员来说，他在从事代理活动时也面临着机会成本的考虑。如果把政府官员花费时间、精力去关注、推进民生问题也看作是一种投资的话，那么，在这种情况下，民生问题由于其效益上的劣势性而往往会成为这一理性主义考虑的牺牲品，诸如招商引资、市政建设等则会成为政府官员的优先选择。对于政府官员来说，升迁就是最重要的个体利益，在很多时候，履行代理人功能是要服务于这种升迁的。这是一种政治现实，也是一种政治潜规则，无法漠视。各项政策、学术研究都必须要重视这些现实中的政治潜规则，

2. 现代政府的职能尤其是当前中国政府的职能是以善治为目标的政府。在承认政府和政府官员具有特殊偏好的同时，还要认识一个更为根本的事实，那就是，古往今来，真正清明、清醒的统治者都不希望天下大乱，都希望将国家治理好，不管这个国家是服务于统治阶级的特殊利益还是声称维护全民利益。因为社会管理职能是政治统治的必要前提和基础，只有将国家治理好了，社会处于繁荣稳定的状态中，统治阶级的利益才能得到真正保障，杀鸡取卵显然是短视的。中华人民共和国是一个人民当家做主的国家，全心全意为人民服务是作为国家代理人的中国政府的基本要求，也是人民这个雇佣者对政府这个雇员的基本要求。因此，中国政府的职能肯定是以善治（good governance）为目标。所谓善治，“就是使公共利益最大化的社会管理过程。善治的本质特征就在于它是政府与公民对公共生活的合作管理，是政治国家与公民社会的一种新颖关系，是两者的最

佳状态"[①]。善治具有以下 10 个基本要素：合法性、法治、透明性、责任性、回应性、有效性、参与、稳定、廉洁、公正。[②] 善治是一种良好的治理，体现了对治理原则、过程与结果的正面积极评价，善治的概念是当代治理理论的重要组成部分。20 世纪 90 年代以来，治理（governance）理论在西方政治学界兴起，其原因在于随着市场失灵和政府失灵事实的不断增加，很多学者对"统治"（government）这一概念在国家公共事务管理中的过分使用越来越不满，希望纠正由于强调自上而下的单向性权力和政府单一管理主体的"统治"这一概念在解释上的缺陷，进而寻求新型的社会管理途径。由此，一些学者重新开发了 governance，赋予其更多的内涵，国内学界也对 governance 进行了新的梳理，并以"治理"作为对位译义。与传统的"统治"概念不同，"治理"强调的是一种包括国家但并不必然是国家的多元主体共同协作的管理活动和方式，这种管理所依赖的权威可能是政府，也可能是社会机构甚至私人机构，它并不一定要依靠国家的强制力量来实现管理的目标，其权力运行向度也是双向的，而不是自上而下这一单向路径。[③]

在中国传统政治文化中，追求善政一直是治国理政的根本目标。古人对不同的政治管理模式及其现实表现进行过归纳。横征暴敛，苛捐杂税丛生，与民争利，巧取豪夺，官员敲骨吸髓式的向百姓和社会汲取资源的政治模式被称为苛政，孔子曾发出"苛政猛于虎"之叹。残暴凶横，重典酷刑，草菅人命，随意残杀大臣与百姓的被称为暴政，典型的就是秦朝和隋朝。从广义上讲，苛政也属于暴政的一种，因为要施行苛政必须以暴力为基础。碌碌无为，平庸昏聩，不求有功但求无过式的政治模式被称为庸政。这三种政治模式都属于恶政。主导这些政治模式的国家元首和政府首脑往往被称为无道昏君、暴君或奸相、奸臣等。相反，德政、仁政、善政则是人们向往的美好政局。所谓仁政、德政，就是以礼教、仁义、道德治理国家，建立相应的伦理、社会秩序与相关制度。在这种政治模式中，每个政治行为体都应该执行与自己身份相符的角色规范，做到君明，臣贤，

① 俞可平主编：《治理与善治》，社会科学文献出版社 2000 年版，第 8—9 页。

② 俞可平：《全球治理引论》，《马克思主义与现实》2002 年第 1 期；俞可平：《增量政治改革与社会主义政治文明建设》，《公共管理学报》2004 年第 1 期。

③ 关于治理理论的介绍，可参见徐勇《Governance：治理的阐释》，《政治学研究》1997 年第 1 期；俞可平主编：《治理与善治》，社会科学文献出版社 2000 年版；俞可平：《治理和善治：一种新的政治分析框架》，《南京社会科学》2001 年第 9 期。

民顺，各安其位，君主体恤臣下，爱民如子，臣子鞠躬尽瘁，忠君爱民，百姓恭顺爱国。通过这样的原则最终达到善政，善政是将严明的法度与仁者爱人的人文关怀结合起来的理想政体，在这一政治模式中，君主清醒，法度严明，官员清廉，行政效能高，效果好，国家强大，人民富裕，社会安定。传说中的上古尧、舜、禹三世是理想的善政典范。历史上的某些盛世王朝如文景之治、贞观之治、开元盛世以及康雍乾盛世也被某些学者认为是善政或具备善政的一些特点。在国外也有"好的治理"这一说法，它类似于中国古代的善政思想，例如亚里士多德将关乎全体公民幸福生活的"城邦的善"看作是一种城邦国家的政治追求模式，这实际上是西方社会早期的善政理想。

善政以政府为管理主体，是政府的良好管理，善政是善治的基础和前提，尤其是在中国这样一个政府主导社会资源分配的国家，善政对于善治具有决定性意义。中国政府的一切权力来自人民，受人民委托治理国家，它不仅理所当然地要以历史上的"善政"为其基本目标，而且要在新的经济社会形势下，不断地实现超越。实现善治，就是要在政府主导的前提下，以善政为目标，通过充分动员社会各界的力量，发挥政府、市场、社会组织等各个主体的积极性，大力提升社会管理和公共服务水平，实现政通人和，建设社会主义和谐社会。因此，从党和政府"立党为公，执政为民"的基本理论和要求出发，善政、善治必然是中国政府施行职能的最终目标。这一目标是民生政治运行和发展的基本前提，是不证自明的。

作为国家的代表，政府如何治理国家和社会既是一个政治问题也是一个技术问题。从政治方面讲，涉及政府治理的目标。而从技术方面讲，涉及公共行政的途径、方式与效能问题，涉及政府职能定位问题。政府的职能定位关涉政府在社会中到底应该发挥什么作用的问题。对这个问题，理论上和现实中的思考不一样，不同的政治传统中也不一样。在以封建经济、自然经济为主要特征的传统社会中，整个社会的发展程度较为低级，除了公共水利工程、赈灾救灾等少数事务外，并没有更为复杂的公共事务，再加上政府规模较小，职能也相对单一，因此，政府更多履行的是政治统治职能，突出表现在对外防范入侵，对内镇压敌对势力反抗。相对来讲，东方社会由于国家规模较大，人口众多，政府的作用更加强大一些，例如，政府在兴修水利，防治自然灾害等方面就起到显著作用。同时，有些公共事务虽然需要政府发挥功能，但更多服务于军事需要或君主个人享乐，前者如秦朝、明朝修建长城，后者如秦始皇修建阿房宫，隋炀帝开挖大运河。古代和中世纪的西方社会中，政府的作用相对较弱，尤其是在封建领主体制中，层层分封使得诸多公共事务被大小领主通过不同的方式分享处理，只有国防等少数事务需要国家出面办理。资产阶级兴起后，随着民族国家的统一和市场经济的繁荣，政府的作用逐渐加强。但在西方传统经济学自由主义视野中，政府被要求作为守夜人即可，在自由放任经济原则下，管理最少的政府就是最好的政府，政府不要干预属于私人领域的经济交换。但是随着现代资本主义经济和国际贸易的发展，市场经济的外部性缺陷开始显现，随着现代国家的发展，公共事务越来越多，而市场在解决外部性和提供公共产品、公共服务方面具有天生的缺陷，这一缺陷主要就在于前面所论述过的个体理性与集体理性间的矛盾而导致的集体行动困境。因此，政府必须要介入社会生活，政府作用的加强在经济领域导致宏观经济学产生，即凯恩斯主义强调的政府应该负有对宏观经济调控的责任；在社会生活领域，则是要求政府公共产品和公共服务供给能力的增强。对政府在此领域作用的解释，在经济学中，是由公共经济学、福利经济学、政府经济学、公共选择理论等次学科领域承担的，而从政治学、管理学的视角来看，则是相关政府职能理论的发展和完善。从西方国家的实践来看，第二次世界大战以后，政府的管理国家经济活动和社会活动中的功能得到极大增强，在一部分资本主义国家，由政府出面加强社会保障和福利体系建设，加强大型企业国有化进程，形成福利国家模式。就是在英美等传统自由主义市场经济国家，国有控股企业也在增强。一时之间，政府的全能态势前所未有地呈现。然而20世纪70年代后，随着石油危机和资本主义经济危机的再次爆发，新自由主义主张重新占领市场，要求重新私有化，减少政府干预的呼声重新出现，于是英美等国纷纷开展国有企业私有化运动，政府的功能开始逐渐回撤。尽管如此，与第二次世界大战前相比，政府在市场和社会生活中的作用已不可同日而语，政府在国家中的作用增强是普遍的趋势。

关于政府在国家和社会中的作用以及政府的职能，学术界形成不同的理论观点。可分为政府全能主义、无政府主义、放任主义、干预主义和有选择的干预主义。[①] 从实际情况出发，可以依据不同的标准对政府的职能与作用予以分类。从政府的组成机构的规模来看，有小政府与大政府之分；从政府的作用程度来看，有弱政府与强政府之分；从政府的管治效果来看，有全能型政府和效能型政府之分；从政府的管治职责来看，有全能

---

① 陈振明主编：《政治学——概念、理论和方法》（修订本），中国社会科学出版社2004年版，第140—147页。

型政府、管理型政府与服务型政府之分。

那么，当前我国政府在国家和社会中的作用应该如何准确定位呢？中国政府应该是什么类型的政府？我们认为，中国政府的定位应该以有选择的干预主义路线为总体指导，建设一个有限责任的服务型效能政府。首先，中国政府应该是有限政府。有限政府的意思有两个，一是承认政府的能力是有限的。要从计划经济时代的全能主义思维中脱离出来，承认政府不能包打天下，它的能力是有限的。在发展民生政治中，要避免走某些西方资本主义国家福利国家建设的老路，它容易造成经济效率低下，社会发展动力不足。二是认清政府对社会承担的责任是有限度的，而不是搞无限责任，不能被一些利益主体绑架。有限政府的内涵意味着政府管理的领域是公共领域，而不是非公共领域。政府所要做的就是紧紧抓住公共生活这个关键词，做到代表公共利益，行使公共权利，管理公共事务，提供公共服务，维护公共秩序，承担公共责任。其次，中国政府应该是服务型政府。中共十七大报告、十八大报告以及十八届三中全会都指出我国所要建设的是服务型政府。何谓服务型政府？服务型政府是把为公民、为社会服务作为政府存在、运行和发展为根本宗旨的政府。我国要建立的服务型政府，就是指在社会主义市场经济条件和全面推进依法治国基本方略下所建立的一种以民为本，以服务为宗旨，以公共利益为目标，以发展为手段，以为人民群众谋福祉、不断满足人民群众公共需求为己任的政府，追求的是社会的和谐和整体的进步，更有利于维护社会的公正。就是要求："（1）坚持全心全意为人民服务的宗旨，贯彻以人为本的理念，把为人民服务作为各级政府的神圣职责和全体公务员的基本准则，作为人民政府的基本要求，作为政府一切活动的出发点和落脚点。（2）在机构设置、职能确定、资源配置等方面，注重和强化公共服务，包括社会事业、社会保障、劳动就业、收入分配、公用事业、社会治安等，不断改善民生，全面提高公共服务能力和水平。（3）创新政府管理和服务方式，实现管理与服务的有机结合。推行政务公开，简化办事程序，寓管理于服务之中，在管理中体现服务。支持社会组织参与社会管理和公共服务，增强社会自治功能。（4）健全公共政策体系，维护、促进和实现社会公平正义。政府应当为全社会成员创造平等参与、平等发展的条件和环境；政府提供的基本公共服务应当实现均等化，体现普遍性和公平性。"① 承认政府的有限性，并不意味着放弃政府的责任，搞无政府主义或放任主义，而是基于现

① 本书编写组编：《十七大报告辅导读本》，人民出版社2007年版，第276—277页。

代社会需求，结合我国现实，正确认识政府作用，把我国政府建设成为服务型效能政府。

建设什么样的政府以及怎样建是与政府的职能相挂钩的，而政府职能又是需要与同时代的经济社会需求相配套的。新中国成立后，由于特定的社会历史条件，我国的社会主义建设借鉴苏联模式，在政府管理上，实行由国家高度集中和全面控制的全能型政府管理模式。改革开放以前，政府这种无所不包、无所不能的作用充分体现在经济领域和社会领域。在所有制关系上，所有的企业分为国营（有）企业和集体企业；实行指令性计划控制，生产资料统收统支，统购统销，政府直接干预企业经营；在社会领域，实行单位制（城市）和社队制（农村），在城市地区对收入分配和社会福利实行政府全面包揽。这种全能性的政府管理必然导致大政府的存在，也不适应改革开放后经济社会新的形势发展。为此，我国在 1982 年开始了第一次机构改革，以适应社会主义现代化建设的新要求。此后又于 1988 年、1993 年、1998 年、2003 年、2008 年、2013 年进行了多次政府机构改革，中央政府的组成部门由 41 个下降为 25 个。其中，1998 年的国务院机构改革要求转变政府职能，实现政企分开；改革的重点是调整政府组织结构，消除政企不分的组织基础，明确部门职责分工。当时政府机构改革方案明确要求政府职能转变到三个领域：即宏观调控、社会管理和公共服务。2003 年的国务院机构改革则是一个转折点，之后的机构改革都以建设服务型政府为目的。2008 年的国务院机构改革要求“加快推进政企分开、政资分开、政事分开、政府与市场中介组织分开”，把该管的事管好，更好地发挥市场在资源配置中的基础性作用，更加有效地提供公共产品。这次改革的重点是“探索实行职能有机统一的大部门体制，合理配置宏观调控部门职能，加强能源环境管理机构，整合完善工业和信息化、交通运输行业管理体制，以改善民生为重点加强与整合社会管理和公共服务部门”。[①] 改革后，中央政府的每一个部委几乎都直接或间接地涉及民生工作，但其中直接主要涉及民生的部委有人力资源和社会保障部、民政部、卫生部、住房和城乡建设部、教育部、农业部、财政部、计生委，其他直接次要涉及的部委则有发改委、文化部、公安部、环境保护部、交通运输部、商务部、铁道部、水利部。

2013 年新一届中央政府成立后，国务院进行了第七次机构改革。这

---

① 华建敏：《关于国务院机构改革方案的说明——2008 年 3 月 11 日在第十一届全国人民代表大会第一次会议上》，《人民日报》2008 年 3 月 12 日 02 版。

次改革要求更广、更深地加快国务院机构职能转变，建设职能科学、结构优化、廉洁高效、人民满意的服务型政府，重在向市场、社会放权，减少微观事务管理，以充分发挥市场在资源配置中的基础性作用，“加快形成权界清晰、分工合理、权责一致、运转高效、法治保障的国务院机构职能体系”。“改革的重点是，紧紧围绕转变职能和理顺职责关系，稳步推进大部门制改革，实行铁路政企分开，整合加强卫生和计划生育、食品药品、新闻出版和广播电影电视、海洋、能源管理机构。”[①] 根据2013年的国务院机构改革方案，具体内容是：①铁路政企分开。组建国家铁路局和中国铁路总公司，分别承担铁道部的部分行政职责和企业职责；不再保留铁道部。②组建国家卫生和计划生育委员会。原卫生部、国家人口和计划生育委员会不再保留。③组建国家食品药品监督管理总局。原国家药监局和单设的国务院食品安全委员会办公室不再保留（国务院食品安全委员会保留）。④组建国家新闻出版广播电影电视总局。原国家广电总局、新闻出版总署不再保留。⑤重新组建国家海洋局。设立国家海洋委员会，其具体工作由国家海洋局承担。⑥重新组建国家能源局。由国家发改委管理；原国家电力监管委员会不再保留。经过改革，国务院正部级机构减少4个，其中组成部门减少2个，副部级机构增减相抵数量不变。改革后，国务院组成部门为25个（除国务院办公厅外）。[②] “这次改革的最大亮点在于，涉及民生、民意的部门整合力度很大。”[③]

政府机构改革的目标是要转变政府职能，建立适应社会主义市场经济发展和新的社会管理形势的办事高效、运转协调、行为规范的行政管理体制。最终目标是建立有限政府、责任政府和服务政府，这样一种政府职能定位既要服务于我国传统国情和社会主义国家的本质要求，也要适应市场经济发展和未来社会发展需要。所谓传统国情，是指我国作为传统东方国家，具有集体主义的传统，人民群众对政府的依赖与信赖已经成为一种长久的、根深蒂固的社会文化习俗，国家对人民的保护功能，政府对社会的主导作用要强于西方国家。一方面，我国还是一个社会主义国家，社会主义的一个优越性就是全国一盘棋，能够集中力量办大事，要发挥社会主义的优越性，政府的作用就不可能很弱，政府的职能就不可能很虚，否则就

① 马凯：《关于国务院机构改革和职能转变方案的说明——2013年3月10日在第十二届全国人民代表大会第一次会议上》，《人民日报》2013年3月11日02版。

② 同上。

③ 纪双城、杨明等：《世界细看中国大部制改革》，《环球日报》2013年3月11日01版。

无法充分调动、合理配置全国资源。另一方面，政府发挥主导作用并不意味着大包大揽。我国目前毕竟还是一个发展中国家，人口多，底子薄，没有那么多的资源去建设西方式的福利国家。在这种情况下，政府本身要树立有限意识，有所为，有所不为，该退的地方退，该进的地方进，合理划分不同主体在社会管理和公共服务供给中的作用，充分调动各方面的积极性，共同提高公共服务水平。这就要求“深化行政体制改革，创新行政管理方式，增强政府公信力和执行力”。[①] 对于政府来说，要适时转变职能，变全能型政府为效能型政府，将有限的资源集中，力求把资源的配置效益发挥到最佳。同时要加强行政问责制，树立责任意识，理顺部门职责，明确岗位职责，健全政府职责体系。有限和责任政府建设是服务政府的基础和前提，内在的原则则是讲究政府工作的效能。

3. 管理与服务的合理界分是现代政府管理的必要前提。民生政治的成功推进必须以政府职能的转变与延伸为前提，转变是指从全能型政府向服务型政府转变，延伸则是指公共服务功能应在未来的政府管理中占据重心位置。倡导民生政治这样一种政治理念和政治行为模式，服务至上的理念，服务型政府建设和公共服务作为行政重心的观点一定要能够坚强地树立起来。这就需要正确地认识和理解管理与服务这两个范畴的关系，并对二者在实际工作中的地位、作用和表现进行合理界分。

何谓管理?《辞海》中没有解释，其他词典中的解释是，管理有两个含义，一是保管和料理，负责处理；二是照管并约束。[②] 在实际生活中，“管理就是由一个或多个人协调他人的活动，以达到任何个人单独行动所无法达到的目标”[③]，因而，管理通常被看作是主持或负责某项工作并承担一定的具体职责和任务。管理涉及对人的控制。是指一定的主体通过各种类型的手段或职能来动员、激励、组织、协调、控制其他主体的活动以实现某种目标的过程。公共管理则是指公共组织、政府运用公共权力对社会公共事务进行干预调节和控制的活动过程。[④] 管理学是一门重要的学科门类，但学界对于究竟什么是管理并没有一个统一的、权威的说法，这或

---

① 《中共中央关于全面深化改革若干重大问题的决定（二〇一三年十一月十二日中国共产党第十八届中央委员会第三次全体会议通过）》，《人民日报》2013 年 11 月 16 日 01 版。

② 韩敬体等编著：《汉大商务汉语新词典》，汉语大词典出版社、商务印书馆（香港）1996 年版，第 289 页。

③ 彭克宏主编：《社会科学大词典》，中国国际广播出版社 1989 年版，第 1143 页。

④ 陈振明主编：《政治学——概念、理论和方法》（修订本），中国社会科学出版社 2004 年版，第 304—305 页。

许是社会科学的通病。可以说不同的学者、不同的学派对管理都有着自己的理解，这就导致与权力、政治等概念一样，管理也有着狭义与广义之分。著名的管理学学者泰罗认为，所谓管理，是指“确切知道要别人干什么，并注意他们用最好最经济的方法去干”[①]，显然，泰罗的这一定义过于宽泛，似乎也没有抓住管理的本质和特征。另一位学者法约尔则强调“管理，就是实行计划、组织、指挥、协调和控制”。[②] 小詹姆斯·唐纳利等认为，“管理就是由一个或更多的人来协调他人活动，以便收到个人单独活动所不能收到的效果而进行的各种活动”。[③]

虽然不同学者对管理有不同的定义，但也可以总结出管理的基本特质。那就是，协调与控制是管理的基本特征。这种管理主要是针对各种形式的管理，如企业管理、财务管理等。然而，如同人类社会可以划分私域和公域一样，主要关注私人领域的经济学和一部分社会学内容所界定的管理与主要关注公共领域的政治学和行政学所界定的管理显然有很大的不同。如前所述，政治的最基本特征就是强调价值的权威分配，因此，与政治相关的是两个关键词，一是公共的、二是权威的。“公共的”意味任何涉及公共生活领域或公共领域的事务都与政治相关，政治也是以解决关涉所在区域内全体居民公共利益的事务为自己的目标。政治者，天下之公器也，就是这个意义上来谈的。“权威的”意味着通过政治方式来解决问题与经济方式不同，它必然强调通过权威的手段予以解决。何为权威？在传统社会，这种权威可能体现为氏族长老、宗族首长或宗教领袖等魅力型个体的权威；或者通过政府官员、法官等官僚机构体制。在现代社会，可能更多通过公共政策、法律规定、司法裁决、民主选择等制度权威。但是，无论通过哪种权威，其背后都隐藏着暴力威慑力量。权威之所以有权威，是因为它背后隐藏着权力，或者说是暴力。不服从族长的管理可能会招致全族的唾弃和反对，有形的或无形的，精神上的或肉体上的；而不服从官僚机构则会直接招致国家机器的惩罚。现代社会越来越文明，但制度权威也是通过国家暴力才得以存在与持续的。因此，管理尤其是公共管理必然是建基在控制的基础之上。

---

① ［美］F. W. 泰罗：《科学管理原理》，胡隆昶等译，中国社会科学出版社1984年版，第33页。

② ［法］H. 法约尔：《工业管理与一般管理》，曹永先译，团结出版社1999年版，第7页。

③ ［美］小詹姆斯·H. 唐纳利、詹姆斯·L. 吉布森、约翰·M. 伊凡塞维奇：《管理学基础：职能·行为·模型》，李柱流等译，中国人民大学出版社1982年版，第18页。

何谓服务？服务，《辞海》中解释为集体或为别人工作。[①] 这个定义显然比较宽泛，也似乎无法通过这一定义去了解服务的本质。管理，带有单向的行政指令性和强制性，更加强调“管”，强调自上而下的向度。服务则不一定，它更具亲和性。管理是施之于一定范围内的所有人的，只要政策或法律规定，所有人必须无条件接受。对于普通民众来说，管理更多是一种义务。例如交粮纳税、修堤筑坝、计划生育等。服务则更多体现为一种权利。从公民权利的角度来讲，可以接受，也可以拒绝。一般来说，由于传统等级观念的影响，管理工作更多地与“官”联系在一起，管理者的地位似乎高于被管理者，而被服务者的地位似乎又高于服务者。搞管理的地位高，作用大，搞服务的则相反。但在现实社会生活中，无论是在经济事务中还是在行政事务中，管理和服务往往容易混淆，有时还呈现出相互矛盾的关系。有些事务，应该属于服务性质的，却被列入管理范畴的，有些显然是管理功能的却未得到应有的履行。在政治生活领域，公共管理与公共服务的关系长期以来也是十分模糊的，界限不清，职责不明，没有得到明确的、有效的界分。这对于推进公共服务建设，推进民生政治发展具有很大的障碍。对于公共管理，不同的学者有着不同的定义。但在根本上，公共管理是一种以国家和政府为中心的管理活动，公共管理是国家及政府的基本职能，也是政治过程的基本功能活动内容。[②] 公共管理与公共行政、公共政策、公共产品供给等范围密切相关，有时甚至彼此交叉或包含。公共管理具有五个基本特征：公益性、责任性、强制性、阶级性和复杂性。随着时代的发展，公共管理中政治统治的属性与成分仍然会存在，在一定的特殊时期和特定形势下甚至可能会得到重视和加强，但在日常状态下，公共管理中的社会管理成分在公共行政中占据主要比例。特别是随着我国经济社会的发展与进步，社会管理的要求越来越高，在党和政府的工作议程中占据越来越重要的地位。尽管如此，要推进服务型政府建设，要从民生政治的框架来理解社会建设和政府职能，还需要对社会管理与公共服务进行合理的界分。

首先，要从理论上明确公共管理的分类，对公共管理内容进行细分，并具体到政府日常执政行为、职能等细节中。传统上，公共管理包括政治统治和社会管理两大类内容。那么就需要细化，哪些政府职能属政治统

① 夏征农主编：《辞海（彩图本）》第3卷，上海辞书出版社1999年版，第4062页。

② 陈振明主编：《政治学——概念、理论和方法》（修订本），中国社会科学出版社2004年版，第303页。

治？所谓与政治统治相关的，是指带有鲜明的阶级性，是与维护人民民主专政这一国家性质和坚持四项基本原则这些国本问题密切相关的，具有特殊性，只属于当代中国。例如意识形态、国家统一、坚持党的领导等。哪些属行政执法、社会管理类？所谓政府职能属社会管理类的，这是指于任何人类社会都必须具备的，是任何人类共同体延续发展的必然前提。如各类技术性的行政管理，包括经济管理、社会管理、文化管理、教育管理等，它带有一定的控制性和强制性，是以要求限制人的主观志愿为特点的。

其次，要明确地将公共服务从社会管理中独立出来。公共服务的供给是现代政府功能发展的一个重要趋势，而在我国，长期以来将公共服务放在社会管理的一大类中，这不适应新的形势发展需要。在以人为本和建设和谐社会的要求下，必须将公共服务从社会管理中分离出来，作为政府职能的一个独立方面大力加强。公共服务主要是以促进人的福利为目标，是建设服务型政府，推进政府善治的重要途径和方式。民生政治与公共服务密切相关，民生政治的推进与发展依赖高水平的公共服务体系的全面建设与不断完善。现阶段，在我国政府行政管理机构改革中，已经逐步将公共服务作为一个独立部分列入政府职能之中，这是一个显著的进步。

最后，要明确公共服务自身的概念体系，内容体系与发展运行规律。公共服务独立出来后，还需要加快研究公共服务自身的发展规律。公共服务包括哪些具体内容，如何与政府职能对应？如何与政府机构对应？特别是对于某一具体政府部门来说，往往是既有社会管理职能，又有公共服务职能，那么在实际工作中，如何处理社会管理职能与公共服务职能的关系？让管理能够管到位，服务能够上水平就是需要探讨的重要问题。温家宝曾经指出公共服务职能就是“提供公共产品和服务，包括加强城乡公共设施建设，发展社会就业、社会保障服务和教育、科技、文化、卫生、体育等公共事业，发布公共信息等”，公共服务的目的和导向是“为社会公众生活和参与社会经济、政治、文化活动提供保障和创造条件”①。这为下一步工作开展提供了重要的指导。

---

① 温家宝：《提高认识　统一思想　牢固树立和认真落实科学发展观——在省部级主要领导干部“树立和落实科学发展观”专题研究班结业式上的讲话》，《人民日报》2004 年 2 月 22 日 01 版。

二　民生政治的若干变量关系

作为学术命题和分析框架的民生政治的存在，要求在理解现实生活中的民生相关问题时，以上述基本假设为前提，正确地辨析以下若干对变量关系。所谓变量，是一种能够揭示、解释现实问题或客观现象的事物或概念。下文所列的几对变量是民生政治常见概念，出现频率很高。正确地认知它们的定位并妥善处理好二者关系才能切实指涉民生政治具体议程。

1. 个体理性与集体理性。个体是指参与民生计划或享受民生福利的具体个人。作为理性人、经济人，任何个体在涉足民生问题时，必然是从自己的利益和需求出发，而这种利益和需求往往是自私的，这种自私的个人需求从方法论上看其实是一种理性，因为它在总体上遵循成本收益比的逻辑原则，即总希望付出最小的成本，获得最大的收益。虽然从结果来看，基于个体理性所作出的决策或发出的行为可能会达到预期目标，也有可能达不到，但由于这是个人选择，不牵涉公共价值评价。从政治的视角来解决民生问题必然牵涉集体问题，因为政治总是公共价值分配，是公共行为，必须要求实现目标评价，即某种集体行为是否能够实现公共的善，是否能够实现预期的目标，如公正、公平或满足大多数人需求等集体利益。从理论上讲，个体理性做出的行为可能会实现预期的个体利益，也可能不会，同样，个体理性的选择也可能会实现预期的集体利益，也可能不会。换言之，个体理性可能会导致集体理性，但也可能导致集体非理性。前文所述的若干类集体行动困境就是集体非理性的表现。民生政治涉及公共领域的价值分配，必然与个体和集体间关系相关。无论是全国范围内还是地区内的民生问题都是与广大人民群众个体直接相关的。每个公民的利益能够在民生行动中直接体现。例如，国家取消农业税就惠及全国八亿多农民的每一个个体。三十多年的改革开放使我国的社会阶层日益多元化，导致利益主体多元化，不同的个体有不同的需求，在面临具体的民生计划或民生行为时，必然有不同的理性诉求。例如，在拆迁问题上，现有住户、政府、开发商都有不同的利益所在，这导致在某一公共行动做出时，就需要依据一定的标准来平衡相关利益，最终维护公共价值，维护最大多数人的利益。不正确解决个体理性与集体理性间关系，无法进行民生政治分析。同时，在新农村建设、城乡社区建设、公共服务产品供给中，由于涉及多种民众、政府和社会第三方共同行动的建设计划，也要求建立有效机制合理解决不同个体的不同理性诉求，防止它们之间的冲突导致集体利益、公共利益的受损。既要照顾少数人和当事者的合理利益诉求，也要关照绝大多数人的利益所在。这样才能使民生政治这一类强调公共利益的议题得到善解。另外，对于作为代理人的政府官员或公务员来说，如何通过机制来约束其机会主义行为和寻租行为，同时合理关切其个人需求，也非常重要。

2. 管理职能与服务功能。如前所述，管理与服务的界分是民生政治应有之义，将这一界分通过民生政治的分析框架诉诸政府有关部门的实际行动时，必然会涉及怎样在正确处理二者关系的基础上，明确政府作为责任主体在管理与服务中的正确定位与行为规范，明确政府的行动范围。无论是管理还是服务，作为责任主体的政府部门都应该发挥核心作用，这一点是毫无疑问的。这就要求作为行政主体的部门及其具体执行者的政府官员要善于根据管理与服务的不同要求，适时地切换，以提高行政与服务效能。社会管理是政府和社会组织依据法律、法规、政策采取各种方式对社会领域的各个环节进行组织、协调、服务、监督和控制的过程，它具有强制性。在社会管理中，政府负有最主要的责任，起主导性功能，最重要的是不能失位。这是因为，政府的管理具有合法性基础，它是以国家暴力为依据的，具有至高无上的权威。权利与义务相对等的原则要求政府在对待许多有可能危害民生安全的事宜时要切实负起监管责任，如果政府推卸责任，那就会导致政府的失位发生，因为没有任何社会组织能够代替政府发挥这样的管理职能。不能失位强调的是该做的政府一定要做到位，做到底。在经济建设、社会管理和公共服务这三大职能中，社会管理是最要求政府有所为的，而且是积极有为，主动有为，不能失位。政府进行社会管理没有什么捷径可走，就是严格执法、严格监管，做到一夫当关，万夫莫开，绝不能失去自己的位置或离开自己应处的位置。公共服务以合作为基础，强调公民的权利与民众的福利，政府在这一领域中最重要的是不能缺位，该由政府做的一定要由政府来做。但是，与社会管理中的角色和地位不同的是，公共服务中的政府提供的是一种功能，更强调政府的有所为与有所不为的合理平衡。有所为体现在宏观政策和公共财政、公共投资上，政府应积极主动，提前规划，做好制度供给和资金供给工作。同时对公共服务的提供过程与事后效果进行监督。有所不为则体现在，对于具体的公共服务、公共产品供给过程，政府可以发挥自己的协调各方的总协调作用，通过协调政府、市场、社会组织、社区、公民等多方面积极性来共同完成，而不必大包大揽，要有巧为。在经济建设中，政府最重要的是不能越位，该让市场做的让市场去做，不能越俎代庖，手伸得过长。总之，对政府来说，最重要的是树立有限责任政府观念，正确定位自己在社会中的角色和作用，既不能缺位、失位也不能越位，概言之，就是不能错位。所谓错位，是指政府管了不该管的事，该管的事又没有管或没有管好。

在涉及具体的政府工作时，涉及具体的与民生有关的事宜时，往往同一个部门甚至在同一项事务中既负有社会管理职能，同时又负有公共服务功能。例如，计划生育就同时兼有这样的性质。这就需要了解社会管理与公共服务的关系。社会管理与公共服务在宏观系统中需要界分，同时也需要具体事务中的合作。只有建立在真正界分基础上的合作才是真正的合作。首先，优质的公共服务需要以高效、严格的社会管理作为基础。公共服务尽管提供的是公民享受的福利，但在我国当前的现实状况中，在政府主导资源的现实国情下，其供给过程却依赖于一个强大而有效率的行政管理体系。如果行政管理体系效率低下，腐败丛生，行政执法与管理水平低下，也就无法有效地供给公共服务。或者说，公共服务所荷载的资源容易被浪费或流失，达不到惠及民生的目标。其次，社会管理必须与公共服务结合起来。对于许多无法明确区分的行政事务，如计划生育、户籍管理等，必须将社会管理与公共服务结合起来，寓管理与服务之中才能更好地达到各自的目标。

3. 效率与公平。效率与公平是一对永恒的对立范畴。对于一个社会来说，是效率重要还是公平重要，可能一百个人会有一百个答案，一百个学科可能也有一百个答案。作为研究资源稀缺条件下个体追求利益最大化的古典微观经济学，首先关注的是效率问题。而在政治哲学中，公平以及与公平相关的公正、平等等则是正义的必要组成部分。在现代社会，无法断言效率与公平何者重要，因为如果不追求效率，人们所得到的也是低水平的公平，这种公平是否是真正的公平令人怀疑，“不患寡而患不均”必须有一定的前提。计划经济时代的穷大锅饭已经提供了深刻的教训。反过来，如果只讲效率，不讲公平，则人类作为集体会失去伦理目标，会失去集体的正义。贫富不均肯定不是一个理想社会的应有之义。效率与公平是一对永恒的矛盾。在计划经济时代，我们过于强调公平，结果导致集体低效率。改革开放以后，我国的经济活动确立了效率优先和提高社会经济效益的原则。而在社会分配中，中共十三大报告中确立的原则是在促进效率提高的前提下体现社会公平；十四大报告中则强调兼顾效率与公平；十五大报告中提出的是效率优先，兼顾公平的原则；十六大报告在沿用效率优先，兼顾公平的同时，首次提出了初次分配重效率，再次分配重公平的原则；十七大着眼于新的社会形势以及建设社会主义和谐社会的需要，在报告中提出，初次分配和再次分配都要处理好效率和公平的关系，并且首次提出，再次分配更加注重公平；十八大报告明确要求初次分配和再次分配都要兼顾效率和公平，再次分配更加注重公平。[①] 根据我国当前的生产力发展水平，效率仍然非常重要，公平也非常重要，发展是第一要务，没有发展，没有经济效率的提高，公平就会成为空谈，成为无本之木。但是，只讲效率，不讲公平，就会失去社会主义的本质特征，正因如此，党的历届代表大会政治报告中都以不同形式强调要实现共同富裕的原则。如果说，经济建设对应的是对效率的关切，那么，社会建设被正式增列为社会主义现代化建设的重要工程就是公平原则的重要体现。作为社会主义政治建设组成部分的民生政治则将对效率的关切和对公平的关注结合在一起，是通过政治和公共价值分配的形式使经济建设与社会建设，使效率与公平实现有机的结合，以共同服务于中国的社会进步。解决效率与公平的矛盾，处理好效率与公平的关系是民生政治的变量之一。当前，要处理二者关系，就应该按照十七大、十八大报告要求，第一，继续坚持发展是第一要务，没有发展，一切免谈。但这种发展必须建立在科学发展观的基础上，是高质量的、可持续的又好又快的发展，是以人为本的、全面协调的发展。只有发展了社会公平正义才能得到保障，才能促进社会和谐。第二，坚持以人为本原则，坚持一切依靠人，一切为了人，在保证科学发展和提高经济效益的同时，统筹发展，兼顾各方合理诉求，在初次分配和再次分配时都要兼顾效率和公平，再分配时更加注重公平。与以前效率与公平的平衡中更偏向于效率相比，当前显然更偏向于公平，这是因为我国经济社会已经发展到一定阶段，有能力也有必要彰显公平，并不是说以前不要公平，而是说以前发展还很不足，现在条件有所改善，发展水平有所提高，就需要更加重视公平原则的实现。根据十七大、十八大报告精神，在初次分配和再次分配领域的彰显公平原则的直接举措就是直接增加普通劳动者的劳动报酬和工资水平以及财产性收入，其特点实质是向普通百姓倾斜，向弱势群体倾斜。

4. 民主选择与精英决策。民主政治与精英政治也是一对对应范畴，与个体选择和集体选择相类似。民主强调的是普通公众的政治参与，民主

---

① 参见中共十三大报告、十四大报告、十五大报告、十六大报告、十七大报告、十八大报告。中国共产党历次全国代表大会数据库，http：//cpc. people. com. cn/GB/64162/64168/351850/index. html。

毫无疑问不仅是一种价值目标，也是一种管理与服务的必要手段，且可以呈现为一定的操作步骤或程序。民生政治涉及群众切身利益，必然需要关注普通民众的需求，需要合理地采纳大众的意见，并通过一定的民主程序来完成。只有对民情、民意掌握和了解了，才能集中民智，珍惜民力，这就需要通过民主的方式。尤其是在新农村建设、农村社区建设等需要群众亲身参与的项目中，只有通过民主方式才能问计于民，实现公众意见的合理和集中表达，才有可能使民生建设符合最大多数人的利益需求。只有通过民主方式才能集中民智，凝聚民力，调动广大人民群众参与民生建设的积极性，真正实现共建共享。当前，中央政府和各级政府越来越重视民生问题，对民生的投入也前所未有地增加。但如果不引进真正的民主机制，通过民主方式来引导民生项目的设立，监督民生工程的进展，那么，推进民生发展的初衷就有可能背离。原因很简单，只有通过民主的方式才能实现信息的对称性。现在，许多城市曝出住经济适用房的人开宝马、坐奔驰以及公司老板拿低保等现象，说明政府作为民生资源的供给者其掌握的信息是有限的且不对称的，这就导致民生资源的分配有可能产生失误。另外，政府所要设立的民生项目是不是真正符合群众的需要，许多地方搞的所谓政绩工程、形象工程，看起来都是利国利民的好事，但实际上并不能得到群众的拥护，也不能使群众真正受益，暂且抛开其中的腐败可能性不谈，从技术上讲，这也是一种失误。要杜绝失误，就要引进民主决策和民主监督体制，扩大信息的对称性，保障人民群众在民生问题上的政治权利和民主选择权力。

精英政治强调的是政治精英人物通过专业性技术手段和必要的专业程序评估事物的性质和规律，并做出政治决策、政治行为。从价值层面看，民主无疑本身是社会进步的重要目标。从技术层面看，作为一种决策、管理或服务手段或程序，民主选择和精英决策都各有利弊。民主政治的重点放在大众的普遍参与，强调公平性，强调公民权利；精英政治强调的是专业性、效率性、科学性。在现实政治进程中，涉及管理、服务、决策等具体行为时，民主也有其负面效果，并不必然是最佳和唯一的选择。民主决策有时并不必然是科学决策，民主程序所导致的结果也可能是低效率的甚至非理性的，例如决策程序冗长、耗时耗力等。同样，精英政治虽然在专业上可能更为科学，但在适应民众需求方面也会出现失误。政府所供给的并不一定是百姓所需要的，这也导致另一种低效率，导致重复和浪费。民生政治涵盖社会生活各个方面，又与百姓生活密切相关，这使得其作为一种政治模式，既需要关切公平性，又必然涉及专业性。例如，农村合作医疗体系的建立、社会保障体系的建立，既是一个政治问题，又是一个公平问题。建与不建，何时建，可能涉及政治与民主程序，但起征点是多少？政府投入多少？农民自身负担多少？如何达到最佳平衡点等，都需要通过精英专业人士的科学测算与评估才能给出准确的回答。总之，民主选择与精英决策并不是对立的，而是相辅相成的，将二者的优点聚集起来，运用到实际工作中是推进民生政治的必然要素。民生政治要求合理地将公平与效率、科学决策与民主程序结合起来，把好事办好。

5. 一元主导与多元协作。所谓一元主导，是指民生政治进程需要政府发挥主导功能；多元协作，是指调动社会各界力量共同参与，实现共同建设，共同享有。民生政治的推进与发展，政府肯定发挥最重要的作用。这是由我国的现实国情所决定的。但正如前文所论述的那样，即使在公共服务和民生政治供给中，政府也应该正确地定位自己的角色和作用，既不能失位、缺位，也不能越位、错位。在我国现阶段情况下，政府应该发挥主导作用。但要注意，第一，国家不能包办一切，民生政治不是搞福利国家。在计划经济时代，我国政府是一个全能型政府，通过单位制和社队制对整个社会实施有效的控制，同时，也对整个社会负有无限的保障功能，实际上是大包大揽，发挥全能主义的功能，尽管当时我国的公共服务和社会福利水平较低，但国家仍通过各种附着于国家的企事业单位和人民公社对公共服务和全体公民提供保姆式的服务。在国家完全吸附社会的同时，实际上也使国家不恰当地承担了社会的重任。改革开放后，随着单位制和社队制的解体，整个公共服务和社会保障福利体系已经名存实亡，陷入无政府状态。近年来，随着国家综合实力的增强，国家加强公共服务功能，重建城乡社会保障与福利体系。但由于我国还是一个发展中国家，发展仍然严重不足，人口多，底子薄的基本国情没有根本改变，工农差距、城乡差距、地区差距、行业差距仍然很大，这就决定了，在当前状况下，我们不能走西方社会的福利国家路线，如果我们也选择“从摇篮到坟墓”的高福利制度，把13亿多公民的生老病死都包下来，不仅国家财力远远达不到，在事实上是不可能的，而且将造就更多的懒汉，导致中国勤劳奉献优秀传统的丧失，也会使整个民族的活力、创造力和竞争力趋于下降。中国当前仍然要注重效率，仍然要通过发展来促进社会进步。中国人还没有资格吃国家，吃社会，每个人都必须靠自己的辛苦劳作来养活自己，发展自己。现有的社会保障与福利只能是最低限度的维持普通民众的生存，民生政治并不意味着中国要建设福利国家。第二，政府有其局限性，政府也会存在失灵状况。从民生政治的视角来观察政府对公共服务的供给意味着要正视政府作用的有限性。政府毫无疑问要发挥主导，但政府既然是经济人，既然是一种行为主体，也有其缺陷。信息不完全、政府官员的特殊私人偏好以及产权模糊性导致政府失灵的存在，使得政府在供应公共服务时，会出现超前消费、目光短浅、效率低下以及权力寻租、贪污腐败等不足。这就需要合理确定政府的行为边界和行为方式。在公共服务中，政府不能大包大揽。政府既要积极努力，有所作为，不当守夜人，但也不能包打天下，只有这样才能实现效率与公平的兼顾。第三，政府的主导是多重含义的。强调政府的一元主导，需要正确界定主导的含义。政府主导并不意味着所有的公共产品投资都由公共财政支出，所有的公共服务体系都由政府建设和管理，所有的公共服务项目都由政府主导和运行。相反，政府的主导作用意味着，除了一部分基础性民生问题，如全民医疗保险体系、全民养老保险体系以及最低生活保障体系等和全民性公共服务，如国防、环境保护等需要政府公共投资，其他区域性或行业性民生问题，可以根据该项目的具体特点，寻求多种方式予以建设；可以走市场的，引入企业力量，运用市场机制建设、运营与管理。小规模的、社区性的民生项目则可以通过发挥中介组织、社区自治组织和公民自发力量推动与发展。本来公共产品就有全国性与地方性甚至社区性之区别。政府的主导作用最主要应该体现在制度供应上，政府应发挥在公共生活领域的权威功能，积极主动筹划民生政治相关计划、规划，着力推进民生政治和公共服务的发展进程，包括制定相关民生政治发展政策，公共服务投资政策，引导政策倾斜，规范相关主体行为；通过政策和法律手段引导、调动各方资金、资源投入到民生政治领域，最终是建立相关民生政治和公共服务供应有效机制。

从民生政治的视角来理解政府的作用就是要认清两个基本事实，第一，政府的能力是有限的，政府也会失灵，因而政府应该正确定位自己，有所为，有所不为。第二，政府也是经济人，政府官员也是理性人。只要是理性人、经济人，就会有机会主义行为，就会有成本收益计算，要使这种机会主义行为和成本收益计算不至于损害公平正义原则，威胁政治发展，就应该通过制度设计来限制、预防可能存在的缺陷。具体来说，就是应该正确定位一元主导与多元协作各自的适应范围，使政府的一元主导功能与市场、社会等多元协作功能得到有效的互动与配合，最终建立政府主导，社会各界多元协作机制，充分发挥政府、市场、社会组织、社区、公民等多方作用，通过有效的制度供给，明确公共服务的供应与管理机制，这样才能将公共服务政治化，通过政治模式来解决民生问题。例如，在社会保障体系建设中，就应当将国家、用人单位和个人三者的作用结合起来，坚持公平与效率相结合，选择适合中国国情的“缴费型的社会保险作为核心制度，坚持权利与义务对等，防止单位和个人对政府和社会的过度依赖”。[①] 这条道路的选择就需要政府通过必要的公共决策这一政治程序来主导建立。总之，我国目前经济发展水平仍很低，这决定了我们在推进民生建设时不能好高骛远，期望一口吃成胖子，而应根据现实国情，选择一条稳妥、渐进的道路。这一道路的选择正是民生政治的体现。

三　民生政治的基本命题

命题这一概念来源于数学、逻辑学等学科，指可以用语言、符号或公式表达的可以判断其真假的陈述。作为一种概念体系和理论框架中的命题则是指组成这一概念或理论的基本内容，是该体系所指涉的主要方面。作为学术命题的民生政治理论框架的若干基本命题则是指以前述原初假设为前提，通过处理前述若干对变量关系而总结、归纳出的能够从总体上构成民生政治解释形态的若干条基本判断。这些基本判断构成民生政治的分析视角，用来解释和说明现实生活中关涉民生问题、民生建设相关议题。

1. 民生政治：中国当代政治主题的新发展。从马克思主义政治学的角度来观察新中国成立以来的政治发展和社会进步，可以说，在任何一个时期都程度不同地经历着相应的政治主题。所谓政治主题，是指在当代中国这一特定的国情下，某一段或长或短的时间内，由执政党通过集体智慧所界定或施行的主流执政或行政倾向，这种主流倾向外化到整个国家和社会中，就形成党和政府工作的中心环节。政治性一直是中国社会的基本传统，“悠悠万事，惟此为大”，工作重心往往具备政治化传统，成为某一阶段时代的政治主题的潜力，这意味着整个国家都以某一方面的工作为重心，使它成为公共生活关注的主要对象，成为政治主题。

社会建设的提出意味着当代中国政治主题有了新的发展，民生政治将会成为新型的中国政治主题，这是新中国成立以来中国政治主题变迁历程的阶段性逻辑结果，也是时代进步的必然产物。民生政治要求从政治视角来观察民生问题，运用政治程序来解决民生问题，是对传统政治主题局限

---

① 古钺：《完善社会保障体系要突出中国特色》，《中国社会保障》2008 年第 9 期；胡晓义：《中国社会保障制度析论》，《中国社会科学院研究生院学报》2009 年第 5 期。

性的有效纠正和补充。新中国成立以来，我国的政治主题在很长一段时间内是政权政治，改革开放后，生产力政治一度成为新的政治主题形态。可随着经济社会发展进步和构建社会主义和谐社会的需要，生产力政治这一政治主题在实际生活中的演绎已经出现不少弊端，这就需要适时地提出新的政治主题来弥补不足。民生政治作为政治新主题的出现是历史发展的必然。

政治是公共之事、众人之事，关注的是“天下之公器”，涉及的是公共价值的分配。但要理解现实中的政治问题，就需把基本理论和现实情况两个层面结合起来。从基本理论来讲，根据历史唯物主义生产力决定生产方式，经济基础决定上层建筑，同时后者对前者具有反作用的原理，我们所理解的政治范畴内的一些主要内容包括国家政权机构、国家法律制度、统治性意识形态等都属于上层建筑，都是受到植根于社会生产方式的经济基础所决定的。从现实来看，既然政治属于公共之事，那么，只要是涉及国家和社会发展的重大问题、重大利益，都属于政治所关注的角度，都应被纳入政治的范畴，尤其是在现实生活中，解决一个社会的主要矛盾往往就成为最大的政治任务。这就是为什么政治在总体上是受制约于经济基础的，但往往又是经济的集中表现，政治在某些时候看起来比经济更重要，更受人关注，成为各种权力主体争夺焦点的原因，尤其是政治的核心—国家政权问题往往是成为一个国家最重要、最基本的核心问题，除此以外，其他政治问题也总是受到社会集中的关注，直接成为各种社会矛盾和冲突的聚集点。可见，从现实层面来理解政治问题，政治往往集中关注和解决社会中最主要的矛盾。新中国成立以来，在不同历史阶段，我国社会的主要矛盾不断演化，政治的关注内容或者说政治的主题也随之不断发展变迁，经历了一个从政权政治、生产力政治到民生政治的日益叠加、不断发展的过程。①

所谓政权政治，是将夺取政权和巩固政权作为一个政党或国家政治生活中的最核心、最主要的任务。在无产阶级革命时期，如何通过暴力手段夺取政权，成为无产阶级及其政党奋斗的主要目标，也成为革命党的首要行动纲领。正因为夺取政权是当时最紧迫、最重要的任务，因此在无产阶级政党看来，政治就意味着夺取政权，意味着革命，最大的政治就是国家政权问题。社会主义国家建立以后，在过渡时期，国家还面临着艰巨的巩

---

① 本章论述借用了笔者发表过的论文。参见田新文《民生政治：理解政治生活变化的新视角》，《社会主义研究》2008 年第 4 期。

固政权的任务，政治意味着巩固政权，肃清反革命。在革命和过渡时期，围绕着夺取和巩固国家政权的阶级矛盾和阶级斗争是政治的最大体现。①

所谓生产力政治，或称经济政治，是指随着过渡时期结束，大规模的阶级斗争已经结束，国家进入和平建设时期，阶级矛盾虽然没有消失，并有可能在一定条件下激发，但就总体来说，已经不是社会的主要矛盾，社会的主要矛盾体现为人民群众日益增长的物质文化需求同落后的社会生产力之间的矛盾，生产关系、社会制度的变更以及由此带来的阶级矛盾让位于生产力发展不足的矛盾，因此，进行经济建设，发展生产，解决这种矛盾便成为最大的政治任务。特别是在国家遭受内乱天灾后，发展经济，推动生产力进步更是成为一个国家最为重要和紧迫的政治问题。② 正因如此，邓小平同志在“文化大革命”后曾深刻地指出“经济工作是当前最大的政治，经济问题是压倒一切的政治问题”，并言简意赅地指出，当前“所谓政治，就是四个现代化”。③

新中国成立后，我们在正确处理政权政治和生产力政治的问题上曾走过一段弯路。新中国成立后，我党在判断社会主要矛盾问题上坚持正确的方针，对不同历史时期基本矛盾和主要任务在理论上进行了明确的区分，在现实工作中制定了相应的方针、政策，较好地推进了三大改造和社会主义工业化建设。但是 1957 年以后，由于国内外各种因素的影响，最高领导人对主要矛盾的判断逐渐出现失误，认为阶级矛盾激化，国家政权有可能变修变色是巩固政权面临的最大威胁，也是政权政治的主要任务，将阶级斗争视为最重要的工作任务，试图通过大规模的群众运动，通过批斗所谓的“走资派”来防止政权变色，要求阶级斗争“年年讲，月月讲，天天讲”，使之成为党和政府的常态工作和最高目标，替代了正常的政治生活和经济生活，完全偏离了党的八大所制定的正确路线，最终发展成为“文化大革命”的十年浩劫，使国民经济陷入崩溃的边缘，整个国家也面临着严重的危机。巩固政权，维护社会稳定是政权政治的核心，这是完全正确的，但问题在于，当时最高领导人关于巩固政权的基本国情判断和理论就是根本错误的，用阶级斗争扩大化的方式来巩固政权，也是根本错误的，这种基于错误的判断、错误的理论，用错误的方式所发动的“革命”

① 本章论述借用了笔者发表过的论文。参见田新文《民生政治：理解政治生活变化的新视角》，《社会主义研究》2008 年第 4 期。

② 同上。

③ 《邓小平文选》第 2 卷，人民出版社 1994 年版，第 194 页。

也必然是错误的。对政权政治的过于强调，走向极端，便导致国家的正常建设和社会生活都受到冲击，带上革命、斗争的色彩。例如，在 1964 年政府工作报告中，生产、科学分别被赋予“生产斗争”“科学实验”此类带有革命色彩的口号，成为与阶级斗争并列的三大革命运动之一。

“政权政治和生产力政治，巩固政权和发展经济之间并不是根本对立和相互竞争的，而是互相促进、共同发展的。巩固政权是发展经济的重要前提，而发展经济又是国家长治久安，政权真正巩固的根本基础。二者不可偏废，同等重要，但由于它们的本质特点、根本任务、表现形式和发展趋势有所不同，使得它们在正常社会状态下的国家生活中有着不同的处置要求。”① 如果对时局和社会主要矛盾没有正确的判断，如果不了解政权政治和生产力政治之间在本质特点、表现形式和发展趋势等方面的差异，就必然会得出错误的认识，制定错误的政策。一般来说，发展生产是常态性的政治任务，在和平时期，它应该成为全党和全国日常的主要工作，须臾不可或缺。对内巩固国家政权，对外维护国家安全在特定时期是最主要的，但在和平时期，在正常情况下没有必要动用全民力量，因为巩固政权、维护安全具有专业性的特点，只要是相关系统按照程序正常开展各项工作即可，同时，政权稳定、安全这些问题又具有突发性、动态性特点，爆发得快，但只要正确处理，消失得也快，只要不是长时期、大范围地出现，通过专业方式进行处置即可，没有必要全民参与。

在正确处理巩固政权和发展生产方面，邓小平为人们树立了榜样。在“文化大革命”中，针对“阶级斗争要天天讲”的错误观点，他鲜明地指出，“阶级斗争哪能天天讲?”他清醒地认识到，如果生产长期不发展，人民群众的生活长期不改善，政权也不可能真正得到巩固，十几年后的 1992 年，他再次重申，“不改革开放，不发展经济，不改善人民生活，只能是死路一条”。② 正因如此，他科学地界定了经济建设和维护政权与国家安全的关系，提出只要不发生大规模的外敌入侵和内部动乱，就应该始终不渝地坚持以经济建设为中心。改革开放后，邓小平一再强调经济建设的重要性，提出经济问题是最大的政治，但并没有淡忘政权的巩固。他十分强调政权政治的重要性，特别是在一些特殊的历史时刻。20 世纪 90 年代以后，小平同志既指出“稳定压倒一切”，又提出“发展才是硬道理”。

---

① 本章论述借用了笔者发表过的论文。参见田新文《民生政治：理解政治生活变化的新视角》，《社会主义研究》2008 年第 4 期。

② 《邓小平文选》第 3 卷，人民出版社 1993 年版，第 370 页。

如何处理二者的关系呢？主要是采取专业化的处理方式，将日常的维护社会稳定定位于综合治理，定位于政法部门的专业职能，采取专业化和法制的方式来处理，通过加强法律功能和公检法机关的职能来维护社会稳定，而不是搞大民主和大规模的政治运动。虽然特定时期也搞过“严打”，但并没有动员全社会力量进行，没有全民皆兵，搞得人心惶惶，在总体上并没有干扰经济建设这个中心。巩固政权和发展生产力，两手抓，两手都要硬，最终就体现为一手抓改革开放，一手抓坚持四项基本原则，把强国之路和立国之本结合起来，但具体的工作方式有所不同，对二者的全面辩证处理构成了改革开放以后党和政府政治艺术的核心精髓所在，也成为我党在20世纪90年代以后正确处理改革、发展和稳定三者关系的指导方针。[①]

三十多年的改革开放，生产力政治得到了最为丰富而全面的体现，政权也得到了极大的巩固，政权政治与生产力政治之间的关系也前所未有地和谐。但是，不可否认的是，国力提升和社会发展进步的同时，也涌现出许多新型的社会问题，需要我们从政治的高度出发予以清醒的认识并加以解决。改革开放之初，我们的生产力水平比较落后，集中精力发展经济是最重要的任务。通过多年的努力，经济建设取得了很大的进步，但由于历史条件的限制，也带来两个重要的负面影响。其一，从发展的方式来看，主要是一种粗放式的发展，资源密集型、劳动密集型、资本密集型产业比例过高，其负面效果是，对自然资源的开采过度无序，对环境破坏较为严重，产业的科技含量也很低。为解决这个问题，中央适时提出要用科学发展的思维来统领经济社会工作，建立资源节约型、环境友好型社会，寻求集约式的发展方式；其二，从发展的过程来看，由于强调沿海地区先行发展，工商业加快发展以及让一部分人先富起来等激励政策，客观上使地区差距、城乡差距、工农差距日益拉大，社会贫富差距也在拉大，特别是城市下岗职工、孤残人员、低收入人群以及广大农民群众的生活水平提高幅度有限。应该说，这是历史的阵痛，在特定的历史时期不可避免，但要实现以人为本，构建和谐社会，推动国家总体健康发展，就必须更多地关注人民层次的发展尤其是直接的生活水平的改善，使人民群众共享改革开放的成果。要推动实现这一目标，提出一种民生政治的视角，十分必要。民生政治要求把与广大民

① 本章论述借用了笔者发表过的论文。参见田新文《民生政治：理解政治生活变化的新视角》，《社会主义研究》2008年第4期。

众现实生活密切相关的社会问题的解决和建设提升到政治的高度予以关注和解决，并作为各级党政干部执政为民的重要内容。党的十七大报告指出，改善民生是社会建设的重点，强调从政治的高度来关注民生问题有利于推动全社会关注社会建设，关注直接的人民生活水平的改善，也有利于推动建设和谐社会。[①]

民生政治、政权政治和生产力政治分别对应于社会建设、巩固政权和发展经济，都是当前中国特色社会主义现代化建设不可缺少的组成部分，都是推进和谐社会建设的应有之义，都是关系到国家发展、社会进步的重要政治任务，都应成为各级党政干部执政为民的重要工作内容。它们之间是互为条件，互相促进，而不是彼此对立、互相竞争的。政权的巩固和社会的稳定是发展经济和改善民生的重要前提和有力保障；经济的发展，生产力水平的提高则是巩固政权和改善民生的根本基础；而推动社会建设，着力改善民生则既是巩固政权和发展经济的重要目标，也是它们的不竭动力。如前所述，由于各自特点和表现形式不一样，三者在政治生活中的作用方式也不相同。就当前来说，由于落后的社会生产力与人民群众日益增长的物质文化需要这对最主要矛盾没有改变，所以发展仍是党和政府执政兴国的第一要务，以经济建设为中心时刻不能动摇，但要逐渐纠正发展过程中出现的若干弊端，将发展引导到以人为本、全面协调可持续的科学发展之路上。巩固政权仍是重要的政治任务，但主要是通过专业化和法制化的方式开展。社会建设和改善民生的任务在当前来说，并不是最大的政治任务，它不能替代经济建设，但由它于反映了现实生活中的新的矛盾现象，特别是一些矛盾还比较尖锐，如不加以有效解决，会严重影响社会整体发展，因而开始被逐渐提上议事日程，成为重要的政治任务，当然，它的发展程度受制于经济建设和国家整体发展的大局，应该得到更多的重视[②]。这一点，已为新一代中央领导集体所深刻认识，也是新一代中央领导集体推进和谐社会建设，加强社会主义社会建设的重要动因。正如温家宝所强调的那样，在社会主义社会的初级阶段，要“巩固和发展社会主义，必须认识和把握好两大任务：一是解放和发展生产力，极大地增加全社会的物质财富；一是逐步实现社会公平与正义，极大地激发全社会的创

---

① 本章论述借用了笔者发表过的论文。参见田新文《民生政治：理解政治生活变化的新视角》，《社会主义研究》2008 年第 4 期。

② 同上。

造活力和促进社会和谐”①。民生政治应该成为中国改革开放和现代化建设的新主题。

民生政治的出现是社会进步的必然产物和必要标志，是彰显人的权利，重视人、关心人的体现。民生政治是社会主义社会发展的必经之路，也是社会主义核心价值的现实演绎。社会主义的根本目标是实现共同富裕。要保证不走邪路，就必须牢牢锁定广大人民的利益。生产力的发展不是最终目标，最终目标是促进人的发展，人的进步，不能只见物不见人。民生政治是实现社会主义价值，实践社会主义本质的必要组成部分，是对那种消极发展观的纠正。过去一段时间以来，受 GDP 崇拜的影响，有些人错误地认为经济增长、财富的积累就是社会发展的全部，但实际上，增长只是一种手段，发展的中心是人，为人谋取福利才是发展最根本的目的。拉美模式的失败说明，如果我们只是一味强调经济增长，却忽略对增长后果的分享，过于强调发展而不重视分配，过于强调效率而不注重公平，结果就会导致两极分化，工农、城乡、阶层、行业、职业、地区等各方面的差距越拉越大，国内各类矛盾和问题不断激发，社会冲突频发，最终将会使整个社会处于失衡和失控状态，陷入各种危机之中。因而，正确的做法应该是，对发展与分享的关系予以合理确定，不能寄希望于先发展后分享，而应该在二次分配时，更加注重公平，这就要求加快政治建设和社会建设，让人民群众能够真正地、直接地享受经济发展所带来的福祉。这样一种政治决策和政治行为过程就是民生政治。

2. 民生政治：社会建设的新动力。社会建设职能的开发是民生政治兴起的现实基础。什么是社会建设？要了解社会建设，先要了解社会这一概念。《辞海》中指出，社会是指“以一定的物质生产生活为基础而相互联系的人类生活共同体”。② 社会有广义和狭义之分。从广义上讲，社会泛指与自然界相对的人类生活领域。人是群居动物，自从有人类以来，就形成了形形色色的社会共同体，只不过早期的人类共同体发展程度较低而已，社会性要素也较少。阶级、国家、公共权力、政府等都来自于社会之中。从宽泛的意义上来说，人类的所有建设活动实际上都是在建设社会，例如，新中国成立以来，党和政府文件或领导人讲话中涉及的社会管理或建设多是在广义上涉及的，因为无论是政治建设、经济建设还是文化建设

① 温家宝：《关于社会主义初级阶段的历史任务和我国对外政策的几个问题》，《时政文献辑览（2006 年 3 月—2007 年 3 月）》2007 年刊，第 254 页。

② 夏征农主编：《辞海（彩图本）》第 4 卷，上海辞书出版社 1999 年版，第 4259 页。

都是为了促进某一区域、某一时代的社会共同体更好地向前发展。但是，随着人类社会发展到一定阶段，随着专业化分工的出现，在国家生活中也出现一些区别，狭义上的社会和社会建设概念开始出现。从狭义上讲，社会是指与政治、经济、文化等国家生活领域相区分的、专门涉及作为人类共同体整体的社会进步和人自身发展的领域，它具有时空性。狭义上的社会与政治、经济、文化等领域的活动密切相连，社会领域的发展离不开它们。但是，政治建设、经济建设、文化建设具有其专业性和专门性，具有自身的特点和发展规律，虽然在总体上促进社会进步，但并不等于作为专业、专门性质表现的社会建设。专门性的“社会建设是指社会主体根据社会需要，有目的、有计划、有组织进行的改善民生和推进社会进步的社会行为与过程”①，是与经济建设、政治建设、文化建设相并列的社会的建设和管理。显然，社会建设是与人自身的生存、生活和发展直接相关的建设活动。它的建设目标取向是以直接服务人为目的，包括促进人类整体利益尤其是人自身的生存、生活和发展的有形或无形的基础设施、公共服务、社会保障等。社会建设以民生为重点，但不局限于民生。社会建设有其自身的原则、目标、方式与途径。2004 年以后，党和政府文件中出现的社会建设多是在专门性的、狭义上的社会建设，是与政治、经济、文化并列的促进我国社会主义和谐社会建设和社会主义现代化建设的一项建设任务。

社会建设的概念和思想早已有之。1917 年，孙中山先生在他撰写的《民权初步（社会建设）》中表达了他的“社会建设”思想，即“教国民行民权”。著名社会学家孙本文先生在其 1934 年撰写的《社会学原理》一书中专门列有《社会建设与社会指导》一节，并创办过一本刊名就是《社会建设》的杂志。② 新中国成立以后，虽然历届领导人并没有明确、系统的社会建设概念和思想，但在实践中的建设社会主义的一些具体做法中也不乏社会建设内容。例如毛泽东强调要正确处理国家发展中的十对关系，其中就涉及了今天意义上的社会建设相关领域，如男女平等、社会改造、地区差别等。邓小平的强调物质文明与精神文明两手抓，共同富裕思想，社会稳定思想等都与社会建设具有相关性。第三代中央领导集体的社会建设思想最重要的体现就是社区建设思想，把社区建设看作是维护基层社会稳定，化解社会矛盾，提高人民生活水平的重要举措。第四代中央领

① 陆学艺：《关于社会建设的理论和实践》，《国家行政学院学报》2008 年第 2 期。

② 同上。

导集体则比较系统地提出了社会建设主张，这些主张已经充分体现在中共十七大报告、十八大报告中。此外，历代领导集体中关于改善人民生活、发展民生的主张也是社会建设思想的重要组成部分。

民生、民生政治和社会建设密切相连。首先，民生问题是社会建设项目的重要组成部分。民生问题不是社会建设的全部，而是社会建设中那些与人生存、生活和发展直接相关的部分，只有解决好这些与人直接相关的基础问题，才能推进人类作为共同体的发展，才能推进人类社会这个有机体的存续和发展，因为人本身就是社会中最重要的成分。改善民生是社会建设的重点环节。另一方面，社会建设的内涵比民生建设要宽泛得多，也深刻得多。民生问题只是社会建设中的社会事业或公共服务部分，对于它的解决在短期来看属于技术性问题，相对比较容易。但是，要真正使民生建设长久推进下去，则需要依赖社会建设的全方位发展。没有一个良好的社会建设纲领、机制，没有良好的社会结构，完善的社会制度和科学高效、符合实际的社会管理新体制，民生问题不可能得到最终的、真正的解决。因此，社会建设不仅包括对以民生为重点的社会事务、社会问题的技术性解决，更包括建立新型的社会管理体制、社会事业推进机制、公共服务体系等更为艰辛的深层次制度性问题的探索。社会建设最终是形成一个满足全体社会成员基本需求的、健全健康的、既能自我循环与发展，又能与其他体系良性互动的社会共同体生存与发展体系。这一体系具有相对独立性和稳定性，不会直接受到政治经济形势和其他外部因素的过多影响，它是维持社会成员基本生存、生活和发展的避风港。它的建成是一个国家走向成熟、稳定的标志之一，是一个社会迈向高级形态的要求之一。应该说，当前欧美等西方发达资本主义国家已经在这方面走在前列，其经验值得借鉴。

其次，推进社会建设需要弘扬民生政治的理念，遵循民生政治的操作模式。社会建设的一个高层次要求是完善社会管理，这就依赖于民生政治的发展。这是因为，服务于社会建设的社会管理，其本质内涵和行为规律与经济管理、政治统治等有所不同。社会建设有两个基本特点：一是强调满足社会成员的基本需求，社会建设往往是雪中送炭，而不是锦上添花，它将建设目标重点放在弱势群体和普通公众，目光向下，向最基本的底线看齐；二是强调社会性和广泛性，强调整个社会的总体利益和整体利益，也就是说，它总是强调最大多数人的幸福，以最广泛国民的需要为建设目标。这两个特质决定了社会建设必须以促进公平正义为目标，以公平、公正为原则，以公益性、普惠性、均等化为性质。同时，社会建设主要以公共资源包括公共财政、公共制度、公共服务、公共产品、公共管理等为依托。不依赖公共资源，单纯依靠市场资源和私人或社会力量，社会建设无法顺利开展。以上三点决定了要满足推进社会建设，完善社会管理就需要弘扬民生政治。因为只有通过政治理念的弘扬和政治操作模式的展开，才能发挥公共权力的权威作用，才能动员各类公共资源投向社会建设领域，才能动员社会成员共建共享，通过民主选择、民意监督等手段来实现社会建设的公平、公正和正义目标，使其公益、普惠、均等的性质充分体现出来。在当代中国现实国情中，不依托于公共权力的非政治化操作难以完成社会建设这一艰巨的历史任务，即使勉强推进，也会使其变味，失去其真正的性质定位。

社会建设的推进需要以民生政治的演绎和发展为动力。民生政治是将社会建设与公共服务连接起来的一种政治程序、政治理念和行动模式。它强调政府职能和公务员的重要作用，强调民主选择和民意监督的重要作用，而这一切都需要通过政治操作程序完成。在中国当前特定的国情下，没有民生政治这一新主题的涌现，社会建设就会空洞化，会成为无源之水，无本之木，不可能得到有效执行。政治建设解决的国家政治生活基本问题，除了政权、政体，还涉及公共生活、公共资源的分配问题；以公共权力如何分享为主题，既关乎人，也关乎物，彰显正义原则。因此，只有完善的政治建设才能使经济建设、文化建设、社会建设找到正确的方向，凝合成统一整体，成为社会发展的动力。民生政治就是将政治正义原则施于社会建设的过程，它通过政治行为使物的发展与人的享有牢牢地结合起来，使国家的整体发展既关乎人，也关乎物。民生政治既负有导引社会建设功能，也负有推进社会建设的功能。不从正义原则出发，社会建设必然发生偏差；不从政治高度认识社会建设，不将社会建设视为新的政治主题，就无法推进社会建设。对社会建设的政治关切形成民生政治的行为模式，或者说，从政治角度来推进社会建设就是实践民生政治。民生政治以社会建设为现实基础，社会建设则以民生政治为理论导引，二者相辅相成，互相推进。

3. 民生政治：政治合法性新的增长点。一般地，个体对某一政权或政治统治的意见和态度无非基于三种判断：合理性、合情性和合法性。合理性具有明确的利益计算，看某个政权是否给自己带给福利最大化，具有物质主义特点。它的不足在于容易随着个人或现实物质得失而改变，具有易变性、不稳定性和即时性。合情性指习性、习俗，包括社会传统、社会环境、个人情绪、动机等，具有很大的心理上的随意性、随众性和移情性，它的不足在于不稳定性。根据韦伯的观点，任何政治统治不能仅仅建立在合理性和习俗基础上，还应建立在合法性基础上。[①] 合法性（legitimacy）指的是社会成员对政权或政治统治的认可、服从与赞同的社会心理状态，它是统治或权力的心理基础。寻求或加强统治合法性是执政集团的重要政治本能与政治行为。合法性与合理性不同，合法性已经内化为一种高级的、稳固的心理状态，如同意识形态一样，成为一种价值体系，浸透在人的血液中，成为人的心理习惯和本能。与习性相比，它更加清醒、稳定，是长期积淀和理性判断的产物，在更多时候，它是合理性和合情性相结合的产物，具有相对滞后性，显得较为稳定。例如，明末清初一些知识分子反清复明就是这种合法性体现。虽然清朝前期的政治清明与明朝后期的朝政昏庸形成鲜明对比，至康熙朝时也给百姓带来许多实际利益，比明末的天灾人祸强过百倍，从合理性角度来看人民应该拥护清政权，但反清复明者基于合法性的惯性，仍然不愿宗奉满人为正统。“韦伯根据合法性在政治统治中的作用，将政治统治类型分为三类：法理型统治、传统型统治、魅力型统治。[②] 与传统型和魅力型统治相比，法理型统治是最稳定的统治形式。在这种统治类型中，依靠合理性和合情性，但更重要的是依靠社会成员对社会制度的同意、赞成这样一种发自内心的稳定的心理状态。这种统治依靠现代官僚体系进行，社会成员服从的是制度而并非个人。”[③]

那么，政治统治的合法性来自哪儿呢？这显然与执政者的政治行为相关，取决于执政者的政治行为是丰富还是损耗了既有的合法性资源。在现代国家，由于都已经完成了资产阶级革命，建立起稳定的政治经济制度，因而其政权的合法性最主要是来源于公众对宪政制度的信仰。如果某一集团是按照宪法规定的程序通过民主竞争的方式上台执政，那么作为公众的选民会保持对该集团的起码信任，也就是说，这一执政团队拥有了基本的合法性。但是，如果想获得增量的合法性资源，任何执政团队都必须通过各种内政外交手段，或在国际上弘扬大国威望，或在国内增加就业机会，提高民众福利，或打击犯罪，维护国民安全等。但是，在由传统国家向现代国家转型的过程中，政治行为体所拥有的合法

① ［德］马克斯·韦伯：《经济与社会（上卷）》，林荣远译，商务印书馆1997年版，第239页。

② 同上书，第241页。

③ 本章论述借用了笔者发表过的论文。参见田新文《民生政治的合法性论析》，《武汉大学学报（哲学社会科学版）》2012年第3期。

性资源的类型有所区别。一般来说，在社会主义国家中，其最初的合法性资源主要是革命合法性和领袖魅力合法性；在政教合一国家或宗教制影响较大的国家是意识形态合法性，而在某些第二次世界大战后新独立的前殖民地国家，则取决于经济或政治绩效的合法性。在存在竞争性政党的国家中，如果一个政党的合法性资源低于标准水平时，公众会通过民主方式选择其他政党上台，政治竞争使整个国家的合法性尽可能维持在标准水平之上。但对于非竞争性政党执政的国家来说，存在两个重要问题，一是如何使基本的合法性资源实施有效的过渡与转换，即由革命合法性向经济、建设、民众生活等方面的绩效合法性过渡；二是在一党长期执政的情况下，如何尽可能地使合法性资源维持在标准水平之上，并不断增加、丰富，而不是减少、耗损。因为随着执政环境的变迁，政权的合法性会随着时间的推移而趋于下降几乎成为第二次世界大战后许多新独立国家的一个普遍现象。更重要的是，合法性资源的丰富意味着政治统治的成本更低，统治更加稳固、长久，也更容易获取国内外对该政权或政党的政治评价，这也是一个政治行为体的价值或目标所在。

中国政府和执政的共产党也面临着如何丰富政治合法性资源的问题。应该说，不断巩固和开辟政治合法性是中国共产党的一个优良传统。新中国成立以来，我党的政治合法性资源面临着整体转型与后续丰富两个问题。众所周知，中国共产党目前已经经历了五代领导集体。对于以毛泽东为核心的第一代领导集体来说，是典型的革命合法性和个人魅力型合法性的叠加。第一代领导集体建立政治威望，获得人民爱戴和拥护的主要原因是通过新民主主义革命和社会主义革命使“中国人民站起来了”，开始翻身当家做主，并产生了强烈的阶级自豪感和民族自豪感。阶级自豪感是指过去作为下等阶级的工人、农民通过工业化、土改在新社会获得了政治地位和经济上的收益。民族自豪感是整个中华民族开始站立起来，不再任外国欺凌。新中国成立以后，作为集体的执政党在 50 年代达到顶峰，而作为领袖个人的合法性资源则在 60 年代达到顶峰，从总体上看，共产党的合法性资源异常丰富，尽管 1957 年以后的一些极“左”政策和“文化大革命”等错误行为在一定程度上损耗了党的合法性资源，尽管从 1958 年以后城乡居民的生活水平没有多少提高，尽管整个国家一度处于混乱状态，但由于对党对领袖的无比热爱，使得党的政治合法地位仍然非常稳固。但是，正如邓小平在 1978 年指出的那样，“正确的政治领导的成果，归根结底要表现在社会生产力的发展上，人民物质文化生活的改善上”①，否则，政权也难以真正得到巩固。十几年后，他甚至再次警告，“不改革开放，不发展经济，不改善人民生活，只能是死路一条”。② 长久来看，一个执政党的政治合法性最终要取决于其执政绩效，看能给人们真正带来什么。虽然“文化大革命”中最高领袖的威望曾如日中天，但已经开始有不少理性的公民对当时的政策产生不满与怀疑，客观地说，党的政治合法性资源从“文化大革命”后期开始已经逐渐损耗，并在“文化大革命”后一度达到历史低谷。新中国成立后成长或出生的新一代缺乏对革命场面的亲身经历，缺乏对革命成果的亲身感受，而由于实际物质生活和社会晋升、社会流动方面的不如意而滋生的不满在渐渐成长。老一代对当年的革命合法性资源也逐渐产生审美疲劳，开始反思与怀疑。因此，“文化大革命”后执政党迫切需要寻找新的合法性资源来补充已经被损耗的部分。这就是以邓小平为核心的党的第二代领导集体推进以经济建设为中心，否定以阶级斗争为纲的原因，因为不重视发展生产力不符合最广大人民的利益，人民生活水平长期低下，必然会产生不满。邓小平还希望通过发展生产力，让一部分人先富起来，再带动全体人民共同富裕。改革开放使执政党增加了合法性资源，并成功地使共产党由革命党转型为执政党，党的合法性也主要由基于革命性资源转型到发展性资源，转型到执政实际绩效上。

20 世纪 90 年代中期以后，形势再次发生了剧烈的改变，作为社会主体的工人和农民收入长期趋缓甚至下降，工人经受下岗、失业阵痛，农民受到日益上升的税费困扰，知识分子受到脑体倒挂刺激，使这三个主要阶层逐渐产生心理上的失落与不满。相反，与传统阶层的衰落形成鲜明对比的是，新生社会阶层财富迅速积累，但这种积累往往是非正当的，这种收入差距再加上城乡之间、地区之间、职业之间、行业之间等差距的存在使得社会不公、两极分化现象在 20 世纪 90 年代末期达到高峰。当初许诺通过先富带动后富的共同富裕目标实现起来困难重重，工人、农民、知识分子等主体阶层的相对剥夺感增强。执政党对新的合法性资源的寻找日益迫切。以江泽民为核心的党的第三代领导集体通过实践“三个代表”重要思想来丰富合法性资源，增强执政绩效。以胡锦涛为核心的第四代党的领导集体执政以后，继承了“三个代表”思想，并具体落实为推进科学发展观，贯彻以人为本原则和构建和谐社会的战略举措。以习近平为总书记

---

① 《邓小平文选》第 2 卷，人民出版社 1994 年版，第 128 页。

② 《邓小平文选》第 3 卷，人民出版社 1993 年版，第 370 页。

的新一届中央领导集体执政以后，一方面继续推进改革开放，另一方面继续关注民生。两代中央领导集体的共同做法都是在改革开放以来所夯实的相对强大的国力基础上，通过统筹发展、政策倾斜等手段来减缓两极分化趋势，缩小各类差距。但是，中国当时最大的问题仍然是发展不足，不能通过减缓发展来建设和谐社会，不能牺牲效率来照顾公平。因而必须坚持经济建设这个中心不动摇，发展仍是第一要务。不锯长，但可以补短，这就是推进社会建设，推进民生政治。民生政治直接改善人民生活，增强合法性资源。社会建设和民生政治不在初次分配领域搞革命，重在二次分配领域实现倾斜和反哺，重点在惠农和建立社会保障体系，通过提高农民、城市弱势群体和普通公众的绝对民生水平来减轻这些主体阶层的相对剥夺感，从而推进整个社会的稳定前进。从根本上说，这也是一个国家、一个社会建设发展的正道，是必由之路。

如果说第一代领导集体是通过“站起来”来建立并丰富革命性的合法性资源的话，那么，第二代领导集体的关键词则是“富起来”，通过它成功地实现了执政党的转型并使合法性资源过渡到常态性的执政绩效上。第三代、第四代、新一届领导集体则致力于通过高执政绩效，巩固党的合法性基础，丰富合法性资源。改革开放，发展生产力使执政党获得了巨大的执政绩效，但这一绩效与最广大的人民群众特别是广大主体阶层和普通公众的直接联系还不够紧密，或者说，虽然人民群众的生活也在不断改善中，但这种改善的程度与整个国家的发展速度还不适应，与其他阶层生活的提高程度也有很大差距，与人民群众自身的期望也不适应。长此以往，相对剥夺感的增加会耗损执政党的合法性资源。民生政治要求各级党组织和政府关注民生、重视民生、保障民生、改善民生，就是落实以人为本基本原则，“强调让人民群众共享改革发展的成果，权为民所用，情为民所系，利为民所谋”①，目的就是将生产力政治转化为政权的合法性基础，不断地巩固党的执政基础，丰富党的合法性资源。因此，推进民生政治是一个重要的政治命题和政治任务。

4. 民生政治：公平正义政治价值的新实现。在现代政治运行中，公民权利的保护是增强政治合法性的必要途径，但这主要是从执政者的角度来看待问题的。从政治哲学的角度来看，民生政治所涉及的社会保障、生活改善本身就属于公民权利的正当要求，是“正义”“平等”这些关涉公平正义等政治价值的重要体现。也就是说，改善民生本身就是政治自身的

---

① 常耀新：《时代金典　发展指南》，《决策探索》2005 年第 10 期。

目标，生活的改善，权利的保护不是被恩赐的，而是公民作为人的权利的自然而然的演绎，是从臣民身份发展到公民身份的标志之一。

“正义”“平等”是现代社会的核心政治价值，也是评价某一社会制度、政治模式是否具有正当性的标准。所谓正义（justice），也称公正或公平正义，含有不偏不倚、恰如其分、正当等意思，是指一定社会条件下的人们根据一定的道德标准做“正当”的事。① 在美国著名政治哲学家、伦理学家罗尔斯看来，正义是现代社会制度的首要价值。正义是用来评判公共生活的，作为一种政治运行，如何实现正义目标？尽管正义的标准具有很强的主观性，因而产生截然不同的各种正义观，但无论哪一种正义观，在根本上，正义都是指与人类公认的理想相符合，足以保证人的基本生存、发展等合理需要和利益的价值，正义总是与公平、公正、平等等联系在一起，正义总是指做应当做的，得应当得的，正义就是合乎天道，顺应自然规律。评判正义尽管很复杂，但也很简单，因为人人心中自有一杆秤，正义总是离不了人类社会普遍存在的价值标准。如“王子犯法，与庶民同罪”；如尊老爱幼，惜贫恤弱的“老吾老以及人之老”，如“鳏寡孤独者皆有所养”，如“人人生而平等”；如人人享有基本生存权、发展权和其他公民权利等等；如“善有善报，恶有恶报”，如“恶贯满盈终有报，多行不义必自毙”，等等。在西方社会，虽然正义也是非常重要的核心政治价值，但由于主要用于评价公共生活和制度，对于以个人主义为传统的西方政治思想来说，个体主义关联的自由、平等更多地被强调，正义也是被当作平等和自由的体现。但在当自由与平等发生冲突时，正义观就表现为对这些冲突价值的恰当处理，赋予它们各自的分量。也就是说，正义是一个总的裁决器和平衡标准，是用来衡量现实中的政治进程和操作的。在现代社会中，当市场之手通过效率原则创造社会财富同时也带给社会不平等和社会不公后，从罗尔斯的分配正义主张出发，就应该要求贯彻“公平式的正义”，使各种社会价值，如福利、自由、机会、财富等按照正义原则进行分配，实现社会正义。② 如果说在市场经济框架下，按照效率原则满足了对自由的分配，那么，在社会的福利和财富已经创造出来以后，就需要按照公平原则满足对平等的分配。政治就是对公共价值的权威性分配，对平等的分配只有通过公共权力才能实现。显然，正义是现代政

---

① 陈振明主编：《政治学——概念、理论和方法》（修订本），中国社会科学出版社2004年版，第509页。

② 同上书，第514—515页。

治操作的基本目标，正义原则也只有通过政治这一公共生活过程才能得以彰显。

平等是自文艺复兴以来一直被政治思想家们所珍视的核心政治价值之一，与正义略有区别的是，它更多是从个人权利角度界定的，强调的是人作为个体之间基于同一种属的平衡性、相等性。也就是说，大家之所以都是“人”，就在于享有相等的基本权利，这种基本权利是人作为自然生物属性而与生俱来的，不应由于先天、后天的差异而损害这种权利。在现实生活中，平等与正义一样，往往很难实现，而政治、民主等公共生活的存在就是为了推进正义、平等这些政治价值的实现，这是政治作为“公共的善”的价值所在。正如卢梭所说的，“环境的力量始终倾向于破坏平等，惟其如此，法律的力量就应始终倾向于维护平等”①。根据萨托利的分类，平等可分为四种：（1）法律—政治平等；（2）社会平等；（3）机会平等，包括作为平等利用和平等起点的机会平等；（4）经济平等。② 如果说平等利用的机会平等强调的是效率原则，即对平等的功绩给予平等的承认，它是社会的进步的动力，那么，平等起点的机会平等则强调的是公平原则，是为了使下一轮或下一辈的平等利用打下平等的物质条件，从而改变环境不平等带来的个体不平等，这既是实现人作为人的基本权利，最终也会推进人类进步。

公平正义是社会主义的基本要求，是社会主义本质的重要表现，实现社会公正是社会主义国家政府的基本职责。在当代中国，要推进公平正义的实现就需要推进民生政治。民生政治就是彰显正义、平等原则，实现公平正义的重要途径。民生政治的重点是放在普通公众与弱势群体的最直接的生存、生活和发展上，这是最基础的正义，是整个社会的善。民生政治以贯彻二次分配领域内的平等、公平原则为目标，致力于通过补短的手段来纠正初次分配过程中的不公正、不平等，最终目标是实现社会正义。正义是国家作为集体的善的象征所应为公民带来的。在许多思想家那儿，国家、政治是必要的恶，是不得已的选择，要实现人类良好生活的目标，就需要不断地去纠恶，去救济；而政治哲学的存在和对政治价值的弘扬就是通过对理想标准的提倡来为这种纠恶和救济设定目标和方向。政治哲学所倡导的作为公民权利的平等和作为政治制度目标和价值的正义就是对政治这一公共权力的限制和反抗，因为公民权利本身就是对公共权力的一种限

① ［美］乔·萨托利：《民主新论》，冯克利、阎克文译，东方出版社1998年版，第379页。

② 同上书，第388—391页。

制和制约，这是近代启蒙思想家们的基本关注，人民让渡了权力，但保留了维持尊严的权利，用权利来纠正权力的恶，同时也来救济自己。维持尊严的权利是多方面的，民生方面的生存、生活和发展权利是公民权利，当然更是人权内容必备要求之一。公民需要用自身的权利（主要是通过诉讼等法律权利、投票、公决等民主手段以及公共舆论等）来制约权力的恶，反过来，国家也需要用政治权力来弘扬正义，保证公民权利的享有和维护。这一议题具体到政治科学的具体操作领域，就表现为有两个政治机制需要解决。一是涉及政府或公共权力通过何种手段来保证权利的维护。例如，正义、平等等政治价值如何在现实政治进程中体现到公共决策与公共行为的操作原则中去；如何解决公共行为与个体行为、个体权力、个体权利之间的关系。二是对于权力主体的机会主义行为和寻租腐败行为如何制约。尤其是在中国现实政治环境中，这些政治价值问题以前都很少涉及，那么，在新的社会进程中，如何看待、认识并解决这些问题，这就需要通过民生政治这一政治理论和政治行为模式来具体予以解决，因而，民生政治是正义、平等等政治价值的新的实现方式。①

四　小结

作为学术命题存在的民生政治是一种研究分析框架，它所倡导的是一套从前提假设出发，经由关键概念和核心变量，阐述基本命题的统一的理论逻辑体系。在民生政治分析框架中，三个原初假设非常重要，它是整个理论逻辑分析体系的基石，是后续分析的前提，并且，这些原初假设往往是一些公理性结论，几乎可以不证自明。民生政治的前提或原初假设是国家、政府、人民与政府官员间具有不同的利益诉求和不同的偏好、现代政府的职能尤其是当前中国政府的职能是以善治为目标的政府、管理与服务的合理界分是现代政府管理的必要前提。通过这三个前提假设，我们才能合理地演绎后续基本命题。很显然，只有强调国家、政府、人民、政府官员之间所存在的不同的利益偏好，才能解释政治的存在，尤其是民生政治的存在；才能解释为什么要通过政治安排，通过倡导民生政治的模式来推进公平正义的实现，推进对价值的权威分配，政治模式的存在就是因为不同行为主体有不同的利益偏好，政治就是为了解决这些矛盾而产生的。另

① 正义、平等等政治价值如何体现将在第五章民生政治的行动原则中得到展现。

一方面，如果不承认当代政府尤其是中国政府的职能是善治，也就是说，不同于历史上实施暴政、苛政的那些政权，那么也就无法合理地推导出民生政治存在的理由。因为在以攫取民众资源，施加暴力统治为目标的国度里，民生问题即使存在，也是一种基于维持统治手段工具，难以被提到政治的高度存在，难以成为治国理政的重要目标。与此相适应，在现代社会，管理与服务的界分也是民生政治存在的前提，只强调管理，不强调服务，不致力于建设服务型政府，不以服务为目标的国家，民生政治也无法获得应有的地位。因此，以上三个原初假设是民生政治作为分析框架的原理论基础，它们是导入下一步理论程序的必要前提。

在提出三个原初假设后，就要涉及从哪些变量来理解、认识民生视角的政治现象或民生政治问题，这些变量和变量间关系的组合就构成民生政治分析框架的基本概念。在民生政治中，个体理性和集体理性、管理职能与服务功能、效率与公平、民主选择与精英决策、一元主导与多元协作是五对核心变量，也是构成民生政治分析框架的基本理论要素。要从民生政治视角来观察现实社会问题，离不开对这五对核心变量及其相互对应关系的科学考察和辩证分析。更重要的是，民生政治作为一种分析框架是以提供对这五对对应范畴的逻辑矛盾解决而存在的。民生政治承认这十个基本概念，因为它们都是基本的政治变量或政治议题，但与其他学科理论或分析框架不同的是，民生政治是以妥善应对任何一对变量间的悖论而存在的，五对变量间的对立统一构成民生政治分析框架的存在。经由个体理性实现集体理性，把个体的自私自利控制在合适的范围内，并实现集体的善，这需要民生政治，或者民生政治是以解决二者关系为存在理由的。同样，如何在管理与服务之间、效率与公平之间、民主选择与精英决策之间、一元主导与多元协作之间合理平衡，并使它们彼此包容，扬长避短，这是民生政治机制或框架的存在必要性。

五对核心变量也是以上述三个原初假设为前提的，原因很简单，没有以上三个假设所界定的基本条件，就无法实现五对变量间的平衡状态，在一个以暴力统治为目标的前现代社会中，五对核心变量之间的关系必然是失衡的，不是偏向于这一极，就是偏向于那一极，要么是个人私欲横流，贪污腐化盛行，要么是管理镇压大行其道，服务、公平无从谈起，当然更谈不上民主与自由了。

要全面理解民生政治作为分析框架的整体逻辑，还需要理解民生政治的四个基本命题。这些基本命题是民生政治作为分析框架与当代中国现实生活的衔接点，它们实际上是运用上述原初假设和核心变量来理解认识现实政治问题而得出的必然结论。只有通过对这些基本命题的把握，才能理解民生政治的精髓。四个基本命题与三个原初假设、五对核心变量间具有内在的逻辑统一性。首先，民生议题的提出和社会建设的兴起是当代中国政治发展的一个阶段性的必然产物，在当前而言，它是中国政治生活的新主题。这就意味着，经历从政权政治、生产力政治的政治实践后，在效率与公平、管理与服务、个体理性与集体理性的关系上，当代中国已经逐渐认识到过于强调某一变量的局限性，已经开始逐步努力寻求对几者的平衡，并运用到实践中。其次，执政党对政治合法性的认识和公平正义政治价值的追求也意味着执政阶层已经认识到不同利益主体间的不同偏好不仅有可能会损害社会整体进步，也会危及自身的政治地位和政治现象，因此，民生政治成为政治合法性新的增长点正是反映了不同政治主体具有不同偏好这一前提判断，也说明对效率与公平、民主选择与精英选择、管理职能与服务功能等之间关系的正确处理是丰富合法性资源，实现公平正义等核心价值所必须要注意的环节和议题。

总之，民生政治分析框架的原初假设、核心变量和基本命题基本构成了一个相对统一的逻辑体系，这些理论要素之间彼此联系，互相作用，共同服务于对新的民生现象的整体解释的需要。作为学术命题的民生政治和作为政治议题的民生政治，即民生政治的理论和民生政治的实践之间也是密切联系的。一方面，民生政治的实践是总结、提炼民生政治理论的最直接的现实基础，不以鲜活的民生政治实践为素材，作为学术命题存在的民生政治就会成为无源之水，无本之木，空洞无力，无法真正有效地理解和认识现实。另一方面，民生政治的理论一旦成形并经过学术的现实的双重检验，那么就会对现实的民生政治进程产生很大的指导作用。推进民生工程建设，倡导民生政治理念，实践民生政治模式，需要把握民生政治理论要素所蕴涵的基本意义，并从整体上理解民生政治的逻辑内涵，这样有助于加强加深对民生政治议题的理性认识，更好地洞察民生议题的发展规律，更好地解决不断发展变化的现实问题。

第四章　中国特色社会主义民生政治

在上一章中，我们论述了民生政治的逻辑体系，这主要是从学术层面对民生政治的假设、变量和命题展开研究的。这种学术视角的民生政治概念和体系是作为普遍的和一般意义上来说。而在当代中国，民生政治作为中国特色社会主义的重要组成部分，又有着其特有的内涵与目标。本章，我们就将从一般过渡到具体，重点论述中国特色社会主义体系中的民生政治，这一论述主要是从抽象和理论角度展开的。

一　中国共产党的民生主张

中国特色社会主义民生政治的思想来源与中国共产党的民生思想、民生主张不可分离。为此，我们需要首先了解中国共产党历届领导集体对于民生问题的基本观点。

马克思主义经典作家在论述资本主义社会和未来社会时曾经提过与工人或普通民众生活、权利等相关的问题，但严格来讲，缺乏与民生直接相关的思想。即便如此，经典作家关于人的解放，人的发展与生产力发展、社会发展的关系的论述仍是今天我们思考、认识民生问题的重要理论支撑。①

中国共产党是中国人民根本利益的忠实代表，中国共产党的一切活动都是为了促进人民的安康和幸福，一贯把民生工作作为执政兴国的重要任务。由于客观历史条件的限制，中共第一代领导集体并没有直接地提出与民生相关的言论，但毛泽东一再强调的“为人民服务”已经包含了民生

---

① 本章论述借用了笔者发表过的论文。参见田新文《民生政治的科学内涵和精神实质》，《湖北科技学院学报》2014 年第 1 期。

思想的因素。[①] 事实上，毛泽东早在 1934 年于江西瑞金管理苏维埃中央政府时就指出："我们对于广大群众的切身利益问题，群众的生活问题，就一点也不能疏忽，一点也不能看轻"[②]，要求深刻地注意和解决群众的实际生活问题包括土地、劳动、衣食住行、医疗卫生等，只要"真心实意地为群众谋利益，解决群众的生产和生活问题……广大群众就必定拥护我们"[③]。新中国成立初期，针对我国失业严重的状况，毛泽东多次要求采取有效措施，解决失业问题，以维护国家安定和社会稳定。[④]

"邓小平与民生有关的思想和言论主要集中在共同富裕和发展生产力等方面。通过改革开放，通过让一部分人富裕起来再带动全体劳动者共同富裕是邓小平一以贯之的思想。邓小平十分关心人民群众生活水平的提高，多次强调贫穷不是社会主义"，[⑤] 把人民生活水准的提高看作是社会主义、共产主义的基本特征，明确提出要把是否有利于提高人民生活水平作为判断是非得失判断姓社姓资的重要标准，一切政策的制定要以人民利益为出发点和落脚点。邓小平认为，"社会主义的本质，是解放生产力，发展生产力，消灭剥削，消除两极分化，最终达到共同富裕"，[⑥] 全体人民的共同富裕是社会主义的最高价值目标。陈云对民生问题也十分重视。他认为社会主义建设要把改善民生作为根本目的，"搞经济建设的最后目的，是为了改善人民的生活。搞国防建设，也是为了保障人民生活的改善"。[⑦]

江泽民的"三个代表"重要思想也浸透着以人为本原则和民生主义的关怀。其中认为中国共产党代表最广大人民的根本利益的主张直接与民生思想有关。[⑧] 江泽民一再强调："全党同志的一切工作都是全心全意为人民服务的，都是为了实现好、维护好、发展好人民的利益，任何

---

① 本章论述借用了笔者发表过的论文。参见田新文《民生政治的科学内涵和精神实质》，《湖北科技学院学报》2014 年第 1 期。

② 《毛泽东选集》第 1 卷，人民出版社 1991 年版，第 136 页。

③ 同上书，第 137—139 页。

④ 蔡孝恒、张亮：《胡锦涛同志改善民生思想探讨》，《毛泽东思想研究》2009 年第 1 期。

⑤ 本章论述借用了笔者发表过的论文。参见田新文《民生政治的科学内涵和精神实质》，《湖北科技学院学报》2014 年第 1 期。

⑥ 《邓小平文选》第 3 卷，人民出版社 1993 年版，第 373 页。

⑦ 《陈云文选》第 3 卷，人民出版社 1995 年版，第 280 页。

⑧ 本章论述借用了笔者发表过的论文。参见田新文《民生政治的科学内涵和精神实质》，《湖北科技学院学报》2014 年第 1 期。

脱离群众、任何违反群众意愿和危害群众的行为，都是不允许的。”①江泽民指出，无论何时何种情况下，要以人民利益为重，要把是否符合最广大人民群众的利益作为我们党的一切工作和方针政策的最高衡量标准②。

以胡锦涛同志为核心的中央领导集体开创性地提出了科学发展观、以人为本思想和建设社会主义和谐社会的战略决策。和谐社会是目标，以人为本是原则，科学发展是手段，三者构成三位一体的思想战略体系。要建成和谐社会，就必须遵循以人为本，以民为本，通过科学发展的方式才能真正实现。这一思想战略体系的提出标志着中国共产党的理论创新体系进入了新的历史阶段。③

以习近平为总书记的新一代中央领导集体执政以来，高度关注民生问题。习近平指出：“民生连着民心，民心关系国运”，“人民对美好生活的向往，就是我们的奋斗目标”④，“让老百姓过上好日子是我们一切工作的出发点和落脚点。”⑤ 2012 年 11 月 29 日，习近平向全世界庄严昭告了“中国梦”。习近平的“中国梦”思想是中国共产党关于民生思想、民生主张的最新阐述。所谓“中国梦”，按照习近平的多次阐述，是指中华民族的伟大复兴，具体来说就是实现“国家富强、民族振兴、人民幸福”。习近平强调实现中国梦必须走中国道路，弘扬中国精神，凝聚中国力量，认为“中国梦归根到底是人民的梦，必须紧紧依靠人民来实现，必须不断为人民造福”⑥。习近平的“中国梦”理念体现了以民为本的人本主义关怀。无论我们对于“中国梦”如何解读，与此前的“民族复兴”、“和谐社会”相比较，“中国梦”将很大一部分价值观放诸个人的中国梦上，强调中国梦归根结底是人民的梦，既要依靠人民，其最终目标又是为人民造福，实现国家、民族（社会）、个人三位一体的复合型梦想。中国梦具有相容性、包容性和兼容性三个基本特征。所谓相容性，是指中国梦思想与中国特色社会主义理论具有相容性，中国梦的实质是强调中华民族的伟

---

① 江泽民：《论“三个代表”》，中央文献出版社 2001 年版，第 3 页。

② 江泽民：《论党的建设》，中央文献出版社 2001 年版，第 322 页。

③ 本章论述借用了笔者发表过的论文。参见田新文《民生政治的科学内涵和精神实质》，《湖北科技学院学报》2014 年第 1 期。

④ 习近平：《习近平谈治国理政》，外文出版社 2014 年版，第 4 页。

⑤ 中共中央宣传部编：《习近平总书记系列重要讲话读本》，学习出版社、人民出版社 2014 年版，第 109 页。

⑥ 习近平：《实现中国梦必须走中国道路》，《党建》2013 年第 4 期。

大复兴，这与中国共产党一贯的政治目标是完全一致的，因而，中国梦思想是对中国特色社会主义思想的新发展和新延伸，在很大程度上升华了执政党的执政理念。其次，中国梦具有包容性，这是中国梦思想的民生视角的解读。与此前的一些执政口号相比，中国梦不仅强调国家、民族这样的整体主义需求，同样强调作为人民、作为个体的个性化需求，体现了人本主义的关怀，它意味着要实现中国梦，必须重视民生问题，必须推进民生政治的行动理念和运行模式。中国梦还具有兼容性，它能够与国际通用话语形成对接。美国梦、欧洲梦的说法已经流行了很多年，其他国家也有各自不同表述形式的发展梦想，中国梦思想以梦想这一人类共通的话语来表述中国发展的目标定位，能够与其他国家的话语体系形成兼容，从而使中国梦具有国际可通约性的特点。

总结五代中央领导集体的相关思想，不难看出，中国共产党的民生思想逐渐成形。

首先，民生思想以“以人为本”为指导。民生思想继承了中国传统文化智慧，又体现、遵循了“以人为本”这一时代进步趋向。胡锦涛指出，“现时代中国强调的以人为本……既有着中华文明的深厚根基，又体现了时代发展的进步精神”①。中国古代民本思想这一人文传统是当代以人为本原则和民生思想的重要智力渊源。同时，以人为本体现了中国共产党全心全意为人民服务的宗旨，体现了立党为公、执政为民，体现了积极推动经济社会发展的根本目的，体现了马克思主义历史唯物论的基本原理。② 胡锦涛认为，“坚持以人为本，就是要坚持发展为了人民、发展依靠人民、发展成果由人民共享，关注人的价值、权益和自由，关注人的生活质量、发展潜能和幸福指数，最终是为了实现人的全面发展”③。习近平也强调，要紧紧依靠人民群众来实现人民的梦——“中国梦”。可见，民生问题的改善是以人为本原则的重要体现，民生思想是以人为本思想的重要组成部分。当然，中国共产党现时代提出的以人为本原则和民生新主张，并不是对古代民本思想的一种简单继承，而是以马克思主义为指导，通过批判和创新，同时立足当代现实，总结党领导人民革命和建设实践的

---

① 胡锦涛：《在美国耶鲁大学的演讲》，《时政文献辑览（2006 年 3 月—2007 年 3 月）》2007 年刊，第 965 页。

② 《科学发展观重要论述摘编》，中央文献出版社、党建读物出版社 2008 年版，第 31 页。

③ 胡锦涛：《在美国耶鲁大学的演讲》，《时政文献辑览（2006 年 3 月—2007 年 3 月）》2007 年刊，第 965 页。

经验，赋予其在新时代背景下的新含义[①]。

其次，民生思想以科学发展观为动力。十七大报告指出，科学发展观的第一要义是发展，这说明我们国家当前的最大国情仍是发展不足，所以必须“一心一意谋发展”，要“坚持把发展作为党执政兴国的第一要务”[②]。推进民生事业，解决民生问题离不开生产力的大发展，离不开经济建设的大成就。同时，必须坚持科学发展观，坚持全面协调可持续发展，以人为本，统筹兼顾，实现经济社会永续发展，这样才能使人民既能在良好的生态环境中生产生活，又能实现使发展的成果为人民共享永远持续下去的目标。而这二者，都是民生建设的重要内涵，没有科学的发展作为持续动力，可能能一时改善民生，但不可能永久地提高民众幸福指数，没有科学发展，可能会提高某些方面的民生指数，但其标准必然是片面的、不健全的，因而也不能真正改善民生。[③]

再次，民生思想以和谐社会和中国梦思想为依托和目标。提高人民群众的生活水平，构建社会主义和谐社会是发展民生、改善民生的目的。民生的最终目标是社会和谐而不是维护统治。这是当代民生思想与传统民本思想的本质区别。也就是说，当代民生的原则是以广大人民群众为本位，最高价值标准是构建人人建设、人人共享的和谐社会，而不仅仅是为了治国理政，或者说，治国理政仅是和谐社会的次目标。同时，改善民生，发展民生必须融入和谐社会的建设进程。和谐社会建设是一个总体工程，民生建设是一个单项工程，民生建设必须以和谐社会建设为依托，成为这一系统工程的重要组成部分才能获得长久的、可持续的发展。[④]

中国共产党民生思想的基本主张包括：（1）改善民生，发展民生的原因。这是由我们党和政府的根本性质决定的。中国共产党是中国工人阶级的先锋队，同时是中国人民和中华民族的先锋队，它始终是最广大人民根本利益的忠实代表，始终坚持立党为公、执政为民的执政理念，始终把实现好、维护好、发展好最广大人民的根本利益作为一切工作的出发点和落脚点。政府在党的指导下，受人民委托治理国家，自然也要执政为民。

---

① 本章论述借用了笔者发表过的论文。参见田新文《民生政治的科学内涵和精神实质》，《湖北科技学院学报》2014 年第 1 期。

② 胡锦涛：《高举中国特色社会主义伟大旗帜　为夺取全面建设小康社会新胜利而奋斗——在中国共产党第十七次全国代表大会上的报告》，《人民日报》2007 年 10 月 25 日 01 版。

③ 本章论述借用了笔者发表过的论文。参见田新文《民生政治的科学内涵和精神实质》，《湖北科技学院学报》2014 年第 1 期。

④ 同上。

（2）改善民生，发展民生的原则。在新时期，民生问题是对党的执政能力的重要考验。这就要求各级党政领导干部要“坚持人民主体地位，时刻把群众安危冷暖放在心上，及时准确了解群众所思、所盼、所忧、所急，把群众工作做实、做深、做细、做透”①，要坚持“接地气、通下情，想群众之所想，急群众之所急，解群众之所忧”②，做到权为民所用，情为民所系，利为民所谋。要关心群众，全心全意为群众谋利益，并将之落实到建设中国特色社会主义事业的各项工作中去。

（3）改善民生，发展民生的方式。中国共产党全心全意为人民服务的宗旨要求关注民生、重视民生、保障民生、改善民生，也是人民政府的职责之所在。这就要求各级领导干部“坚持以人为本，以解决人民最关心、最直接、最现实的利益问题为重点，着力发展社会事业，着力完善收入分配制度，保障和改善民生，走共同富裕道路，努力形成全体人民各尽其能、各得其所而又和谐相处的局面”③。

总之，中国共产党历代领导集体始终将民生与国家发展、社会进步和政党使命联结在一起，民生就是发展，民生就是政治。只有“始终关注民生、不断改善民生”，才能“凝聚民心、集中民智、发挥民力”④。中国共产党的民生思想充分而又生动地体现了马克思主义中国化开创者“立党为公、执政为民”的根本执政理念，是对马克思主义民生思想的丰富和发展。

二　民生政治与中国特色社会主义

如前所述，我们曾经用政权政治、生产力政治和民生政治来先后譬喻在不同历史阶段，作为执政党的中国共产党所主导的中国社会主义现代化建设进程中政治主题的不同发展重点和历程。传统上，在严格的学术规范意义上，前文所述的政权政治、生产力政治并不被认为是一个独立的学术

---

① 习近平：《全面贯彻落实党的十八大精神要突出抓好六个方面工作》，《求是》2013 年第 1 期。

② 中共中央文献研究室编：《论群众路线——重要论述摘编》（习近平重要论述），中央文献出版社、党建读物出版社 2013 年版，第 117、137 页。

③ 胡锦涛：《继续把改革开放伟大事业推向前进》，《求是》2008 年第 1 期。

④ 徐光春：《解决民生问题是最大的政治》，《人民论坛·双周刊》2007 年第 3 期。

概念和社会现象。从马克思主义政治学的角度来看，政治作为一种上层建筑，有其自身特定的质的规定性，它与经济、社会、文化等领域之间存在本质区别。因此，诸如前文中所述的生产力政治、政权政治一类的词汇是从中国共产党和国家工作重点的转移这个意义上来予以界定的，它更强调的是执政党的一种重视此类问题的政治理念和实际工作中的一种政治操作模式。

民生政治与民主政治，更完整地说，与中国特色社会主义政治的四个构成部分——四大政治制度：人民代表大会制度、中国共产党领导的多党合作和政治协商制度、民族区域自治制度和基层群众自治制度之间存在着本质的区别。四大政治制度，一言概之是中国特色的社会主义民主政治，因为无论是四大政治制度还是依法治国理念和战略以及政治体制改革、行政管理体制改革、爱国统一战线、权力监督和制约机制等其最终目标都是为了坚持和发展社会主义民主，民主是社会主义政治从而也是中国特色社会主义政治的本质要求和最终指向，即社会主义国家一切权力属于人民，人民当家做主是中国特色社会主义政治的根本要求和最终目标。

然而，实践是不断发展的，理论也需要与时俱进。正如我们在前文中所阐述的那样，在现实生活中，党和国家的政治生活主题在不断丰富和发展，民生议题、社会建设已经成为重要的公共话题，获得了政治决策话语地位，它与巩固政权、发展经济一样，成为党和国家的重要目标。当然，由于各方面的原因，就其地位而言，目前民生问题和社会建设的政治敏感性和政治地位还不能与政权巩固和发展经济相提并论，而这恰恰是未来发展社会主义民生政治所需要的。

基于此，本章在前面章节的基础上，进一步提出一个新的命题：中国特色社会主义民生政治，是补充和发展中国特色社会主义政治体系的主要内容。所谓中国特色社会主义民生政治是指在中国特色社会主义事业中，民生问题越来越成为事关政权巩固、经济发展、人民幸福的重要政治关切，因而需要从政治高度予以关注和解决的一种政治理念和政治运行模式。这一概念的界定继承了前一章节中关于民生政治的基本内涵，同时将民生政治更准确地定位于当下的中国政治实践之中，强调民生政治同样是中国特色社会主义政治体系的重要构成部分。

1. 中国特色社会主义的体系构成。第一，让我们来了解一下什么是中国特色社会主义。党的十七大、十八大报告中对中国特色社会主义做了权威的定义和解释。根据我们的理解，中国特色社会主义是对当代中国各项事业的一种形而上的概括，具体地说，中国特色社会主义是中国共产党带领全国各族人民所开创的国家发展与治理的一种现实存在，既是改革开放以来的一种客观社会存在，也是改革开放以来中国人前后相继的社会实践。在这一客观的社会存在和社会实践的总目标之下，包含三个方面的具体内容。这样，就形成了行动目标、理论体系、实现途径、根本保障的四位一体，它们统一于中国特色社会主义这一整体的存在和实践。

所谓行动目标，就是前进的方向，就是导引的旗帜，就是为共同奋斗者确立的一个可以达到的阶段性或终极性目标，这个目标就是中国特色社会主义，也就是中共十七大、十八大报告中一再强调的要高举的中国特色社会主义伟大旗帜，它实际就是指中国特色社会主义这一本体本身，它包含政治、经济、文化、社会、生态等各个方面的内容，然而这一本体本身又是不断发展变化的，因为中国特色社会主义是一项事业、一项实践，这项事业是在行进之中的，这项实践是在发展之中的，需要全体国人奋斗才能实现，但如果它能够建成，将会促使国家进步、民族强盛、人民幸福。改革开放以来，我们对中国特色社会主义的具体目标有过不同形式的概括，例如小康社会、和谐社会、富强民主文明和谐等。当前，对这一目标的最新概括是实现“中国梦”，就是实现中华民族的伟大复兴。

理论体系，就是实现这一目标的指导思想，即“中国特色社会主义理论体系，就是包括邓小平理论、‘三个代表’重要思想、科学发展观在内的科学理论体系，是对马克思列宁主义、毛泽东思想的坚持和发展。”①

实现途径，就是实现这一目标的具体道路，即“中国特色社会主义道路，就是在中国共产党领导下，立足基本国情，以经济建设为中心，坚持四项基本原则，坚持改革开放，解放和发展社会生产力，建设社会主义市场经济、社会主义民主政治、社会主义先进文化、社会主义和谐社会、社会主义生态文明，促进人的全面发展，逐步实现全体人民共同富裕，建设富强民主文明和谐的社会主义现代化国家”。②

根本保障，就是实现这一目标的保障力量，即“中国特色社会主义制度，就是人民代表大会制度的根本政治制度，中国共产党领导的多党合作和政治协商制度、民族区域自治制度以及基层群众自治制度等基本政治制度，中国特色社会主义法律体系，公有制为主体、多种所有制经济共同

---

① 胡锦涛：《坚定不移沿着中国特色社会主义道路前进　为全面建成小康社会而奋斗——在中国共产党第十八次全国代表大会上的报告》，《人民日报》2012 年 11 月 18 日 01 版。

② 同上。

发展的基本经济制度，以及建立在这些制度基础上的经济体制、政治体制、文化体制、社会体制等各项具体制度”①。

相比于十七大报告，十八大报告在中国特色社会主义理论方面有了新的发展，即提出了中国特色社会主义制度，把它加入到中国特色社会主义的理论内涵之中，并作为中国特色社会主义的根本保障而强调的，最终形成旗帜（行动目标）、道路（实现途径）、理论（行动指南）、制度（根本保障）的四位一体。“中国特色社会主义道路是实现途径，中国特色社会主义理论体系是行动指南，中国特色社会主义制度是根本保障，三者统一于中国特色社会主义伟大实践。”② “高举中国特色社会主义伟大旗帜，最根本的就是要坚持中国特色社会主义道路和中国特色社会主义理论体系。”③

第二，关于中国特色社会主义的具体内容。中共十七大报告中将中国特色社会主义的具体内容概括为四位一体：经济建设、政治建设、文化建设和社会建设，也提及了生态文明，但尚没有明确地把生态文明与前四大建设并列。而在十八大报告中，则第一次将生态文明建设列入中国特色社会主义的具体内容之中，形成了全面落实经济建设、政治建设、文化建设、社会建设、生态文明建设五位一体总体布局这一提法。

第三，关于中国特色社会主义的重要价值。中共十八大报告指出：“在改革开放三十多年一以贯之的接力探索中，我们坚定不移高举中国特色社会主义伟大旗帜，既不走封闭僵化的老路、也不走改旗易帜的邪路。中国特色社会主义道路，中国特色社会主义理论体系，中国特色社会主义制度，是党和人民九十多年奋斗、创造、积累的根本成就，必须倍加珍惜、始终坚持、不断发展。”“中国特色社会主义，既坚持了科学社会主义基本原则，又根据时代条件赋予其鲜明的中国特色，以全新的视野深化了对共产党执政规律、社会主义建设规律、人类社会发展规律的认识，从理论和实践结合上系统回答了在中国这样人口多、底子薄的东方大国建设什么样的社会主义、怎样建设社会主义这个根本问题，使我们国家快速发展起来，使我国人民生活水平快速提高起来。实践充分证明，中国特色社

---

① 胡锦涛：《坚定不移沿着中国特色社会主义道路前进　为全面建成小康社会而奋斗——在中国共产党第十八次全国代表大会上的报告》，《人民日报》2012 年 11 月 18 日 01 版。

② 同上。

③ 刘云山：《毫不动摇地高举中国特色社会主义伟大旗帜——学习党的十七大报告的体会》，《求是》2008 年第 2 期。

会主义是当代中国发展进步的根本方向，只有中国特色社会主义才能发展中国。”① 以上这段话权威地说明中国特色社会主义在当代中国社会中的重要价值。

第四，关于中国特色社会主义的理论依据。中共十八大报告指出：“建设中国特色社会主义，总依据是社会主义初级阶段，总布局是五位一体，总任务是实现社会主义现代化和中华民族伟大复兴。”② 中共十三大报告中首次系统地提出社会主义初级阶段理论，认为我国正处于并将长期处于社会主义初级阶段，至今这一基本国情没有变，我国仍是世界上最大的发展中国家。在这一阶段，我国社会的主要矛盾是人民日益增长的物质文化需要同落后的社会生产之间的矛盾。③ 因此，必须继续以经济建设为中心，把发展作为执政兴国的第一要务，进一步提高人民生活水平，十八大报告再次提出社会主义初级阶段这一概念，并把它作为中国特色社会主义的理论依据是十分恰当的。而中国特色社会主义的总任务或者说总目标是社会主义现代化和中华民族的伟大复兴，这也是继承了改革开放以来执政党一贯的关于总路线和总任务的相关提法。

第五，关于中国特色社会主义的基本要求。根据中共十八大报告，要推进中国特色社会主义顺利发展，夺取新胜利，必须做到“八个坚持”，即必须坚持人民主体地位、必须坚持解放和发展社会生产力、必须坚持推进改革开放、必须坚持维护社会公平正义、必须坚持走共同富裕道路、必须坚持促进社会和谐、必须坚持和平发展、必须坚持党的领导。④

2. 民生政治与中国特色社会主义。民生政治是中国特色社会主义的重要组成部分，是高举中国特色社会主义伟大旗帜，走中国特色社会主义道路的应有之义。这是因为，民生政治是中国特色社会主义这一长远目标赖以实现的日常性内容和阶段性目标。中国特色社会主义的根本目标是实现社会主义现代化和中华民族的伟大复兴，这是一个宏观和长远的目标，然而这一目标的实现都由一个个具体的目标、阶段性目标所构成。无论是现代化还是民族复兴，其基点都落实于广大人民群众，人民群众是否获

---

① 胡锦涛：《坚定不移沿着中国特色社会主义道路前进　为全面建成小康社会而奋斗——在中国共产党第十八次全国代表大会上的报告》，《人民日报》2012 年 11 月 18 日 01 版。

② 同上。

③ 《沿着有中国特色的社会主义道路前进——在中国共产党第十三次全国代表大会上的报告》，《人民日报》1987 年 11 月 4 日 01 版。

④ 胡锦涛：《坚定不移沿着中国特色社会主义道路前进　为全面建成小康社会而奋斗——在中国共产党第十八次全国代表大会上的报告》，《人民日报》2012 年 11 月 18 日 01 版。

益，是否从国家发展和进步中得到切切实实的实惠是这一目标的应有之义，人民群众的直接获益是一个阶段性的但却是常在性的目标，是实实在在的。或许，有房住、有活干，吃饱穿暖看起来是比较琐碎具体的内容，但正是这些个体的、具体的、眼前的利益构成了整体的、抽象的、长远的利益。从辩证法上看，任何整体都是由个体构成的，任何抽象都来源于具体的总结，任何长远都是由眼前和当下发展而去的。正因如此，以习近平为总书记的新一届中央领导集体提出的“中国梦”理念，不仅包括国家进步，民族强盛，而且包括人民幸福。人民的幸福是中国特色社会主义的重要指标，不断实践民生政治就是不断实践中国特色社会主义。

（1）社会建设中蕴涵着重要的民生政治议题。民生政治的议题是中国特色社会主义的重要内容。中共十七大、十八大报告都指出，要加强和改善以民生为重点的社会建设，可见，民生问题是社会建设的重中之重，这既反映了我们上文所说的，民生政治是中国特色社会主义的应有之义，也说明，社会建设要以人为本，以关切具体的民生议题为重点。社会建设是中国特色社会主义五位一体总布局的构成之一，民生政治则是从政治视角来理解和解读中国特色社会主义总体布局中的五大建设，尤其是社会建设。

“社会建设”这一概念在我党的正式文件中首次被提出是在2004年中共十六届四中全会上通过的《中共中央关于加强党的执政能力建设的决定》，在这一文件的第七部分第三小点中出现“加强社会建设与管理”①的提法。在随后的2006年中共十六届六中全会上通过的《中共中央关于构建社会主义和谐社会若干重大问题的决定》的第二部分中，将“推动社会建设与经济建设、政治建设、文化建设协调发展”② 作为构建社会主义和谐社会指导思想的重要内容，并在接下来的第三部分提出要“坚持协调发展，加强社会事业建设”。在中共十七大报告中，则用整个第八章“加快推进以改善民生为重点的社会建设”③ 来对社会建设进行阐述，正式将社会建设与经济建设、政治建设、文化建设并列，形成社会主义建设

① 《中共中央关于加强党的执政能力建设的决定》（2004年9月19日中国共产党第十六届中央委员会第四次全体会议通过），《人民日报》2004年9月27日01版。

② 《中共中央关于构建社会主义和谐社会若干重大问题的决定》（2006年10月11日中国共产党第十六届中央委员会第六次全体会议通过），《人民日报》2006年10月19日01版。

③ 胡锦涛：《高举中国特色社会主义伟大旗帜　为夺取全面建设小康社会新胜利而奋斗——在中国共产党第十七次全国代表大会上的报告》，《人民日报》2007年10月25日01版。

“四位一体”的整体格局，这在历次党代会报告中是第一次。在中共十八大报告中，也单独用第七章“在改善民生和创新管理中加强社会建设”[①]来阐述社会建设问题。在2013年中共十八届三中全会上通过的《中共中央关于全面深化改革若干重大问题的决定》中，进一步要求“推进社会事业改革创新”和“创新社会治理体制”，实现发展成果更多更公平惠及全体人民，更好地满足人民需求，确保人民安居乐业、社会安定有序[②]。有的学者认为，社会建设的内容包括：“社会结构的调整与构建、社会流动机制建设、社会组织建设、社会阶层利益关系协调机制建设、社会事业建设、社会保障制度建设、社区建设、社会安全体制建设、社会管理机制建设等”九个方面[③]。事实上，从实际工作来看，社会建设的主要内容就是十七大报告中所涉及的六个主要方面：教育、劳动就业、收入分配、社会保障、医疗卫生、社会管理。

社会建设口号和概念的提出具有重大意义。它使我国的社会主义现代化建设体系更加完整，内涵更加丰富，也进一步深化了我们对社会主义建设规律的认识，反映了中国特色社会主义理论体系的不断发展完善。我国经济建设自改革开放以来取得的辉煌成就令世人瞩目，但是如果从马克思主义哲学基本原理出发，过于强调经济建设容易引发见物不见人、难见人的弊端，导致对人本身价值的忽视。经济建设我们已经见物了，但这些物还缺乏和人的联系，或者说，缺乏和最大多数人的本身权益的直接联系，缺乏和普通劳动者的直接联系（下文有专门的统计数据表明城乡居民生活福利指数与经济发展存在一定的脱节）。如果说，经济建设解决的是物质形态领域的发展进步问题，以物为核心，以社会资源和社会产品最大化为主题，彰显效率原则；文化建设解决的是国家、社会和公民的精神形态领域的发展进步，以人（的精神产品）为核心，以推进意识形态巩固和社会精神文明进步，个人道德修养提升为主题，彰显伦理、道德原则，那么，社会建设就是以人为核心，以与普通劳动者身家性命、生活水平相关的问题与项目为建设重点，以推进基于关乎全体公民作为个体生存、发展需求的社会基础设施和社会保障体系建设，以人与物的结合为核心，彰显

---

① 胡锦涛：《坚定不移沿着中国特色社会主义道路前进　为全面建成小康社会而奋斗——在中国共产党第十八次全国代表大会上的报告》，《人民日报》2012年11月18日01版。

② 《中共中央关于全面深化改革若干重大问题的决定》（二〇一三年十一月十二日中国共产党第十八届中央委员会第三次全体会议通过），《人民日报》2013年11月16日01版。

③ 编辑部：《渐进中的社会建设理论》中陆学艺观点。见《中国民政》2010年第1期。

公平原则。

（2）生态文明建设和其他建设中蕴涵着重要的民生政治议题。中共十八大报告在十七大报告提出建设生态文明这一命题的基础上，第一次将生态文明建设列入中国特色社会主义总体布局之中，充分说明了生态问题在当前中国社会生活中的重要性和紧迫性。

生态问题、生态文明建设同样是民生政治的重要议题，这是因为生态文明所涉及的若干问题都与人民群众的生产生活直接相关。十八大报告中将生态文明建设的具体内容概括为国土空间开发、资源节约、自然生态系统和环境保护、生态文明制度建设。① 其中三个方面的内容是具体的实务性内容，它们都与人民群众当下的和长远的利益直接相关，无论是青山绿水蓝天，还是温和的气候、洁净的空气、合理的环境布局，都是与当代中国人和我们的子孙后代密切相关。污染的环境、污浊的空气、不净的水源不仅会严重威胁每一个老百姓的生命健康，而且也将严重影响后代子孙的身心健康。尤其是当前，以大城市和特大城市的雾霾天气为代表，以部分矿区和工业区的化工、重金属污染、河流、地下水污染和大气污染为代表的环境污染问题直接影响人民群众的身体健康，也会在很大程度上抵销多年来经济发展带来人民的幸福感和安全感。环境问题、生态问题已经成为中国特色社会主义建设中的重要负面影响因素，它不仅关切到人民群众的幸福指数，同样关系到中国特色社会主义建设事业的质量和长远发展。正因如此，生态文明建设同样也应该成为民生政治的重要议题，这就需要把生态建设提高到政治理念的高度，从政治行动模式的操作视角，加大与生态有关的民生问题在党和政府公共决策、公共治理中的地位，使生态民生问题在各级党委和政府的议事、决策和执行清单中具有更高等级的优先安排。

生态问题、生态文明建设又极其复杂。这是因为，一方面，有些生态问题是多年来累积下来的，是客观存在的，是以往中国粗放式经济增长方式所带来的客观的负面后果，由此而带来的相关求数量不求质量，讲发展不讲保护的片面发展观难以在短期内消除，并且，GDP 崇拜一类的理念和以经济发展考核干部政绩的旧有考评模式也不可能在一夜之间消失。另一方面，有些生态问题则与人民群众的生活质量密切相关。例如，减轻雾霾天气需要限制汽车尾气排放，这就需要对小汽车尤其是私家车限购、限

① 胡锦涛：《坚定不移沿着中国特色社会主义道路前进 为全面建成小康社会而奋斗——在中国共产党第十八次全国代表大会上的报告》，《人民日报》2012 年 11 月 18 日 01 版。

排、限行，这在一定程度上会影响刚刚富裕起来的部分中国人在出行方面的便利感、舒适感，降低其幸福指数。但是，如果不这样做，则类似生态问题难以根治，同样影响人民群众的生活质量。可见，这是一个两难的境地。正因为是这样，所以更需要从政治的高度来认识、处理类似生态问题，制定合理的方案和规划，在二者之间寻求平衡。这就需要导入一种民生政治的理念和行动模式。

民生政治不仅仅只包括社会建设，还包括一切与人民群众生活紧密相连的利益关切。生态文明、社会保障、公共服务等都包括在内。民生政治要求从政治的高度和公共价值的权威分配、公共资源的配置和政府公共职能的履行等各个环节关切、指导民生议题的解决，使其具有公共决策的权威和价值，民生政治就是把公共性要求，把政治性要求，贯彻到社会建设和生态文明建设领域之中。

由于历史发展的阶段性和不平衡性，当前民生政治的主要关注点集中在社会建设和生态文明建设方面，但中国特色社会主义总体布局中的经济建设、文化建设和政治建设中的许多议题同样与民生密切相关，同样是民生政治需要关注的范围。一般来说，民生问题似乎是柴米油盐酱醋茶一类的小事，但正如马斯洛需求理论所告诉我们的那样，人的需求是分层次的，在吃、穿、住、行、治安一类的基本生存需求得到满足后，人类在尊严、文化、政治、个人价值与理想实现等方面的需求就会扩大。例如，就经济建设来说，似乎国家的大政方针与普通百姓联系不那么多，其实并非如此，发展民营经济，增加就业岗位，激发社会活力，调动群众自主就业，既是一种推进经济发展的措施，也是一种惠民举措，都是民生政治的重要内容。文化建设也是如此，文化的需求也是民生工程。人有追求和精神境界，不同于动物。满足人民群众日益增长的文化需求，使人们有书读、有戏看、有歌听，同样是民生问题。政治建设虽然比较形而上，但亦有着民生价值，反过来也能保障人民基本权益。无论是反腐倡廉，还是在城乡基层社区实施群众自治，都能改善社会治理，在一定程度上缓解社会矛盾，降低社会冲突，不仅有利于巩固基层政权稳定和执政基础，同样可以化解邻里纠纷，维护社会治安，降低恶性治安事件发生，这也是一种惠民。在这个意义上，民生政治是在不断发展和行进中的，无论是它的内涵还是外延都在不断发生变化。

民生政治与中国特色社会主义的密切关联还体现在：民生政治是将经济建设、政治建设、文化建设、社会建设、生态文明建设紧密联系在一起的，是从政治的视角、人民群众的立场来解读中国特色社会主义的总体布局，是从终极效用的角度来追问中国特色社会主义的实践过程的价值。作为一种政治理念和运行模式，它实际上是要求执政党和政府高度重视并切实落实与人民群众生产生活密切相关的议题，在这个意义上，它已经渐渐具备了执政哲学和执政文化的内涵。

3. 民生政治与中国特色社会主义民生政治。中国特色社会主义民生政治作为民生政治的一种具体形态，在基本内涵和本质特征上是与民生政治相同的，同时，又具有自身的一些特殊表现形式。

中国特色社会主义民生政治就是指在中国特色社会主义建设事业中，“以贯彻共同建设、共同享有为基本原则，以社会建设、生态文明建设和其他建设中的民生性议题为行动基础，以构建和谐社会和实现中国梦为行动目标，以着力提高事关广大普通民众幸福安康的日常生活质量为主要行动过程的一种政治理念和政治运行模式”。[①] 这一概念的基本内涵包括：（1）以共同建设、共同享有为基本原则，强调人民群众的主体性；（2）以民生性议题为行动基础；（3）以构建和谐社会和实现中国梦为行动目标；（4）以着力让人民过上更加幸福、美好生活为主要行动过程。显然，从以上四个方面的内涵来看，民生政治与中国特色社会主义民生政治是相同的，后者作为民生政治的一个阶段性、具体的表现，它反映的是在当下的中国现代化建设事业中，强调从政治的高度和公共决策的角度关注社会主义五大建设中的民生性议题。在这个意义上，中国特色社会主义民生政治与民主政治不同，中国特色社会主义民主政治在现实生活中具有相对独立完整的政治形态，它以社会主义政治制度为根本保障。民生政治目前还不是一个独立完整的政治形态，它分散在中国特色社会主义的五大建设之中。

中国特色社会主义民生政治与民主政治具有共同点，即都是以人民为出发点，但相对来说，民主政治更完整地体现为一种政治理念、政治形态、政治制度，民生政治则更多体现为政治理念、政治操作模式，就目前来说，民生政治在基本制度层面很难具体化。当然，随着实践的发展，民生政治必然会获得更高的政治地位、更多的政治资源，其程序化、机制化、体制化程度会进一步增强，未来，随着民生政治实践的丰富，它成为一种相对独立的政治形态也并非没有可能。

当代的中国特色社会主义民生政治又有着与一般意义上的民生政治所

---

① 本章论述借用了笔者发表过的论文。参见田新文《民生政治：理解政治生活变化的新视角》，《社会主义研究》2008 年第 4 期。

不同的基本特征。

特征之一：中国特色社会主义民生政治是特定历史阶段的产物，具有当下性的特征。社会主义代替资本主义是一个必然的历史过程，根据马克思主义经典作家的设想，最先实现这一转变的应该是西方发达资本主义国家，但在现实生活中，恰恰是前苏联、中国这样并不发达甚至落后的国家率先爆发革命，最终建立了社会主义国家。这样，建立在落后的生产力基础上的社会主义国家就必须加强经济建设，集中力量发展生产力。对于处于社会主义初级阶段的中国来说，确立以经济建设为中心又曾经经历了复杂曲折的历史过程。在计划经济时代，与老百姓生活直接相关的民生议题没有得到更多的重视。众所周知，社会主义计划经济的一个典型特点就是短缺经济，因为社会主义国家主要侧重点放在工业尤其是重工业发展上了，而农业和轻工业没有得到更多的关注，问题在于农业和轻工业恰恰与人民群众的生计直接相关。改革开放以后，仍处于并将长期处于社会主义初级阶段的我国，全面展开中国特色社会主义建设，农业和轻工业得到了快速发展，但国内市场相对于投资和国际市场来说一直相对薄弱，与此同时，社会保障、医疗、教育、住房等领域的历史欠账太多，这就造成了民生议题和社会建设滞后于经济发展。由此可见，民生政治在中国是具有当下性的特征，今天提出加强社会建设和生态文明建设，在某种意义上，带有补课和还历史欠账的意思。因而，当代的中国特色社会主义民生政治相比于一般意义上的民生政治来说更加复杂，需要解决的问题更多，面临的困难更多。

特征之二：中国特色社会主义民生政治是中国具体国情的产物，具有不平衡性的特征。中国的基本国情是，人口多，底子薄，城乡、区域发展不平衡。这在社会建设和民生问题上表现得尤其明显。一是城乡发展不平衡。尽管从整个国家来说，公共服务和公共产品的供给水平都普遍偏低，但相对来说，城市尤其是特大城市和大城市的居民，其享有的民生保障和公共服务水平是比中小城市和小城镇要高得多，而城镇居民在民生方面则更比农村居民享受到了更多的优厚待遇。二是地区发展不平衡。地区差距是中国基本国情之一，东部地区相对于中西部地区，平原地区相对于高山、高原地区，在民生供给方面显然要更具有优势。三是行业发展不平衡。在城市中，由于所属行业不同，除了作为普遍国民待遇的民生供给外，人民群众由于所属行业不同，享受到的公共服务和民生供给也是不同的，一些国有垄断行业、机关事业单位等优质行业的从业者显然享受到了更多的民生供给。

特征之三：中国特色社会主义民生政治是与中国改革开放事业同步的，具有历时性特征。与一般意义上的民生政治相比，中国特色社会主义民生政治具有鲜明的历时性特征，它是与中国改革开放和社会主义现代化建设同呼吸共命运的，它的发展取决于国家事业的总体进步，因而具有历时性的特征。改革开放是新时期的鲜明特征，民生政治的当下性决定了它的历时性，这就意味着中国特色社会主义民生政治的基本内容、具体内涵、发展阶段等在维持基本格局的同时，又具有丰富性和变化性，是随着中国特色社会主义事业的发展而不断发展的。例如，相对前几十年来说，生态文明建设在当前的民生政治议题中就得到更多的关注，而当前解决生态问题的复杂性和困难性显然也远远超过二十年前、三十年前。同样，尽管当前民生政治的关切主要集中在社会建设和生态文明建设领域，但随着社会主义现代化事业的发展，文化建设、经济建设和政治建设中也必然会具有越来越多的需要从政治的高度和公共决策的视角予以解决的民生议题，民生政治的具体内涵、基本内容和发展阶段也必将与时俱变。

三 中国特色社会主义民生政治的主要内容

中国特色社会主义民生政治作为一种政治理念和政治行动模式，是建立在中国特色社会主义建设的现实基础之上，体现在实然进程之中的，它所关切的主要内容就是中国特色社会主义五位一体的总体布局中所有与民生相关的议题，具体来说，社会建设和生态文明建设的绝大部分内容以及民主政治建设、经济建设和文化建设中的民生相关部分都涵盖在这一范围之内。根据中共十七大、十八大报告以及十八届三中全会精神，中国特色社会主义民生政治的议题主要包括与人民群众生产生活密切相关的以下几个部分。

1. 优先发展教育，促进教育公平，使全体人民学有所教。当前，教育被喻为压在人民群众头上的三座大山之一，这种比喻虽然有些偏激，并不完全符合事实，但也反映了人民群众对教育问题的不满意。从民生政治的视角来看，当前教育方面的最大问题在于教育资源配置极不平衡，尤其是在中小学义务教育阶段，由于长期以来的城乡差别和地区差距问题，致使优质教育资源分布不均衡，许多地区存在着择校难、上学难的问题，人民群众希望子女获得更优质教育的愿望与现实的教育资源分布之间存在着显著的矛盾。部分重点小学、重点中学存在着收费偏高的问题。与此同时，素质教育长期得不到有效落实，以高考为指挥棒，重分数、轻能力的教育培养模式没有得到根本扭转。就高等教育来说，不同层次的高等学校培养质量有着明显差别，与国际先进水平存在着较大差距。在一些地区，教育的公益性质仍然得不到保障，教育产业化、经济化现象仍然存在，对教育的投入仍然达不到国家规定的比例。部分地区仍然存在上学难、上学贵的问题。

2. 扩大就业，以创业带动就业，提高就业质量，实现劳有所得。就业是民生之本。现阶段，就业问题仍然是影响民生的重要因素。就业不足或就业水平不高严重影响着人民群众的幸福指数。当前的就业问题主要集中在三个重点环节：一是高等学校毕业生就业问题，许多高校毕业生不能实施有效就业或处于隐性失业状态；二是农村富余劳动力转移问题，许多农民工就业培训需要进一步加强；三是城镇零就业家庭仍然不同程度地存在。

3. 建立基本医疗卫生制度，提高人民健康水平，实现病有所医。健康是人民群众的基本幸福之一。但是医疗问题也是人民群众最不满意的现实问题之一，也是负担最重、压力最重的大山之一。医疗卫生问题的关键之处在于优质医疗资源分布不均衡，看病难、看病贵现象普遍存在，手术费用、医药费用居高不下，超出人民群众的承受能力。

4. 深化收入分配制度改革，千方百计增加城乡居民收入。合理的收入分配制度是社会公平的重要体现，但当前我国的收入分配制度还不十分合理，不同行业、不同地区、城乡之间的居民收入差距有扩大的趋势，收入差距尤其是贫富差距扩大对民生造成了严重影响。

5. 统筹推进城乡社会保障体系建设，保障人民基本生活，实现老有所养，住有所居。当前，我国城乡社会保障体系存在以下主要问题：一是基本养老、基本医疗和最低生活保障制度方面的城乡差距、行业差距较大，农村基本养老保险和医疗保险水平较低，尚难以有效满足人民群众养老和医疗基本需求；二是社会保障体系的全国统一平台尚未有效建立，社会保险关系的转续、社会保障基金的充实等问题仍然存在；三是保障房建设滞后，难以满足困难家庭基本需求，城市商品房价格居高不下，住房问题成为制约人民群众提高生活质量的重大因素。

6. 加强生态文明建设，推进环境保护，确保人民群众在碧水蓝天中生活。随着工业化的发展，环境污染在许多地区不同程度地存在，尤其是在一些大城市的空气污染和一些工业地区的水污染问题严重影响人民群众的身体健康，环境保护问题和生态文明建设日渐成为关系民生的重要议题，必须得到高度重视并予以解决。

7. 创新社会管理，维护社会安定团结。社会的稳定和和谐是人民群众的共同心愿，平安中国、平安城市、平安社区事关人民群众的生命财产安全，也是民生政治的重要议题。当前，重特大安全事故时有发生，恐怖主义活动也在侵害着国家安全和人民幸福，有些地区的违法犯罪活动还很猖獗，社会基层还不稳定，这些都影响着人民群众的生命财产安全。在一些城市和农村基层，社会管理方式比较落后和野蛮，容易激发干群对立，影响人民群众的认同感。

四　中国特色社会主义民生政治的实现路径

当前，整个中国都处于社会转型和矛盾多发期，作为一项长期事业的中国特色社会主义民生政治，是不可能一蹴而就的。要有效推进民生政治，就必须按照中央精神尤其是十八届三中全会所制定的改革纲领，以改革为总抓手，从以下几个方面着手推进。

1. 推进社会事业改革创新，夯实民生政治的制度基础。党的十七大报告将推进社会体制改革作为推进社会建设，保障和改善民生的重要环节。十八大报告则进一步确定了社会体制的主要构成，指出："加强社会建设，必须加快推进社会体制改革。要围绕构建中国特色社会主义社会管理体系，加快形成党委领导、政府负责、社会协同、公众参与、法治保障的社会管理体制，加快形成政府主导、覆盖城乡、可持续的基本公共服务体系，加快形成政社分开、权责明确、依法自治的现代社会组织体制，加快形成源头治理、动态管理、应急处置相结合的社会管理机制。"[①] 十八届三中全会决定则对推进社会事业改革创新提出了具体部署。根据我们的理解，与民生政治相关的改革主要体现在以下主要方面。

在教育方面，以促进公平正义为原则，以促进义务教育均衡发展为改革的重点，着手解决校际、城乡、区域之间的教育资源不平衡问题，破解择校难题，解决学生课业负担。与此同时，着手进行考试招生制度改革，推进综合评价多元录取机制。改革的另一个重点是坚持教育的公益性质，加大财政对教育的投入。同时，鼓励社会力量兴办教育。

---

① 胡锦涛：《坚定不移沿着中国特色社会主义道路前进　为全面建成小康社会而奋斗——在中国共产党第十八次全国代表大会上的报告》，《人民日报》2012 年 11 月 18 日 01 版。

在就业方面，重点是促进就业创业，激发劳动者创业热情和活力。首先是消除影响平等就业的制度障碍和就业歧视，规范招人用人制度。其次是完善扶持创业的激励机制。目前正在一些地区试行的公司注册制度改革就是为了进一步激发社会自主创业就业的活力。再次是重点做好重点人群就业工作，包括“促进以高校毕业生为重点的青年就业和农村转移劳动力、城镇困难人员、退伍军人就业”。①

在社会保障方面，重点是建立更加公平可持续的制度体系。首先是实现基础养老金全国统筹，完善社会保障关系转移接续政策，并通过延迟退休年龄的方式来破解养老金余额不足和老年化等问题。其次是着力解决社会保障体系方面的不平衡问题，这就是“整合城乡居民基本养老制度、基本医疗保险制度，推进城乡最低生活保障制度统筹发展”②，同时推进机关事业单位养老保险制度改革，以求缩小社会保障领域的城乡、行业差距。此外，还强调加快社会养老服务建设，构建多层次社会保障体系以及健全住房保障和供应体系。

在收入分配改革方面，重点是形成合理有序的分配格局。主要是在保护、完善由要素市场决定的报酬机制的同时，重点做好最低工资和工资支付保障制度，完善以税收、社会保障、转移为主要手段的再分配调节机制，通过税收手段调节收入分配，规范收入分配秩序，使收入分配在城乡、区域、行业之间的差距不断缩小，逐步形成“橄榄型”分配格局。

在医药卫生方面，统筹推进综合性改革。重点是加强区域公共卫生服务资源整合，理顺医药价格，完善分级诊疗模式，加快公立医院改革，鼓励社会办医。就民生而言，在坚持计划生育基本国策的同时，逐步调整完善生育政策，启动实施单独夫妇可生育二孩的政策。

2. 有效扩大公共服务，夯实民生政治的物质基础。公共服务，是指主要由政府提供或由政府主导，协商社会各方力量、各种主体提供的为一定区域内全体公民所享用的基础设施和基本服务，基础设施包括公共交通、城乡公共道路、桥梁、自来水、民用电网、民用燃气、影剧院、公共通信、博物馆、公园以及其他各类市政设施；基本服务则包括教育、科技、文化、卫生、体育、社会保障、劳动就业、医疗卫生、社会治安等公共事业。而基本公共服务则指那些在公共服务这一大的领域中，“为维持

---

① 《中共中央关于全面深化改革若干重大问题的决定》（2013 年 11 月 12 日中国共产党第十八届中央委员会第三次全体会议通过），《人民日报》2013 年 11 月 16 日 01 版。

② 同上。

本国经济社会的稳定、基本的社会正义和凝聚力，保护个人最基本的生存权和发展权，所必须提供的公共服务”①，包括城乡公共道路、公共交通、水电气等公用设施、公民个体的基本就业保障、基本养老保障、基本生活保障、基本的教育和文化服务以及基本的健康保障。在这个意义上，诸如最低生活保障、城乡居民基本养老保险、医疗保险以及廉租房、保障房、九年制义务教育等都属于基本公共服务的内容。

提供公共服务，供应公共产品是政府的基本职能之一。公共服务是民生政治关注的重要领域，完善均衡的公共服务是民生政治正常运行的重要物质基础。公共服务是应对市场失灵的重要举措，也是政府的不二职责。只有建立一个政府主导、覆盖城乡、可持续的基本公共服务体系才能持续推进民生政治各项议题的落实。

公共服务的基本要求是城乡一体化、领域均等化。所谓一体化是指消除目前在基本公共服务供给方面城乡之间存在过大差距的不平衡状态，缩小差距，逐步实现一体化。所谓均等化，是指为不同领域、地区和行业、身份的公民提供大致均等的公共服务。当前，我国突出地存在地区间、城乡间、不同群体间在诸如公共医疗、义务教育、社会保障等基本公共服务上的非均等化问题，已是关乎社会公平、公正的焦点问题。因而，实现公共服务均等化重大意义，有利于公平分配，有利于公平和效率的统一，有利于缩小城乡差距、贫富差距，有利于均衡地区间发展的不平衡。② 公共服务均等化是民生政治的重要物质途径，是提高人民群众幸福指数的重要前提。

政府在推进公共服务方面当仁不让，是主角。政府在推进公共服务时既要有为，也要巧为。所谓有为，就是要将推进公共服务均等化作为政府行政和公共财政的重要目标，使财政资源和行政资源向公共服务实施有效的倾斜。政府要主动规划，扩大公共服务覆盖范围，并加大投入力度，提高公共服务供应水平，及时解决、消除公共服务中存在的问题。在这方面，政府要大胆作为，不能缺位。

所谓巧为，就是要改进政府提供服务方式，形成政府、社会组织、社区、企业等多重力量共同配合的多元化公共服务供应体系。提供公共服务，政府必须主导，但不能包打天下，包揽一切。政府应该在制定政策、规划，引导资源配置和提供主导资源方面发挥决定性作用，但在具体区域

---

① 陈颖：《加快公共服务体制建设》，《中国校外教育（理论）》2008 年第 S1 期。

② 杨金洲：《马克思主义研究：文本、理论与现实》，湖北人民出版社 2011 年版，第 278 页。

的具体项目的公共服务设计、落实、运行和监督中，可以充分发挥村委会、社区居委会、社区社会组织、民间组织、企业等各种社会主体的积极性，形成一个多方协调供应、治理的新机制，这样才能保证公共服务均等化真正落到实处。

3. 创新完善社会管理，创造和谐的民生政治环境氛围。民生政治指涉的民生议题和民生利益关切事关人民群众具体的、直接的生产、生活问题，需要一个安定团结的社会局面。因此，在社会矛盾日益多发、基层还不稳定的社会转型期，如何创新完善社会管理，为民生政治创造一个和谐的环境氛围非常重要。应该讲，当前的社会管理面临着严重的挑战。

一是当前的社会管理方式重管控，轻化解，行政执法方式过于单一和粗暴，容易激发政府与人民矛盾。

二是社会管理形式比较落后，政府部门对社会控制过于严密，社会组织、社区组织和其他第三方力量在社会管理中的力量过于薄弱，积极性无法调动，无法起到一种中介、调和作用。

三是社会矛盾的调处机制和方式需要改革。人民群众直接面对政府部门的行政力量，借助司法方式实现救济非常困难。

四是危害人民群众生命财产安全的重特大安全事故，包括交通、生产安全、食品药品安全等难以得到有效遏制。

正因如此，我们必须按照党的十八届三中全会决定精神，从以下四个方面加快改革，创新完善社会管理，加速国家治理和治理现代化进程。

第一，改进社会治理方式。从原先的社会管理到现在的社会治理，一字之差，却反映了领导人理念的重大变化。相比于管理，治理更强调对象的同意性和主体的多元性。在系统治理思想的指导下，新的社会治理改变了过去单一依靠政府主体和行政力量的方式，更多地依靠建立在政府、社会、社区等各种力量共同参与、良性互动的新的治理方式，同时更多依靠法治思维和法治方式来化解矛盾，更多地从源头上治理社会矛盾，标本兼治，重在治本。总之，三个关键词：多元、法治、源头是新的社会治理思维的特点。

第二，激发社会组织活力。长期以来，对社会组织有一种偏见，认为社会组织会脱离党的领导，变成资产阶级自由化的产物。其实，只要予以正确引导，社会组织能够在社会治理中发挥着正面的积极作用，减轻政府负担。尤其是在城乡社区中那些与人民群众生活生产密切相关的社会组织，能够在很大程度上激发社会活力，促进就业创业，丰富人民群众文化生活，有效地减轻社会矛盾和纠纷。

第三，创新预防和化解社会矛盾体制。当前，我国正处于各种社会矛盾的多发期，这些矛盾除了群众内部矛盾外，有很大一部分是由于部分地区政府部门行政不当而造成的政府与群众之间的矛盾。要化解这些矛盾，除了转变社会治理观念外，还需要建立畅通有序的利益表达机制，并改革行政复议机制和信访工作机制。

第四，健全公共安全体系。公共安全尤其是交通、生产和食品药品领域的公共安全直接关系人民群众的生命健康，是民生政治的重要关切领域。为解决这一问题，中央决定设立国家安全委员会，变多头治理为一元化领导，在社会治安、安全生产、食品药品监管等方面创新机制、严格执法、加强监督。

五 小结

民生政治是中国特色社会主义的重要组成部分，不断实践民生政治就是不断实践中国特色社会主义。本章通过对中国共产党历届领导集体关于民生问题基本观点的梳理，总结出中国共产党的民生主张，阐述了民生政治与中国特色社会主义民生政治的关系，概括了中国特色社会主义民生政治的主要内容，提出了中国特色社会主义民生政治的实现路径。

中国共产党的民生思想是以“以人为本”为指导，以科学发展观为动力，以和谐社会和中国梦思想为依托和目标。作为中国人民最根本利益忠实代表的中国共产党，坚持立党为公，执政为民，全心全意为人民服务，保障和改善民生，全面推进社会主义和谐社会建设。

在揭示中国共产党的民生主张后，本章从抽象和理论的角度重点论述了中国特色社会主义民生政治及其与民生政治的关系。中国特色社会主义民生政治是指在建设中国特色社会主义事业的过程中，将日益受到重视的民生问题提到政治高度来予以关注和解决的一种政治理念和政治运行模式，是中国特色社会主义政治体系的重要构成部分。中国特色社会主义民生政治是民生政治的一个阶段性表现，一种具体形态，是民生政治议题在当代中国的具体实践。中国特色社会主义民生政治在基本内涵和本质特征上与民生政治是相同的，即人民共建共享的基本原则、民生性议题的行动基础、建立和谐社会和实现中国梦的行动目标、着力提高民众生活质量的主要行动过程等。但中国特色社会主义民生政治又有着与一般意义上的民生政治所不同的基本特征：当下性、不平衡性、历时性。中国特色社会主义民生政治的主要内容就是中国特色社会主义五位一体的总体布局中所有与民生相关的议题，包括优先发展教育，促进教育公平，使全体人民学有所教；扩大就业，实现劳有所得；改革收入分配制度，增加城乡居民收入；建立基本医疗卫生制度，提高人民健康水平，实现病有所医；统筹推进城乡社会保障体系建设，保障人民基本生活，实现老有所养，住有所居；加强生态文明建设，推进环境保护，确保人民群众在碧水蓝天中生活；创新社会管理，维护社会安定团结。当前，整个中国都处于社会转型和矛盾多发期，要有效推进中国特色社会主义民生政治，就必须以改革为总抓手，从以下几个方面着手：推进社会事业改革创新，夯实民生政治的制度基础；有效扩大公共服务，夯实民生政治的物质基础；创新完善社会管理，创造和谐的民生政治环境氛围。总之，通过本章研究，以期能够阐明民生政治与中国特色社会主义民生政治的关系，从总体上把握中国特色社会主义民生政治，推进民生政治发展，改善民生。

第五章　作为政治现象的民生政治

本章主要阐述作为政治议题存在的民生政治，通过描述新中国成立以来的民生建设实际历程，总结我国当前民生建设所取得的成绩，存在的问题，并指出如果要进一步推进民生建设，需要将民生政治作为一个重要的政治议题，贯彻其三个基本原则，制定若干行动纲领，扎实地予以推进。

一　新中国成立以来的民生建设历程

民生问题历来是执政者需要重点考虑的问题之一。在社会建设作为单独的建设体系提出之前，虽然我国尚没有系统的民生建设历程，也没有将民生视为政治主题之一，但在传统民生思想和中国共产党为人民服务、共同富裕、代表最广大人民根本利益以及立党为公、执政为民等民生思想主张的指引下，新中国的民生建设仍然取得了很大的进步。新中国成立以来历年的政府工作报告，都会将人民生活改善作为一个重要部分予以阐述，在财政部门所做的国家财政收支报告中，与民生有关的社会保障、就业收入、医疗教育、消费支出、物价指数等问题都是关注的重点。20 世纪 50 年代，新中国百废待兴，但就在刚刚度过经济恢复期的短短几年中，人民生活水平有了很大提高。例如，1952 年与土地改革前相比，农民收入增加了 30% 左右，人均消费水平提高了 20%；就业人数不断增加，从 1949 年到 1952 年达 780 万人，全国职工总数大增，1952 年是 1949 年的 197.5%；工人工资大幅增长，与 1949 年相比，全国工人平均工资增加了 70%。[①]“一九五三年按货币计算的平均工资比一九五〇年增加了百分之八十四。职工的劳动条件和福利设施也有重大的改善。三十五个工业部门

① 靳德行主编：《中华人民共和国史》，河南大学出版社 1989 年版，第 56 页。

为职工直接支付的劳动保险费、医药费、文教费和福利费平均相当于工资总额的百分之十七。一九五三年享受劳动保险待遇的职工已有四百八十余万人，享受公费医疗待遇的国家机关工作人员和教育工作人员已有五百二十九万余人，其他中小企业中的职工也多半同企业订有劳动保险合同。国家为职工建筑的宿舍，一九五三年即有一千二百万平方公尺。企业和工会所举办的福利和文化设施也不断地增加。由于国家用了很大的资金改进工矿企业的安全卫生设备，职工因工伤亡率正在逐年减少。"① 1954 年，在救济方面国家财政投入的经费达 3 万亿元。"1949 年城镇居民人均现金收入不足 100 元，至 1952 年增加到 156 元，增长 56. 8%……农村居民人均纯收入由 1949 年的 44 元增加到 1957 年的 73 元，增长 66. 6%（未扣除物价因素）。"② 在 1957 年的政府工作报告中，专门列出一个部分谈人民生活的问题，并以实际数据来说明自新中国成立至 1957 年八年中人民生活的改善程度，尤其是对于工农生活水平差距悬殊的问题进行了说明。通过下面的表格也不难看出，在"一五"期间，城镇居民的人均纯收入增长还是比较快的。此外，虽然社会生产力水平还比较低，但是新中国仍然依靠国家力量，通过城市的单位制和农村的社队制体制，在全国范围内初步建立起了包括养老、医疗、救助、福利、住房等在内的社会保障体系。在国有企业和机关事业单位中，普遍建有托儿所、幼儿园、医院或医务所、保健室，由于实行离退休制，干部职工的晚年都由单位包下来。这样，在计划经济时代，不存在社会养老保险和医疗保险，除了体制外人员，当然也就不存在失业、就业问题。在农村地区，人民公社建立以后，按照国家保护妇女儿童、实行五保等要求，由人民公社兴办了公共食堂、托儿所、产妇院和敬老院等，还建立了农村合作医疗制度，形成了大队有赤脚医生、医务所，人民公社有专职医生、卫生站、卫生院的农村初级医疗保健体系。

同时，毋庸讳言的是，由于主客观各种历史条件的局限，特别是十年"文革"的干扰，新中国六十多年的民生发展历程也充满了曲折。上述进步与 1949 年以前相比成就很大，但是与经济建设的发展成就相比，与其

① 周恩来：《政府工作报告（一九五四年五月二十三日在中华人民共和国第一届全国人民代表大会第一次会议上的报告）》，《人民日报》1954 年 9 月 24 日 01 版。

② 国家统计局：庆祝新中国成立 60 周年《系列报告之四：城乡居民生活从贫困向全面小康迈进》，国家统计局网站：http：//www. stats. gov. cn/ztjc/ztfx/qzxzgcl60zn/200909/t20090910_68636. html。

他国家民生改善程度相比，就存在很大的差距。1981 年的政府工作报告承认："我们过去曾经有一个相当长的时期，片面强调基本建设，忽视人民生活。在基本建设中，又片面强调扩大重工业的建设规模，忽视消费品工业的建设，忽视住宅和城市其他公用设施的建设。其结果是，经济效益很差，人民生活不能得到应有的改善。"① 新中国成立以来的民生建设历程实际上就是如何平衡生产发展与改善人民生活之间的矛盾。新中国成立后所走的发展道路艰辛而独特。中国人口多、底子薄的基本国情，东方社会集体主义奉献勤奋的传统，苏联模式走重工业优先发展道路的影响等因素决定了党和政府在 20 世纪 50 年代选择国家宏观发展战略时，在生产发展和改善人民生活之间更多地偏向了前者。首先，社会主义工业化道路意味着建设优先，其他项目都要服务和让位于这一总体战略。数据显示，在第一个五年计划期间，"在支出方面，国家建设支出（包括经济建设和文化教育建设）在总支出中所占的比重，由 1952 年的 59% 增至 1957 年的 64. 17% ，而国家机关支出（包括国防费和行政管理费）所占的比重，则由 1952 年的 36. 3% 降至 1957 年的 25. 63%"。② 实际上在 1980 年以前，经济建设的开支在国家财政支出中一直超过 50% ，在最高峰的"二五"期间甚至达到 66. 6% 。③ 不仅如此，优先发展工业还意味着像苏联那样要以牺牲农业和农民的利益为代价，通过工农产品剪刀差来为工业发展积累资金和输入原材料，因为当时中国受到西方制裁，无法获得外界资金支持，苏联的贷款也是有限的。尤其是 1958 年以后，统购统销和居民户籍制度的实施使农民被严格限制在农村从事农业生产，无法经营商业和各类副业，生活水平长期得不到提高，并且与城市的差距越拉越大。其次，以钢为纲，过于重视生产资料的生产，优先发展重工业，意味着与人民群众日常生活相关的轻工业、副食品工业等行业被严重忽略，人民群众的生活资料供应严重不足。实际上，这是苏联模式的一个必然结果。社会主义国家一度被认为是短缺经济就是这一表现。再次，高度集中的城乡计划经济排斥自由市场和集市贸易，使得有限的与人民生活相关的国内商业也无法

---

① 《当前的经济形势和今后经济建设的方针——一九八一年十一月三十日和十二月一日在第五届全国人民代表大会第四次会议上的政府工作报告》，《人民日报》1981 年 12 月 14 日 01 版。

② 李先念：《关于 1957 年国家预算执行情况和 1958 年国家预算草案的报告——1958 年 2 月 1 日在第一届全国人民代表大会第五次会议上》，《人民日报》1958 年 2 月 12 日 03 版。

③ 参见张美玲《财政支出结构的国际比较对我国的启示》，《北京工商大学学报（社会科学版）》2005 年第 5 期。

充分发展起来，尤其是到了20世纪60年代中期以后，由于“左”的意识形态的影响，卖个鸡蛋、买个鸡蛋都被看作是走资本主义道路，在这种情况下，关涉人民群众实际生活的供给方与需求方的动机和需求都被政治意识形态高压了。当然，在当时的国情下，这也是一种没有办法的选择。“这是因为只有依靠重工业，才能保证整个工业的发展，才能保证现代化农业和现代化交通运输业的发展，才能保证现代化国防力量的发展，并且归根结底，也只有依靠重工业，才能保证人民的物质生活和文化生活的不断提高。”① 虽然毛泽东曾经在1953年指出，必须兼顾发展生产和改善人民生活，但一个显著的事实是，为了发展重工业，整个社会所做出的牺牲也比较大。因为“重工业需要的资金比较多，建设周期比较长，赢利比较慢，产品大部分不能直接供给人民的消费，因此在国家集中力量发展重工业的期间，虽然轻工业和农业也有相应的发展，人民还是不得不暂时忍受生活上的某些困难和不便”。② 正因如此，在20世纪50年代，国家号召“全国人民都必须把注意的重点放在长远利益上，不能够只看到眼前的利益而忽视长远的利益”，要为子孙的幸福暂时把许多困难担当起来。这种牺牲的结果是，从新中国成立直到改革开放之初，城乡人民群众的生活水平一直没有多少提高。资料显示，“1978年，全国8亿农民每人年平均收入仅有76元，其中2亿农民的年平均收入低于50元。……全中国有1/3的地区生活水平不如50年代，有1/3地区的生活水平不如30年代”。③ 这种状况也与国家对群众生活的投入偏少有关。在1980年之前，与人民群众生活水平相关的三项支出在期间财政总支出的平均比例只有14.9%。这期间城乡居民人均纯收入除了“一五”期间较高外，在1958年后的二十年中，几乎陷入停滞。通过以下关于城乡居民人均纯收入的图表可以更直观地了解这一增长趋势（见表2、图1）。并且，群众的生活质量也不高，只能处于温饱状态。改革开放前，城镇居民家庭恩格尔系数达57%以上，其70%以上的消费都用来解决衣食温饱所需，徘徊在温饱最低线上；农村居民家庭恩尔系数达67%以上，整体还未进入温饱阶段。直到1991年，城镇居民家庭恩格尔系数才下降到53.8%，农村居民家庭

① 周恩来：《政府工作报告（一九五四年五月二十三日在中华人民共和国第一届全国人民代表大会第一次会议上的报告）》，《人民日报》1954年9月24日01版。

② 同上。

③ 杨继绳：《邓小平时代：中国改革开放二十年纪实（上卷）》，中央编译出版社1998年版，第18页。

恩格尔系数下降到57.6%。①

表1　1980年前民生相关项目支出占财政总支出比例表②

（单位：亿元、%）

期间＼项目	支农	科教文卫	抚恤与社会福利、救济等	三项合计	期间财政总支出	比例
一五（1953—1957）	28.48	110.21	25.56	164.25	1320.52	12.44%
二五（1958—1962）	115.42	193.54	33.80	342.76	2238.18	15.31%
三五（1966—1970）	78.90	225.82	36.18	340.90	2510.60	13.58%
四五（1971—1975）	161.00	341.98	46.99	549.97	3917.94	14.04%
五五（1976—1980）	345.73	576.68	104.16	1026.57	5282.44	19.43%

注：比例为三项合计支出占期间财政总支出的比例

表2　新中国成立后城乡居民人均收入增速表③　（单位：%）

年份	1953—1957	1958—1978	1979—1991	1992—2000	2001—2008	2009—2013
城镇居民人均可支配收入	8.20	0.80	6.00	6.80	9.90	8.52
农村居民人均纯收入	10.00	2.40	9.30	4.80	6.40	10.16

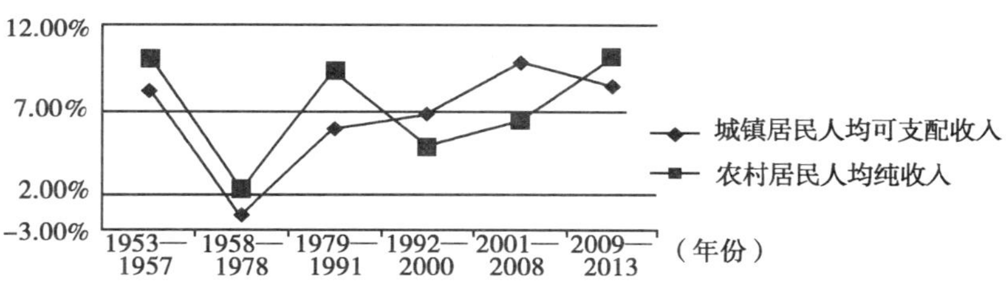

图1　新中国成立后城乡居民人均收入增速趋势图

---

① 国家统计局：庆祝新中国成立60周年《系列报告之四：城乡居民生活从贫困向全面小康迈进》，国家统计局网站：http：//www.stats.gov.cn/ztjc/ztfx/qzxzgcl60zn/200909/t20090910_68636.html。

② 根据国家财政部《国家财政主要支出项目》和《国家财政按功能性质分类的支出》中的数据绘制而成。国家财政部网站：http：//www.mof.gov.cn/zhuantihuigu/2006ysbgjd/tjsj/200805/t20080519_23379.html和23378.html。

③ 根据国家统计局庆祝新中国成立60周年《系列报告之四：城乡居民生活从贫困向全面小康迈进》以及2009—2013年《国民经济和社会发展统计公报》中的数据绘制而成。国家统计局网站：http：//www.stats.gov.cn。

以十一届三中全会为开端，党和政府在总结过去经验和教训的基础上，坚决纠正重发展、轻民生的偏向，尽力提高人民生活水平，改善人民生活质量，成效显著。1981 年的政府工作报告提出，今后要协调好国家、集体、个人三者之间的经济利益关系，把人民利益放在第一位，扩大公共服务，优先保证人民生活的基本需要。[①] 之后，尽管城乡居民生活水平有很大提高，增长速度也较快，但是仍然存在三个不足。一是农民收入在进入 20 世纪 90 年代后开始陷入增速倒退的局面。农业税、农业税附加以及三提五统等各种税费使农民的负担越来越重，而农民的收入状况却没有多少改善，税费增幅远远超过收入的增幅。二是计划经济时代建立的社会保障体系瓦解，使城乡居民尤其是弱势群体的社会保障逐渐变得近乎无。对于农民来说，人民公社体制的瓦解意味着当初由社队集体负责统筹的低水平的社会保障开始完全由农民家庭和个人承担，其他民生问题也失去了组织——社队制的支撑。这就导致在广大农村地区，针对农民的民生问题没有得到应有重视，社队制解体后，8 亿农民实际上处于没有任何保障阶段，靠天吃饭，靠己保命。20 世纪 90 年代中后期以后，随着国有企业破产、倒闭或改制等进程的加快，城市下岗职工增多，他们中的绝大部分无法实现再就业，陷入事实上的失业状态。虽然国家要求并建立了国有企业下岗职工基本生活保障、失业保险和最低生活保障三条保障线，但城镇居民的民生水平增幅还是比较有限。三是相对剥夺感加强。对于城乡普通劳动者来说，生活水平绝对值的进步缓慢只是问题的一方面，更严重的是，由于一部分人已经先富起来，贫富差距在加大，两极分化在增长，这使得普通百姓与精英阶层、高低收入的差距越来越大。心理上的相对剥夺感、不公平感也给他们造成很大压力。可以说，到了 20 世纪 90 年代末期，普通百姓的民生遇到了很大挑战。而对于国家来说，改革开放后的民生问题与以前相比，其内涵也发生了深刻变化。过去的民生问题是如何解决温饱问题，如何解决短缺经济和卖方市场所带来的困扰。过去的民生问题可能重点在于绝对贫困，大家生活水平都低，社会不公现象还不突出。而 20 世纪 90 年代以后，社会商品已经极大丰富，普通劳动者已经告别温饱，走向小康，因此，他们现在短缺的实际并不是日常生活用品，而是社会公共产品和公共服务，如各层次的教育、基本医疗、社会保障、住房、公共

---

① 《当前的经济形势和今后经济建设的方针——一九八一年十一月三十日和十二月一日在第五届全国人民代表大会第四次会议上的政府工作报告》，《人民日报》1981 年 12 月 14 日 01 版。

交通等。更重要的是，这些领域的短缺往往是以相对贫困的形式体现的，即普通劳动者并非完全没有享受到这些服务，而是这些服务难以达到社会发展应该进步的速度，难以达到人民群众自身的预期，更难以和精英阶层和高收入阶层相提并论。换言之，人们认为在公共产品和社会保障等领域存在社会不公现象。公务员、事业单位职工等精英阶层可以通过国家获得稳定的、完整的社会保障和福利，高收入阶层可以通过市场、商业手段获取优质的保障与保险，而普通劳动者则只有主要通过自己和家庭成员协助来实现低水平的保障。

二　实践中的民生政治

以胡锦涛为核心的中央领导集体执政以后，坚持推进科学发展观，贯彻以人为本原则，推进社会主义和谐社会建设，大力开展社会建设，从中央到地方，从政府到社会，民生问题得到社会广泛关注，民生政治逐渐在实践生活中广泛推开。[①] 这主要体现在进一步重视并加快解决“三农”问题和快速推进城乡居民社会保障体系建设这两个主要方面。

1. 重视并加快推进解决“三农”问题。农民是农业从业者，作为小生产者，农民与国家之间是一种经济契约关系，总是受到国家经济政策的影响。农民又是社会主义国家的公民，与国家之间是政治契约关系。农民的这种双重身份决定了与城市居民不同的是，国家的产业政策、经济活动会直接对农民的民生产生影响，因为农业收入是农民生活的主要来源。因此，国家对“三农”问题的重视就是民生政治的重要体现，它关系到占全国人口60%多的农民的生存、生活、发展等生计问题。另一方面，农业和农村的发展也直接关系到其他社会阶层的生活质量。因此，在当前阶段，重视“三农”、关爱“三农”就是重视民生，关爱民生的直接体现之一。

农业、农村和农民问题关系我国改革开放和现代化建设全局。在计划经济时代，农业、农民和农村为促进社会主义工业化，服务国家总体建设发展大局做出了重大牺牲。解决好“三农”问题是工业化、城镇化进程

---

① 举一小例可予证明。2006年以后，出现了各种各样的涉及民生话题的网页或网站。中华民生网、长春民生网、焦作市城乡建设民生政务网、齐鲁网民生频道、中国徐州民生网、洛阳民生网、中华民生公益网、西部网民生热线、金华民生网、泸州民生网等。

中重大而艰巨的历史任务，多年来也一直是党和政府需要着力解决的重大问题。客观地说，历届中央政府对农业一直是比较重视的，一直强调农业在国民经济中的基础地位，对农业的投资也不少。例如，1979 年政府对农业的投资比重由上一年的 10.7% 提高到 14%，加上用于农业的其他各项资金，总额达到 174 亿元，此后两年又有所增加。① 而且当时就已经提出要增加农民收入，减免农业税收。改革开放以后，通过家庭联产承包责任制迅速解放了农村生产力，也使农民群众首先享受到了改革的初步成果。然而，20 世纪 90 年代以后，由于一系列复杂原因，出现了农产品供过于求、价格下跌、农民收入增长缓慢等问题。这些问题在一定程度上挫伤了农民的积极性，动摇了农业的基础地位，必须迅速加以扭转，否则将会危及国民经济全局。为加快推进"三农"发展，20 世纪 90 年代末期以来，党和政府采取了一系列重要政策，重点抓加强农业，发展农村经济，增加农民收入。其主要措施是：（1）稳定以家庭联产承包为主的责任制，落实土地承包期再延长 30 年的政策；（2）调整优化农业结构，大力发展农业产业化经营，积极推动传统农业向现代农业转变，加强农村基础设施建设，搞活农产品流通；（3）切实减轻农民负担，狠刹乱收费等不正之风，坚决取消国家明令禁止的各种收费项目，实行农民合理负担定项限额，逐步实施农村"费改税"方案，降低农业税费；（4）加大对"三农"的投入。1998—2002 年期间，国家财政用于支农的资金达 4077 亿元，与前五年相比累计增加 1852 亿元。从 2000 年起开始试点至 2002 年逐步扩大到 20 个省、自治区、直辖市的农村税费改革，使得试点地区农民平均减负达 30%。② 在 2006 年以前，"三农"问题中的一个突出矛盾是农民负担过重，因此有相当长一段时间，中央政府都突出地加强农业和农村工作，千方百计减轻农民负担，提高农民收入。

以胡锦涛为核心的中央领导集体继承了上届党和政府重视农业的传统，并以国家日益发展的综合实力和日趋强大的财政能力为后盾，在"多予、少取、放活"原则的指引下，采取了三大战略措施全方位地推进"三农"问题的解决。

（1）实施税费改革，逐步减少农业税，减轻农民负担，直至彻底

---

① 华国锋：《政府工作报告——一九七九年六月十八日在第五届全国人民代表大会第二次会议上》，《人民日报》1979 年 6 月 26 日 01 版。

② 朱镕基：《2003 年政府工作报告——2003 年 3 月 5 日在第十届全国人民代表大会第一次会议上》，《人民日报》2003 年 3 月 20 日 01 版。

废除农业税，实现由“少取”到“不取”。2003 年后，国家农村税费改革继续推进。2004 年除烟叶外，国家取消了农业特产税，每年农民整体减负 48 亿元，农业税税率也逐步降低。2005 年，“28 个省（区、市）全部免征了农业税，全国取消了牧业税”。[①] 2006 年，中央政府“在全国范围内取消了农业税和农业特产税，终结了延续两千六百多年农民种田交税的历史”。[②]“这是具有划时代意义的重大变革。农村税费改革不仅取消了原先336 亿元的农业税赋，而且取消了700 多亿元的‘三提五统’和农村教育集资等，还取消了各种不合理收费，农民得到了很大的实惠。”[③]

（2）加强对“三农”的支持，出台一系列支农惠农政策。“少取”、“不取”的同时，国家继续大幅加强对“三农”的支持。其中直接针对农民个人的举措就有增加“种粮直接补贴、良种补贴、农机具补贴”，对农业地区的则有“增加对产粮大县和财政困难县的转移支付”[④]，对产粮大县和财政困难县乡实行奖励补助。2000—2007 年，“中央财政累计安排农村税费改革和农村综合改革转移支付资金 3380 亿元。其中，从 2007 年起，中央财政每年安排农村税费改革和农村综合改革转移支付资金 782 亿元”。[⑤] 另外，国家还出台政策，抑制农业生产资料价格上涨，并在 2008 年以超过 20% 的幅度大幅提高粮食最低收购价。[⑥] 据统计，2008—2012 年，中央财政累计用于支持“三农”的费用 4.47 万亿元。仅在 2009—2012 年，中央财政用于农村基础设施建设 5574 亿元，地方也较多增加了投入。

---

① 温家宝：《政府工作报告——2006 年 3 月 5 日在第十届全国人民代表大会第四次会议上》，《人民日报》2006 年 3 月 16 日 01 版。

② 温家宝：《政府工作报告——2007 年 3 月 5 日在第十届全国人民代表大会第五次会议上》，《人民日报》2007 年 3 月 18 日 01 版。

③ 温家宝：《政府工作报告——2006 年 3 月 5 日在第十届全国人民代表大会第四次会议上》，《人民日报》2006 年 3 月 16 日 01 版。

④ 同上。

⑤ 国家财政部：《2000—2007 年农村税费改革和农村综合改革投入情况》，国家财政部网站：http：//www. mof. gov. cn/pub/nczhggbgs/zhengwuxinxi/tourudongtai/200806/t20080616_ 45475. html。

⑥ 国家财政部：《关于 2008 年中央和地方预算执行情况与 2009 年中央和地方预算草案的报告——2009 年 3 月 5 日在第十一届全国人民代表大会第二次会议上》，国家财政部网站：http：//www. mof. gov. cn/zhengwuxinxi/caizhengxinwen/200903/t20090316_ 122544. html。

表3　2008—2012年财政支农状况①　（单位：亿元人民币）

年份	2008	2009	2010	2011	2012
年度全国财政收入	61316.90	68476.88	83080.32	103740.01	117209.75
年度财政支农总额	5955.50	7253.10	8579.70	10408.60	12387.64

（3）以社会主义新农村建设为引导，着力加强现代农业建设，加快农村社区建设和城镇化建设，加快农村社会保障体系建设几大工程。其中现代农业建设包括农业基础设施建设的加强、农村经济结构的调整、农村富余劳动力的转移和吸纳、农业农村投入的增加、农村科技创新和技术推广的加快等主要内容。为加强社会主义新农村建设，各级政府都设立了各种形式的新农村建设办公室，整合财政、农业、建设规划、民政、交通等各涉农部门，并制定了各类规划统一推进，应该说取得了很大的进步。此外，民政部门进行农村社区建设，目前已经在全国设立了300多个农村社区建设实验县（市、区），这些实验县与当地的新农村建设合并进行，通过科学划定社区范围，统筹规划农村社区格局，加强农村社区基础设施建设，整治美化农村社区环境，并重点推进农村社区公共服务体系和社区便民互助服务，同时有效承接农村社会保障体系的管理与服务工作，使农村社区建设成为新农村建设的一大亮点。2010年，中央一号文件提出要加快改善农村民生，鼓励促进符合条件的农业转移人口落户城镇，并享有与当地城镇居民同等的权益；努力改善农民工居住条件，采取措施将农民工有条件地逐步纳入城镇住房保障体系以及解决相关问题，吸纳农村人口加快向小城镇集中。2012年中央一号文件提出要加强农村民生工作，进一步加大强农惠农富农政策力度，合力促进农民较快增收。2013年中央一号文件要求按照“保供增收惠民生、改革创新添活力”的工作目标，稳定发展农业生产，加大农业补贴力度，加强农村基础设施建设，有序推进农业转移人口市民化。以上都是惠农利农，改善提高农村居民民生的利好之举。

同时，我们也应清醒地看到，虽然“三农”问题已经获得巨大的进步，但要想消除几千年以来形成的中国的二元政治即城乡不均衡发展的传统格局并不是一蹴而就的。虽然历年来国家财政一直将涉农作为一个支持重点，但问题在于，在工业优先发展和城市优先发展的战略进程中，城乡

① 数据来源于国家财政部2008—2013年在全国人大会议上所作的预算报告及全国人大常委会议上所作的决算报告，见国家财政部网站http：//www. mof. gov. cn。

二元性的形成几乎是必然的。实际上，最近几年的中央一号文件中，虽然在农业问题上继续加强扶持力度，但在农村规划和农民规划上已经透露出明显的城镇化和城市化导向。中国的“三农”究竟迈向何处？是通过城市化、城镇化来吸纳大部分农村人口？还是通过发展现代农业，建设社会主义新农村将他们留在农村？目前并无一条成熟的道路或有效的经验，哪怕是局部的。事实上，尽管中央出台了如此之多的惠农政策，支农力度如此之大，但是也不可能使中国重新回到农业国的状态，农村居民最终向城市和城镇聚集是不可阻挡的历史趋势。因此我们认为，解决“三农”问题的首要是要将农业、农村和农民这三个“农”分开，使土地和农民脱离关系，使那些已经事实上脱离土地的农民离开农村，离开农业，逐步地向城镇和城市进军，这是符合目前的自然趋势的，也是人力无可阻挡的。而要做到这一步，首先需要的就是赋予这些离开土地的农民以国民待遇，也就是使他们享有城市居民同等的公民权利，其中最基本的就是享有同等的民生发展权利，尤其包括基本社会保障权益。长期以来，由于农民的二重身份，我们总是将支农的那些利好消息放在农民身上，放在农民民生改善上，但真正分到农民作为公民权利的民生建设上的福利其实是非常之少的。在计划经济时代，并非没有涉农民生关怀。但这种关怀是与促进农业生产联系的。农民的身份和地位与城市市民不同，在我国很长一段时间，农民在严格意义上缺乏公民的权利和义务，因为农民的职业身份和政治身份即公民身份长期是重合的。补贴农业就意味着补贴农民，因为农民是小生产者，诸多矛盾实际上体现为农民作为小生产者或个体生产者与国家间的矛盾。但在城市不是这样的，减税、出口退税、降低贷款利率等刺激经济的措施不会被认为是补贴工人、干部、城市居民等城市区域的公民。这实际上是一个认识的误区。不可否认，取消农业税、惠农、强农等政策有利于改善农村地区民生。但真正的进步是使对农业的支持与对农民作为个体公民生存、发展需求的支持分离出来，不可将“三农”混在一起。表面上看，国家每年用于“三农”有几千亿，但好事要办好，必须建立科学体系，科学测算这么大一笔的投入究竟有多少能够真正落实到普通农民群众手中，也就是说，民生、惠农的政策和财政投入一定要建立科学的绩效评估体系，这样才能真正推动实现普惠制，推进城乡差距的缩小。现在也有很多城市居民不服气，觉得对农村的投入太大了，每年投入几千个亿。其实这些资金中真正用于农民民生的并不多。例如，在国家财政支出项目中的“农林水事务支出”都涉及农业问题，2008 年、2009 年中央财政支出中的农林水事务中具体项目为农业、林业、水利、扶贫、农业综合开发、南水北调、其他农林水事务共七个大项，农资综合直补放在农林水事务中。对农民个人和农村建设没有专门列支项目，每年看起来惠农措施较多，利好消息一大堆，但仔细分析，这些利好无法直接普惠到农民个人，我们也无法统计每年直接用于改善农民民生的财政资金究竟有多少，平摊到每个农民身上的又有多少。例如，“2006 年中央财政对中西部地区参加新型农村合作医疗农民的补助资金达到 47.3 亿元，但是，全国农民人均来算不足 5 元钱”。[①] 再仔细分析 2008—2009 年财政年度国家关于社会保障和就业的开支，这一开支绝对数较大，达到 3296.66 亿元，增长幅度也大，达到 20.2%。但如仔细分析一下具体开支不难发现，这主要用于中央财政对社会保障和就业支出的补助，其中一部分对社会保险基金的补助达到 1326.29 亿元。[②] 另一部分增长较大的是就业补助、抚恤和城市居民最低生活保障，没有直接涉及农民福利。

就目前来说，农民所享受的福利在全国范围来看还是基于产业相关性，而不是与公民相关性。因而应该建立独立的、城乡一体的、普惠的、没有差别的民生建设体系。这一体系是基于政治身份、国民身份而不是职业身份、地区身份。当前城市居民所享受的四大体系，农村也应享受，应该建立、完善针对农村居民的农村养老保险、农村最低生活保障、农村医疗、农村失业保险。当然，涉及民生的其他方面很多，如教育、就业、出行、生活等，这就要求以公平为首位，不断加大政府公共财政投入，着力推进城乡公共服务均等化。

2. 加快推进城乡居民社会保障体系建设。社会保障体系是国家依法建立的、保障国民基本生活需要以及维护社会稳定的各项社会保障措施的总称。“社会保障，是国家对公民在年老、疾病、伤残、失业、生育、死亡、遭遇灾害、面临生活困难时，由政府和社会依法给予物质帮助，以保障公民的基本生活需要的制度。社会保障制度是国家的基本制度之一。”[③]《中国的社会保障状况和政策》白皮书中指出：“建立健全与经济发展水平相适应的社会保障体系，是经济社会协调发展的必然要求，是社会稳定

---

① 项继权：《基本公共服务均等化：政策目标与制度保障》，《华中师范大学学报（人文社会科学版）》2008 年第 1 期。

② 国家财政部：《关于 2009 年中央和地方预算执行情况与 2010 年中央和地方预算草案的报告——2010 年 3 月 5 日在第十一届全国人民代表大会第三次会议上》，国家财政部网站：http：//www.mof.gov.cn/zhengwuxinxi/caizhengxinwen/201003/t20100316_276816.html。

③ 本报评论员：《健全保障制度　促进稳定发展》，《人民日报》1998 年 12 月 15 日 01 版。

和国家长治久安的重要保证。”[①] 传统上，一个国家的社会保障制度或体系由社会保险、社会福利、社会救助、社会优抚等主要部分构成。后三者是对弱势群体或动态的弱势群体的。我国还增加了住房保障。改革开放前，我国的社会保障政策是与计划经济体制相一致的，不遗余力地向人民提供住房、医疗等种种社会保障。这一保障是以企业职工和机关事业单位职工为主体的。新中国成立初期至“文化大革命”期间，国家先后颁布《救济失业工人暂行办法》、《中华人民共和国劳动保险条例》、《中华人民共和国女工保护条例（草案）》、《职业病范围和职业病患者处理办法的规定》等法令以及其他各项社会保障方面的政策、法律文件，初步建立起企业职工和机关事业单位社会保障的框架，形成全国统一的社会保险基金征集、管理、调整、使用的制度。“十年动乱”使中国社会保障制度遭受严重破坏。改革开放以后，特别是20世纪90年代以来，随着国有企业改制速度的加快，企业职工的生活不稳定性增强，迫切需要建立完善、稳定的社会保障体系，承接、化解深化改革所带来的各种负面影响。1993年，《中共中央关于建立社会主义市场经济体制若干问题的决定》提出要建立多层次的“社会保障体系包括社会保险、社会救济、社会福利、优抚安置和社会互助、个人储蓄积累保障”[②]，政策要统一，管理要规范化、法制化，社会保障水平要与国力相适应。

此后，随着社会主义市场经济体制的建立和完善，我国社会保障制度的改革进一步深化，与社会主义市场经济体制相适应的社会保障体系框架得以建立，并逐步完善。其中国家通过财政注入的社会保障基金成为这一社会保障体系中的重要基础构成。同时，国家还根据社会经济发展形势，逐步扩大社会保障体系的受众面，提高每月保障金的领取标准，越来越多的人民群众享受到社保体系所带来的利益。

进入21世纪，我国社会保障体系建设快速发展。社会保险覆盖面迅速扩大，企业退休人员养老金大幅增加，失业保险金和工伤保险待遇标准也在提高。2008年，农村新型合作医疗（简称“新农合”）保险制度在全国基本建成，虽然农民享受的标准仍很低，但至少已经迈出了第一步；农村最低生活保障制度在全国31个省区市都已建立。

---

① 中华人民共和国国务院新闻办公室：《中国的社会保障状况和政策》白皮书（2004年9月），《人民日报》2004年9月8日06版。

② 《中共中央关于建立社会主义市场经济体制若干问题的决定（中国共产党第十四届中央委员会第三次全体会议1993年11月14日通过）》，《人民日报》1993年11月17日01版。

近几年，我国覆盖城乡、惠及全民的社会保障体系建设进一步加快。2012 年，实现城镇居民社会养老保险制度和新型农村社会养老保险（简称“新农保”）制度全覆盖。同年年底，总体实现城乡最低生活保障应保尽保。

目前我国全体人民所享受的社会保障与社会福利可分为四个层次。第一个层次是公务员和机关事业单位职工所享有的单位式社保与福利。这一层次的国民所享受的基本是全包式社保，与计划经济时代相差不大。这些单位仍然没有实行养老与医疗社会保险，但执行内部职工退休金制度和医疗服务制度，部分机关事业单位住房也没有实行货币化与社会化，仍可以以各种或明或暗的形式享受福利住房或低成本住房。第二个层次是各类企业职工。第三个层次是城市居民。第四个层次是农民。后三个层次所享受的社会保障如表 4 所示。从表中不难看出，由于长期以来的城乡二元结构，部分社会保障还没有实现城乡统筹或完全覆盖到农村地区、农业人口。

表 4　　当前我国社会保障体系简表

<table>
<tr><td rowspan="8">社会</td><td rowspan="2">社会保险</td><td>城镇</td><td>企业职工基本养老保险→城镇从业人员基本养老保险（2002）；城镇居民社会养老保险（2012 年实现全覆盖）</td><td>城镇职工基本医疗保险→城镇居民基本医疗保险（部分农民工）</td><td>城镇职工失业保险</td><td>城镇女职工生育保险</td><td rowspan="2">工伤保险</td></tr>
<tr><td>农村</td><td>新型农村社会养老保险（新农保）：2009 年试点，2012 年实现全覆盖。基础养老金 70 元（2014 年 7 月起）；农民工养老保险（部分）</td><td>新型农村合作医疗（新农合）</td><td>农民合同制工人可享受</td><td></td></tr>
<tr><td rowspan="2">社会救助</td><td>城镇</td><td>城市居民最低生活保障</td><td>计划生育奖励扶助</td><td rowspan="2">灾害救助</td><td rowspan="2">流浪乞讨人员救助</td><td rowspan="2">社会互助</td></tr>
<tr><td>农村</td><td>农村居民最低生活保障</td><td>五保户供养、特困户生活救助、医疗救助、计生奖励扶助、扶贫等</td></tr>
<tr><td>社会福利</td><td></td><td>老年人、孤儿、弃婴、残疾人</td><td></td><td></td><td></td><td></td></tr>
<tr><td>优抚安置</td><td></td><td>军人、军属、烈属优抚</td><td></td><td></td><td></td><td></td></tr>
<tr><td rowspan="2">住房保障</td><td>城镇</td><td>城镇职工住房公积金制度</td><td>城镇经济适用房制度</td><td>廉租住房制度</td><td></td><td></td></tr>
<tr><td>农村</td><td></td><td></td><td></td><td></td><td></td></tr>
<tr><td>慈善</td><td></td><td></td><td></td><td></td><td></td><td></td><td></td></tr>
<tr><td>商业</td><td></td><td></td><td></td><td></td><td></td><td></td><td></td></tr>
</table>

从上表不难看出，现有社会保障体系存在巨大的城乡二元差别，它最初的设计来源于单位制，以城镇职工为主，后来随着国有企业破产改制后下岗失业职工增多，开始逐渐向城市居民倾斜。近年来，随着新农合、新农保以及农村最低生活保障制度的实施，开始向农民和农民工倾斜。整个计划经济时期，城镇居民的福利待遇一直在增加，从困难补助、休假疗养，到交通、探亲、粮油、取暖等各类补贴，再到单位建的托儿所、食堂、医务室、浴室、图书室、运动场所等一应俱全，还享受福利分房、免费的小学至高中教育；等等。在计划经济时代的50年里，我国社会福利以城镇职工为主体，关怀职工生活各个方面，费用几乎皆由国家财政负担①，充分体现了社会主义制度的优越性。与此相对应的是，社会主义改造完成以后，中国虽然“开始建立劳动保险、困难补助、生活补贴、社会救助残废军人福利和农村五保户供养制度。但国家对农村社会保障并不十分重视，基本采取放任自流的做法。”② 从生存、生活和发展三大环节来看，农村地区的民生供给一直处于较低水平，更谈不上系统的民生建设。虽然新中国成立后中央也曾多次号召要进行社会主义新农村建设，但都是主要从发展农业、增强国民经济的基础角度出发，并没有从改善农村地区民生的角度出发考虑问题。在计划经济体制下，农民生活所需大都能自给自足，因而对社会保障的要求并不十分迫切。农民的生存体系基本由农民个人、家庭和集体解决，在社队制体系下，农民的住房自供，粮食与副食自给，衣物也较简单，一部分自供，另一部分到乡镇供销合作社购买原料，再找乡村裁缝缝制。农村的社会保障体系也非常简单，其主体是社队的集体保障，而补充以国家救济和家庭保障。在生活体系方面，农村处于自给自足状态和低水平交换状态，也不需要多少公共交通事业和公用设施。至于教育、文娱等的发展需求更是难以涉及。实行联产承包责任制后，原来的集体保障随着社队制的解体自然消失，农民的社会保障责任完全由家庭承担。家庭承担社会保障显然具有重大缺陷：一是农民家庭经济基础薄弱，单个家庭能力有限，不足以承担如此巨大的风险。特别是重大疾病与意外伤害常常导致整个家庭破产。无力承担导致要么家庭负债累累，要么等伤等死；二是家庭保障容易强化“养儿防老”、“多子多福”、重男轻女等传统观念，不利于农村计划生育政策的有效实施，也不利于克服男女比例性别失衡。尽管在农村，家庭和土地仍然具有保障功能，但政

---

① 薛兴利主编：《社会保障概论》，中国农业出版社2007年版，第236页。

② 周好娟、牟守国：《浅议我国农村社会保障制度改革》，《职业圈》2007年第22期。

府应该根据国家经济发展水平的进步，尽快落实普惠制、均等化的原则，使农村居民与城镇居民享受同等的社会保障。因为随着城镇化进程，家庭和土地的保障功能会逐渐丧失或者瘫痪。

社保是民生之依，国民社会保障体系是社会建设和民生问题的最重要的内容，也是民生政治所需要着力关注、解决的核心议题。近几年来，党和政府着力将推动全民社会保障体系的完善作为改善民生的重要工程。中共十七大报告指出要加快推进完善社会保障体系。十八大报告要求全面建成覆盖城乡居民的社会保障体系。同时，值得注意的是，由于我国还是一个发展中国家，经济基础薄弱，人口众多，财力有限，需要花钱的地方仍然很多，因此，我国的社会保障制度要从实际出发，起步只能是低水平的，先保民众基本所需，经济发展了再随之提高，就当前来说，“要把弥补制度缺失作为优先目标，先解决‘从无到有’的问题，再循序解决‘由低到高’的问题”。①

我们认为，从推进社会建设，加快民生政治发展的视角来看，我国下一阶段应着力“全面建成覆盖城乡居民的社会保障体系”。② 这一体系应该包括三大保险和两类保障。三大保险是：国民医疗健康保险（所有年龄段）、国民基本养老保险（60 岁后）、国民失业保险（18—60 岁）；两类保障是：国民最低生活保障（现阶段，针对无业居民、低收入群体等弱势群体。随着全体适龄国民被纳入失业保险体系中，这一保障体系自然消失）、国民社会福利保障（临时救助、优抚、抚恤、救济等民政优抚对象）。要建成这样的全民保障体系，国家要在其中发挥主导作用。国家的主导体现在，一是主导推进全民社会保障体系的建设。政府在社会保障体系的公共政策、制度供给、推动立法以及组织、规划、兴办具体的社会保障项目包括各类福利机构中要发挥主导作用，以推动社会保障事业发展。为尽快改善民生，国家当前要加大力度加快推进建立完善全民社会保障体系，当前尤其注重要向农村地区和弱势群体倾斜，同时适当提高标准和水平。建立惠及全民的社会保障体系是否可行呢？我国的财力能否支撑呢？据中山大学申曙光教授测算，目前我国如要实施全民低保，只需要为部分还没有建立这一制度的农村地区及城市中部分被漏掉的居民提供低保，这

---

① 胡晓义：《关于社会保障的战略思考》，《中国劳动保障报》2008 年 8 月 29 日。参见古钺《完善社会保障体系要突出中国特色》，《中国社会保障》2008 年第 9 期。

② 胡锦涛：《坚定不移沿着中国特色社会主义道路前进　为全面建成小康社会而奋斗——在中国共产党第十八次全国代表大会上的报告》，《人民日报》2012 年 11 月 18 日 01 版。

个群体不超过3000万人，按人均每月50元计算，每年不超过180亿元，这一数字不到2005年全国财政收入的0.6%。中国人民大学李迎生教授认为，中国财政已经完全具备搞一个全民社会保障体系的能力。[①]

二是要加大国家财政对社会保险基金中的注资比例，提高保障金标准。当前世界各国的社会保障模式各有不同，主要有国家福利型、自保公助型和强制储蓄型三种。国家福利型社会保障是全民保障，普遍覆盖，保障项目齐全，个人不缴纳或低标准缴纳社会保障费，资金主要来源于一般性税收，基本上由企业和政府负担，社会保障水平高，财政和社会负担重，具有代表性的国家是英国和瑞典。自保公助型社会保障在立法的基础上，强调效率和公平，权利与义务有机结合，资金来源多元化，责任分担，互助共济，主要是自我保障，辅以国家财政适当补偿，由于人口老龄化的加剧和整体社会福利水平的提高，公共财政支出的比重在逐年攀升，具有代表性的国家是美国和德国。强制储蓄型社会保障体现效率和激励原则，国家立法、强制实施，设立个人账户，实行完全积累，资金与资本市场有机结合，国家不补贴但进行监管，由于强调自我负责、自我保障，因而缺乏互济性，不能共担风险，具有代表性的国家是实行公积金制度的新加坡和养老金私营化的智利。[②] 可见，无论哪一种社会保障模式，国家财政都发挥着重要的作用。根据我国的实际国情，我国的社会保障体系显然应该选择缴费型，类似于自保公助型，强调国家、企业和个人三方共同负担。随着国家财政力量的增强，政府对社会保险基金的注资比例可以适当提高。事实上，国家的财政补贴是社会保障基金的重要来源之一。如社会保障制度比较完备的德国，其国家财政投入在社会保障基金中所占比重在1/3左右，而我国2004年、2005年、2006年、2007年、2008年国家财政补贴占全国社会保险基金比例分别为11.31%、10.60%、12.14%、11.29%、11.62%。[③] 由于全国财政收入总额增长较快，因此财政补贴的绝对值也较大，但相对数一直在徘徊。

---

① 解放：《著名经济学家吴敬琏说 在中国建立全民低保制度的条件已经成熟》，《劳动保障世界》2006年第11期。

② 郑功成主编：《社会保障概论》，复旦大学出版社2005年版，第88—99页。

③ 笔者根据2004—2008年全国社会保险基金决算数据计算得出。数据来源：国家财政部网站：http：//sbs.mof.gov.cn/zhengwuxinxi/shujudongtai/。

三　民生政治实践的成就、问题与思考

通过以上国家对“三农”和社会保障体系的财政支出分析可以看出，近些年来，我国的民生政治实践已经取得了很大的成就，但问题仍然很多，民生政治实践任重而道远。就成就而言，“2000—2008 年，我国地区经济发展差距逐渐缩小，地区经济发展差异系数由 2000 年的 68.7% 缩小到 2008 年的 58.6%”。[①] 2012—2013 年由于区域总体发展战略和新规划的实施，我国区域间的发展差距进一步缩小，区域经济发展已进入相对均衡发展的时期。[②] 据统计，2003—2011 年，全国财政用于教育、社会保障、就业、医疗卫生、保障性安居工程、文化方面与人民群众生活直接相关的民生支出快速增长，如 2008 年比 2007 年增长 29.2%，2009 年比 2008 年增长 29.4%[③]。2012 年，民生得到极大改善：国家财政性教育经费支出占 GDP 比例达到 4%；惠及 1.6 亿学生的城乡九年免费义务教育全面实现；就业形势总体稳定；城乡居民基本养老保险实现了制度全覆盖；企业退休人员基本养老金提高到人均每月 1721 元；全民基本医保体系初步形成；等等。[④] 2013 年更进一步，政府始终把改善民生作为工作的出发点和落脚点，兜住民生底线，推动社会事业发展：积极促进就业；城乡低保标准和企业退休人员基本养老金水平有较大提高；加大保障性安居工程建设，解决了上千万住房困难群众的住房问题；农村义务教育薄弱学校得到改造；基本医保总体实现全覆盖；基本药物制度覆盖面继续扩大，大病医疗保险试点在 28 个省份开展；等等。[⑤] 2014 年民生保障网更牢更密，人

---

① 国家统计局：庆祝新中国成立 60 周年《系列报告之四：城乡居民生活从贫困向全面小康迈进》，国家统计局网站：http：//www.stats.gov.cn/ztjc/ztfx/qzxzgcl60zn/200909/t20090910_68636.html。

② 孙久文：《中国区域发展差距有多大?》，《中国经济周刊》2013 年第 3 期。

③ 国家财政部：《关于 2008 年中央和地方预算执行情况与 2009 年中央和地方预算草案的报告——2009 年 3 月 5 日在第十一届全国人民代表大会第二次会议上》，国家财政部网站：http：//www.mof.gov.cn/zhengwuxinxi/caizhengxinwen/200903/t20090316_122544.html。

④ 温家宝：《政府工作报告——2013 年 3 月 5 日在第十二届全国人民代表大会第一次会议上》，《人民日报》2013 年 3 月 19 日 01 版。

⑤ 李克强：《政府工作报告——2014 年 3 月 5 日在第十二届全国人民代表大会第二次会议上》，《人民日报》2014 年 3 月 15 日 01 版。

民福祉增进：财政用于民生的比例达到70%以上；促进就业政策完善；城乡低保标准和企业退休人员基本养老金水平进一步提高；保障性安居工程建设继续加大；全国财政性教育经费支出占GDP比例超过4%；医药卫生改革深化，城乡居民大病医疗保险试点推进至全国，全民医保覆盖面超过95%；等等。[①]

地方政府也不甘落后。如前文提到的，从2007年起，安徽省将实施民生工程作为社会建设的主要抓手，切实加快民生问题的解决。到2009年，全省共投入资金500多亿元改善民生，项目涉及农村低保、义务教育经费、城乡医疗卫生服务、农村公路“村村通”等，惠及5000多万城乡居民。这些民生项目建设既扩大了消费需求，又拉动了投资，促进了经济社会的科学发展。安徽省的民生工程主要有两个特点，一是全部与人民群众的物质性需求和基本文化教育需求挂钩；二是重点向广大农村地区倾斜，这是符合安徽省作为一个农业大省和农业人口占主要成分的中部省份的现实省情的。该省2010年新增的5个民生工程项目，也是为了重点解决老百姓最关心、最现实、最直接的教育、儿童、社会福利等问题，例如新建、改扩建县级社会（儿童）福利中心、开展校舍安全工程建设等等[②]。同样，吉林省长春市也成立了民生工作办公室，并推出了2007年、2008年、2009年三年的民生行动计划。

民生支出已经成为中央政府财政预算决算和作报告时的重要亮点，为了显示对民生问题的重视，财政部在2008—2015年度的全国人大会议上都会列出前一年度改善民生花费。很多地方政府也看到了民生政治的关键就是财政支出结构的问题，有些地方政府自己都在提出要建立民生财政。例如，“2003—2006年，郑州市的财政用于‘三农’、教育、文化、卫生、社会保障等方面的资金累计达298.9亿元，年均增长31.6%，占财政支出的比重由55.78%提高到58.33%”。[③] 为了更直观地了解民生在新中国历史上的发展态势，我们考察了新中国成立以来支农、科教文卫、抚恤与社会保障等相关项目在整个国家支出的比例，并制作了以下图表。

---

① 李克强：《政府工作报告——2015年3月5日在第十二届全国人民代表大会第三次会议上》，《人民日报》2015年3月17日01版。

② 周晓东：《给予群众稳定的“安全预期”——今年我省将实施33项民生工程》，《江淮时报》2010年1月8日03版。

③ 王文超：《改善民生是一项重要的政治任务》，载《求是》2008年第2期。

表 5　新中国成立以来民生相关部分项目支出占国家财政总支出比例表①

（单位：亿元、%）

期间＼项目	支农	科教文卫	抚恤与社会福利、救济等	三项合计	期间财政总支出	比例
一五（1953—1957）	28.48	110.21	25.56	164.25	1320.52	12.44
二五（1958—1962）	115.42	193.54	33.80	342.76	2238.18	15.31
三五（1966—1970）	78.90	225.82	36.18	340.90	2510.60	13.58
四五（1971—1975）	161.00	341.98	46.99	549.97	3917.94	14.04
五五（1976—1980）	345.73	576.68	104.16	1026.57	5282.44	19.43
六五（1981—1985）	437.19	1171.73	123.50	1732.42	7483.18	23.15
七五（1986—1990）	836.08	2439.40	219.39	3494.87	12865.67	27.16
八五（1991—1995）	1665.93	5203.97	419.64	7289.54	24387.46	29.89
九五（1996—2000）	3141.21	10907.16	834.34	14882.71	57043.46	26.09
十五（2001—2005）	6641.71	23093.44	2418.32	32153.47	128022.85	25.12
十一五（2006—2010）	24960.05	74928.54	32019.65	131908.24	318970.83	41.35

注：比例为三项合计支出占期间财政总支出的比例。

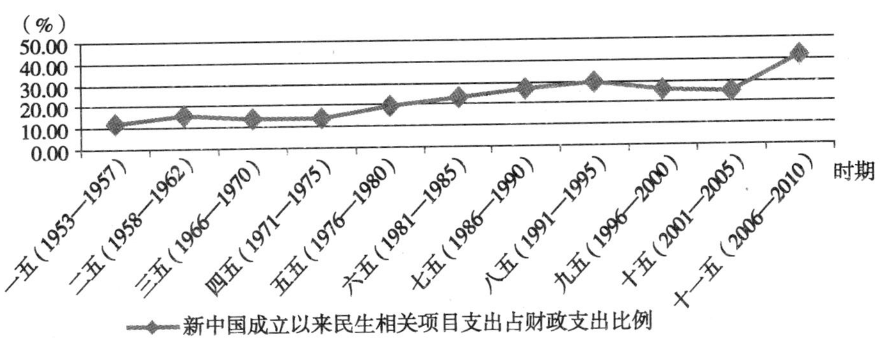

图 2　新中国成立以来民生相关部分项目支出占国家财政总支出比例趋势图

再从与民生相关的社会文教支出来看，在计划经济时代，这方面的支出在三大类支出中比例最低，经济建设支出最高，说明我国的工业和经济建设优先的发展战略，主要靠财政投资而并非消费拉动经济发展的特点。

① 根据国家财政部《国家财政主要支出项目》、《国家财政按功能性质分类的支出》以及2004—2010 年《全国公共财政支出决算表》中的数据绘制而成，国家财政部网站：http：//www.mof.gov.cn。

表 6　　新中国成立以来国家财政三大类项目开支比例表①

（单位：亿元、%）

期间＼支出项目	期间财政总支出	社会文教支出	比例	经济建设支出	比例	国防与行政管理支出	比例
一五（1953—1957）	1320.52	191.32	14.49	670.81	50.80	426.97	32.33
二五（1958—1962）	2238.18	302.07	13.50	1491.55	66.64	406.10	18.14
三五（1966—1970）	2510.60	277.76	11.06	1407.62	56.07	683.83	27.24
四五（1971—1975）	3917.94	426.25	10.88	2261.12	57.71	946.81	24.17
五五（1976—1980）	5282.44	760.64	14.40	3164.28	59.90	1147.87	21.73
六五（1981—1985）	7483.18	1477.44	19.74	4196.61	56.08	1481.15	19.79
七五（1986—1990）	12865.67	2978.15	23.15	6230.03	48.42	2690.81	20.91
八五（1991—1995）	24387.46	6256.29	25.65	10125.54	41.52	5677.30	23.28
九五（1996—2000）	57043.46	15503.97	27.18	21870.44	38.34	13684.49	23.99
十五（2001—2005）	128022.85	34051.05	26.60	37308.52	29.14	34072.05	26.61

注：比例为各项支出占期间财政总支出的比例。

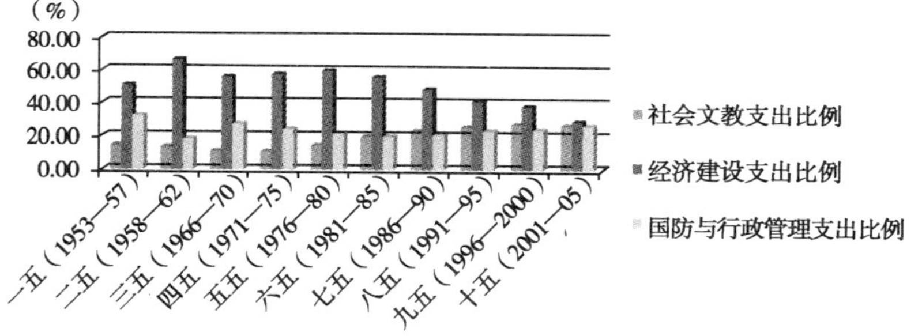

图 3　新中国成立以来国家财政三大类项目开支比例增减趋势图

通过以上图表可以发现，从纵向来看，新中国的民生建设与历史上相比，确实取得了快速的进步，不过，与人民群众的期望还有距离；从横向来看，不仅与发达国家有很大差距，就是与一些发展中国家相比，我们也存在不足。根据联合国的相关数据计算的卫生、教育两项公共支出占GDP的比例，瑞典、法国、古巴等国达到了13%—15%，美国、澳大利亚、日本等国达到了10%—12%，俄罗斯、泰国等国为6%—7%，印度占5%。我们国家的比例比印度还低，只占4.5%。② 根据《中国统计年鉴—2009》的数据，2008年，我国包括中央财政和地方财政在内的全国财政对医疗卫生和教育的公共支出为11767.25亿元，为该年度GDP的

① 根据国家财政部《国家财政按功能性质分类的支出》以及2004—2005年《全国公共财政支出决算表》中的数据绘制而成。国家财政部网站：http：//www.mof.gov.cn。

② 景天魁：《社会建设的科学构思和周密布局》，《江苏社会科学》2008年第1期。

3.91%。国家财政支出结构很不合理，过去重点放在经济建设支出上，对社会事业投入所占比重偏低。所谓社会支出是指用于民生改善的支出，包括科、教、文、卫等，在我国，由于农业的特殊性，支农也有很大一部分可以看作是社会支出。此外，德国的案例也可作为参考。作为世界上最早建立社会保障的国家，德国的“社会福利开支已占 GDP 的 32.6%（2003 年），人均福利开支达 8416 欧元，覆盖了 90% 的居民”。①

表 7 所列出的是 2006—2008 年度教育、社保等六项支出在财政支出中所占比例。从表中和图中可以看出，这三年中，六项支出占财政的绝对数在不断增加，所占比例增长速度也很快。但是，这样的绩效不仅不能和欧美发达资本主义国家相比，就是与一些发展水平与我们相近的发展国家比，我们的比例也偏低。例如，阿根廷的相关比例是 65.1%，巴西是 54.2%，智利是 65.9%，墨西哥是 52.9%，事实上，相当多的发展中国家社会支出占公共支出的比重都在 50% 左右或超过这一标准。而在非常强调民生和社会建设的 2006 年我国刚刚达到 21%，往年这个比例大概低于 20%。② 实际上，在上述项目中，如果将支农这一项去掉，那么比例会更低。

表 7　　2006—2008 年民生相关项目占全国财政支出比例表③

（单位：亿元、%）

项目＼年度	2006			2007			2008		
	金额	比例	同比	金额	比例	同比	金额	比例	同比
年度全国财政支出	40422.73		105.30	49781.35		123.15	62592.66		125.74
教育	4780.41	11.83	104.40	7122.32	14.30	110.20	9010.21	14.39	126.50
社会保障和就业	3030.90	7.50		5447.16	10.90	111.40	6804.29	10.87	124.90
医疗卫生	1320.23	3.27	111.40	1989.96	4.00	120.40	2757.04	4.40	138.50
环境保护	1698.09	4.20	106.10	995.82	2.00	130.80	1451.36	2.32	145.70
城乡社区事务				3244.69	6.50	113.00	4206.14	6.72	129.60
农林水事务	2161.35	5.30	108.60	3404.70	6.80	113.10	4544.01	7.26	133.50
合计	12990.98	32.14		22204.65	44.60	170.92	28773.05	45.97	129.58

注：社会保障和就业含抚恤救助；2006 年度的环境保护和城乡社区事务包含在城市维持建设支出（1698.09）。

① 周易：《构建和谐社会：国外的做法与启示》，中宣部时事报告杂志社编《形势报告：中宣部等部委形势报告会报告精选（2007 年版）》，红旗出版社 2007 年版，第 277—278 页。

② 景天魁：《社会建设的科学构思和周密布局》，《江苏社会科学》2008 年第 1 期。

③ 资料来源：2006—2008 年全国财政支出决算表，财政部网站：http：//www.mof.gov.cn/zhengwuxinxi/caizhengshuju/index_6.htm，其他项目诸如交通运输、国防、公共安全、科技、文体等也与民生相关，就不一一列出了。

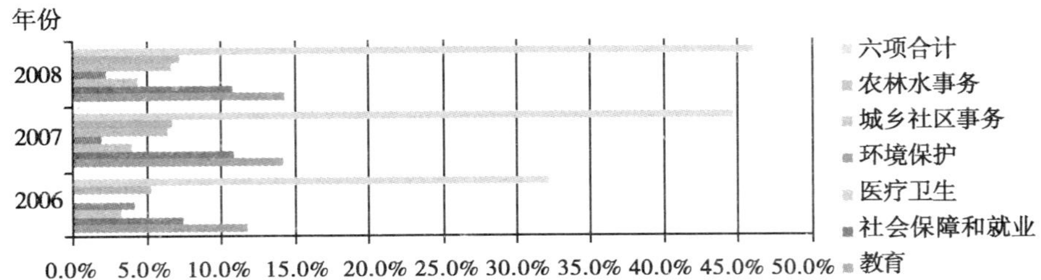

图4　2006—2008年民生相关项目占全国财政支出比例增长趋势图

从社会保障支出占财政总支出的比重来看，2001年为5%，2002年是5.65%，2003年是6.31%，2004年是6.28%，2005年是7.47%。2001—2005年，我国的GDP每年增长了10%，而社会保障和就业在财政支出的份额，近几年反而有所下降，当然，从绝对额来看是提高的，但国家财政收入提高的速度更快，说明社会保障的相对发展速度没有跟上GDP和财政收入速度，社会保障支出所占的比例基本上没有提高。[①] 再通过比较城乡居民人均纯收入与国内生产总值、国家财政收入等的增速也可以发现一些问题。

表8　　新中国成立以来城乡居民收入与GDP年平均增长速度比较[②]

（单位:%）

年份	1952—2008	1979—2008
国内生产总值（GDP）	8.10	9.80
城镇居民人均可支配收入	5.20	7.20
农村居民人均纯收入	8.30	7.10

选取以下几项指标也可以进行比较。

一是新中国成立以来国内生产总值、国家财政收入、人均国内生产总

① 此处的社会保障支出系指国家财政部财政决算表中所罗列的“抚恤和社会福利救济费”、“社会保障补助支出”两项。数据系根据历年财政部报告整理而得。资料来源：财政部网站：http：//www.mof.gov.cn/index.htm。

② 根据国家统计局庆祝新中国成立60周年《系列报告之一：光辉的历程　宏伟的篇章》和《系列报告之四：城乡居民生活从贫困向全面小康迈进》中的数据绘制而成。统计局网站：http：//www.stats.gov.cn/ztjc/ztfx/qzxzgcl60zn/。

值与城乡居民人均纯收入增长趋势图进行比较。①

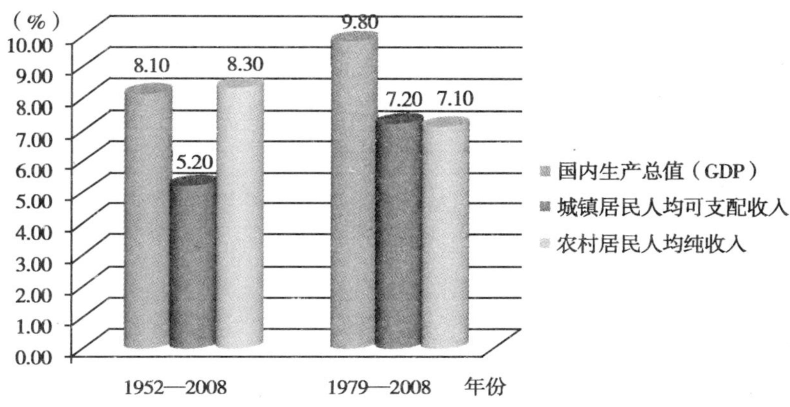

图5 新中国成立以来城乡居民收入与GDP年平均增长速度比较图

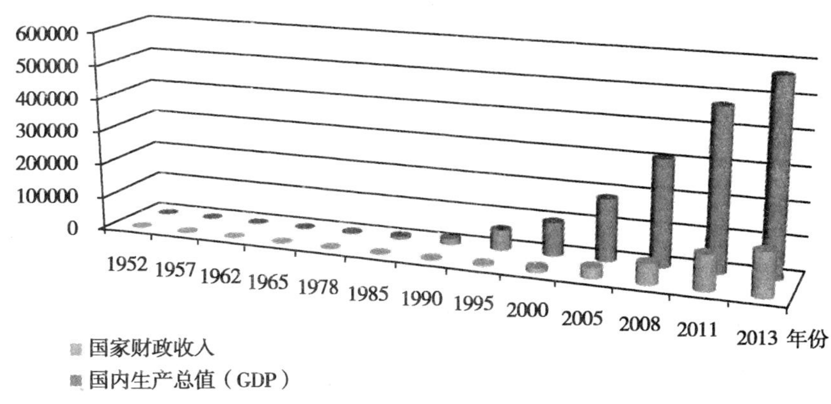

图6 新中国成立以来GDP、国家财政收入增长趋势图

（单位：亿元）

二是新中国成立以来国内生产总值增速、人均国内生产总值增速、财政收入增速与城乡居民年人均纯收入增速予以比较。

① 图6、图7、图8系根据国家统计局和国家财政部历年统计数据绘制而成。资料来源：国家统计局网站庆祝新中国成立60周年系列报告，http：//www.stats.gov.cn/ztjc/ztfx/qzxzgcl60zn/，年度数据中的国民经济核算、财政、人民生活，http：//data.stats.gov.cn/workspace/index？m=hgnd；国家财政部网站《国家财政收支总额及增长速度（不包括国内外债务部分）》和《国家财政收入占国内生产总值的比重》，http：//www.mof.gov.cn/zhuantihuigu/2006ysbgjd/tjsj/。

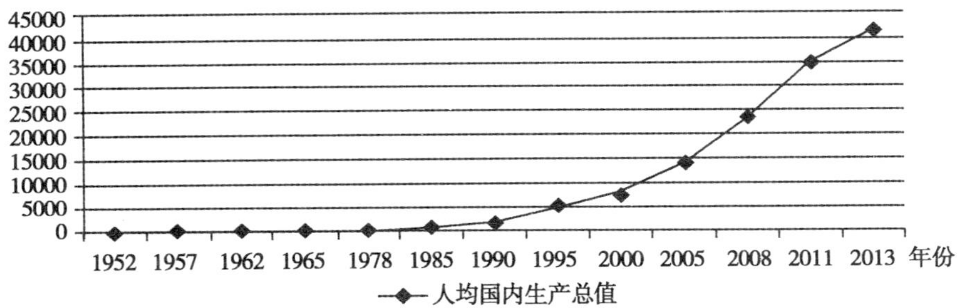

图 7　新中国成立以来人均国内生产总值增长趋势图

（单位：元）

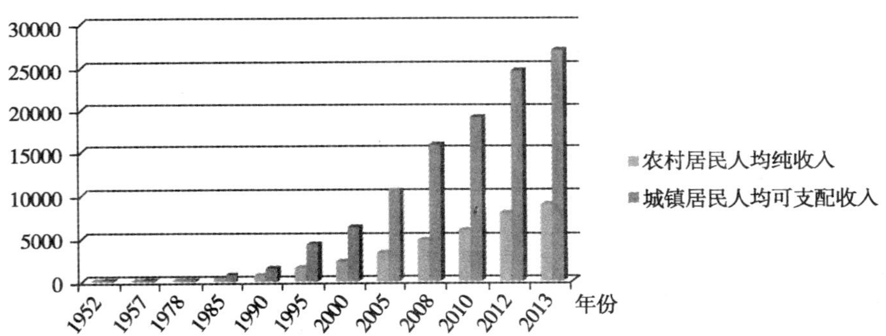

图 8　新中国成立以来城乡居民人均收入增长趋势图

（单位：元）

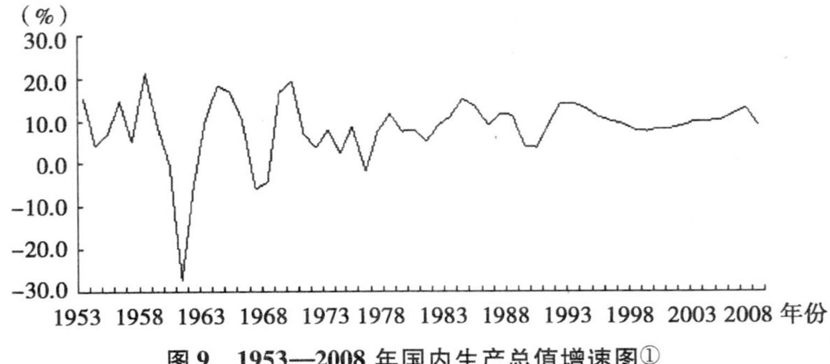

图 9　1953—2008 年国内生产总值增速图①

① 图 9、图 10、图 11 系借用国家统计局庆祝新中国成立 60 周年《系列报告之一：光辉的历程　宏伟的篇章》中的图。国家统计局网站：http：//www. stats. gov. cn/ztjc/ztfx/qzxzgcl60zn/200909/t20090907_ 68633. html。

图 10 1953—2008 年人均国内生产总值增速图

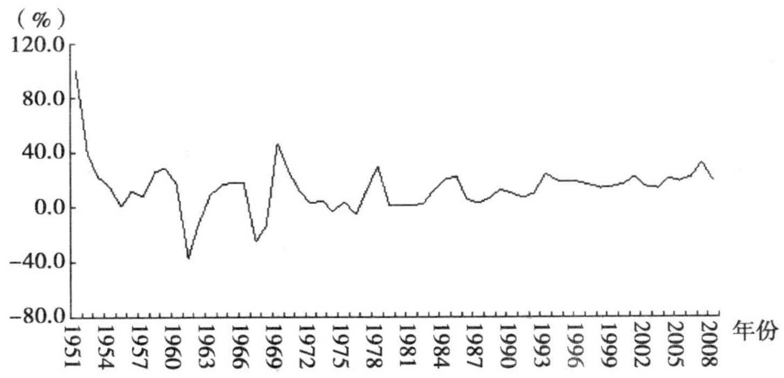

图 11 1951—2008 年财政收入增速图

如果将以上三图与城乡居民人均纯收入增速进行比较的话，就不难发现，二者并不协调，这说明新中国成立以来的民生改善程度与国家经济发展之间还是很不一致的。

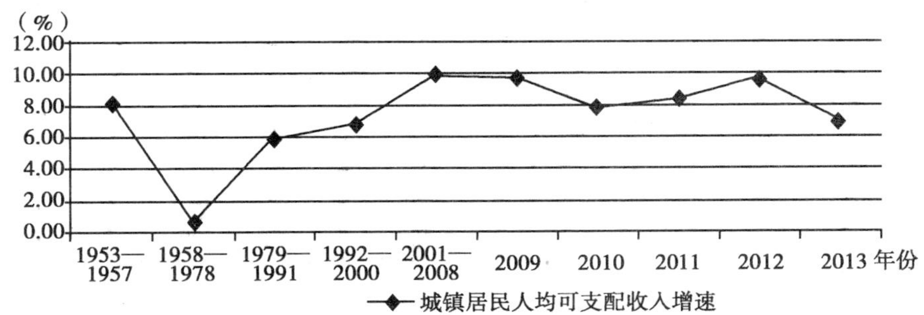

图 12 新中国成立以来城镇居民人均可支配收入增速图①

① 图 12、图 13 系根据国家统计局庆祝新中国成立 60 周年《系列报告之四：城乡居民生活从贫困向全面小康迈进》以及 2009—2013 年《国民经济和社会发展统计公报》中的数据绘制而成。资料来源：国家统计局网站 http：//www. stats. gov. cn。

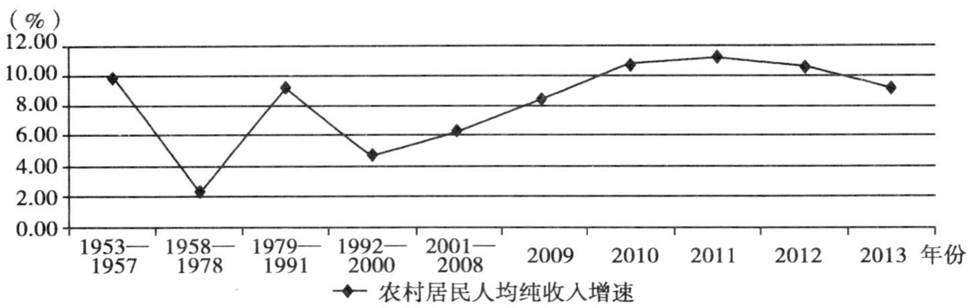

图 13　新中国成立以来农村居民人均纯收入增速图

以上数据对比说明，虽然近几年来，在党和政府的高度重视和大力推进下，我国的民生建设已经取得了巨大的甚至辉煌的成就，但是，与建设社会主义和谐社会的宏伟目标要求相比，与人民群众的巨大期盼相比，当前的成就还有很大的不足，这种不足不仅体现在民生水平的绝对量上，而且体现在相对量上。在绝对量方面，虽然享受到民生建设成就的国民越来越多，但目前的标准是较低的，只能够维护最基本的生活需求，甚至在部分地区和一些特定的历史时期连生活需求也满足不了。在仍然存在几千万贫困人口的条件下，必须加快加大绝对量的提升，尽快提高民生供给水平，使人民群众普遍享受改革开放成果。在相对量方面，存在几个不平衡，包括城乡不平衡、阶层不平衡、心理不平衡。下文将具体阐述。2006年我国人均国民总收入达 2010 美元，突破了 2000 美元，到 2012 年达 5680 美元，我国成为中上等收入国家，但世界排名仍然偏后，居 94 位。我国民生投入占 GDP 的比重总体来说偏低。社会贫富差距继续拉大。财政部统计显示，我国城乡收入比 2004 年为 3. 21 ∶ 1，2006 年为 3. 28 ∶ 1，2007 年我国的贫富差距已经成为亚洲之首。2009 年城乡收入比高达 3. 33 ∶ 1，尽管之后连续 4 年下降，但在 2013 年仍达 3. 03 ∶ 1。[①] 社会存在诸多不公，尤其是在基本生存底线和基础性的基本权利方面。“在‘高增长、低通胀’的光环之外，相当多的普通百姓却感受到了低就业、低收益、低福利的阴影”，这是“民生短板”，[②] 民生短板会严重影响中国社会的稳定和经济的进一步发展。只有改善民生，我们才能确保社会公正的底线。

---

① 庄红韬：《2013 年农民增收实现“十连快”城乡居民收入比连续 4 年下降》，人民网：http：//finance. people. com. cn/n/2014/0213/c1004 - 24348867. html。

② 钟周：《民生背后》，《环球财经》2008 年 3 月刊。

四　民生政治进一步发展的原则与行动纲领

在上一节中，我们在总结新中国成立以来民生建设的成就时，提到了改善民生的实际进程中仍然存在一些严重的问题。要解决这些问题，就必须加快推进民生政治进程，弘扬民生政治理念，倡导民生政治行为模式，以民生政治统率经济社会建设，指导各级政府处理经济社会事务，处理各类平衡，推进民生福利发展。

民生政治是一种政治理念，也是一种行动纲领。作为政治理念的民生政治，不仅与政府的职能、执政党的合法性相关，也与建设和谐社会，推进社会建设相关。作为行动纲领的民生政治，则要求我们要拿出实际行动来认真落实，推进社会建设，不断改善民生，形成民生政治模式。要使民生政治行动纲领得到有效落实，民生政治模式得到扎实推进发展，首先需要做的是认识当前民生供给形势，透过事物的现象，探索事物的本质规律。

马克思主义哲学要求我们在分析事物时，要善于抓住事物的主要矛盾和矛盾的主要方面。当前民生建设中最大的矛盾是，最广大的人民群众尤其是农民和城镇普通居民等主体阶层对民生的需求（包括高水平的社会保障体系、城乡公共服务体系、教育、就业、低成本住房、社会治安等）与当前我国社会的民生供给实际水平（包括供给体制、能力与层次）不足之间的矛盾。而这一最大的矛盾又集中体现在如上所说的几个不平衡上。即：（1）民生供给绝对量的不平衡。主要表现在人民群众的需求和与现行民生建设所能提供的绝对量之间的不平衡上。现有的民生供给层次较低，例如各类基本社会保障金标准过低，城市住房价格过高，高等教育费用过高，普通群众难以承受等，难以满足人民群众基本生活需求或者提得更高的生活质量。

（2）民生供给体制的不平衡。主要表现在现有的关于民生供给的法律、法规、政策和实际管理操作体制与社会主义市场经济进程要求不平衡，与实际的民生发展需求形势不平衡，落后于客观现实的发展，因而也制约了民生建设的发展。由于历史的原因，我国现有民生供给体制中，有些项目的体制十分不合理，例如，社会保障体制和公共服务体制长期受到历史上计划经济和单位制的影响，只覆盖特定人群，虽然现在向其他人群延伸，但这种延伸速度过缓，条件过高，在现实操作中困难重重。机关事业单位则至今享受另外一套"金"体制，还没有实现与其他体系的接轨。城乡之间也不平衡，城乡各搞一套社会保障体系，各自为政，并且农村的水平要远低于城市。由于认识观念、管理体制、地方利益的问题，许多社会保障项目，如农民工的养老保险还不能够做到全国统收统支。这就需要政府加大工作力度，如加强宣传，提高群众的思想认识，加强各类保险基金的催缴力度，通过强制性手段将用人单位和员工都纳入到社会保障体系之中。同时应加快社会保障体制的改革步伐。目前的社保体制改革步伐过缓，很不适应民生需求的快速发展。在体制上，这是因为管理社会保障体系的部门分属多个部委，中央政府应该通过发改委这样的综合部门来联系人社部、民政部、财政部等各相关部委，协调统一，加强社会保障公共服务管理平台建设，建立健全基于国民身份的全国统收统支的可以"漫游"的管理体制。从目前来看，建立这样的全国统一的体系在技术上完全不存在问题，关键是体制和管理的问题。这就要求认识到位，管理到位，改革的步伐和决心到位，最关键的是是否真正从民生政治的高度来认识问题和解决问题。

（3）民生供给能力的不平衡。不同地区、不同项目的民生供给能力存在很大差异。一般来说，受制于经济发展水平，东部沿海城区和大城市的民生供给能力显然更强一些。我国现行的民生供给体制和社会保障体系的供应主体是地方政府和地方财政，由于各地区经济社会发展水平和财政收入能力不同，民生供给水平也就不一样，沿海发达地区和大城市由于财力雄厚，理念先进，经济社会发展水平较高，对民生的保障层次更高，水平更高。例如，我国的许多社会保障体系都是首先在沿海地区试行，然后积累经验向其他地区推广。就目前来说，广东、浙江等沿海发达地区的民生供给水平和社会保障金水平就比其他地区相对要高。上海、北京等大城市也是如此。在民生项目中，诸如交通道路和公共交通、教育等项目由于多年来国家重点投资和受到重视的原因，供给水平更高，而社会保障、医疗卫生、就业与再就业等项目相对落后，尤其是农村地区的供给更为落后。此外，像经济适用房和廉租房此类的民生项目也由于受到地方政府卖地经济的重大影响和房地产商的绑架而举步不前。

（4）民生供给层次的不平衡。现有的民生供给水平虽然不高，但仍然具有明显的层次性，这种层次主要体现在不同的阶层享有的民生水平是分层次的。一是城乡不平衡，与城市居民的民生供给水平相比，占全国人口60%以上的八亿多农民所享受的民生福利非常有限。如果不将现有的社会保障体系和公共服务体系扩展到农村去，让农民群众在普惠制和均等化的原则下共享改革开放成果，中国的民生水平就不可能得到真正的提高。关于农村公共服务的问题，本书将在后两章重点阐述。二是阶层不平衡。当前我国民生供给存在不平衡，享有也存在不平衡。就民生供给来看，我国现有的人群仍然可以分为体制外供给与体制内供给。体制内的人群为中高收入阶层，他们享受体制所带来的民生享有的高水平供应。而体制外的人群除一部分中高收入阶层外，大部分为中低收入阶层，恰恰是这些中低收入阶层，在民生尤其是社会保障享有上处于低层次供应水平。虽然单位制已经解体，但单位仍然存在，尽管现有的体制内人群从人数上已经大大下降，但所享有的或明或暗的社会福利仍然大大超过历史上，享有程度也大大超过体制外人群。现有的体制内人群包括各级政府机关、各类事业单位等吃财政饭人群以及国有企业尤其是大中型企业职工，他们仍然享受单位制遗留下来的福利，在享受社会民生供给的同时，仍然在享受本单位或本系统的民生供给，如上班有单位班车或交通补贴，住房可以仍然搞单位集资建房或低成本住房；享受单位制下的社会保障体系，如享受本系统内或本单位的医疗、子女保育、教育等（如一些大单位都有自己的职工医院、幼儿园、附小、附中等），有的甚至享受系统内的招工就业福利，如变相的顶替制或优先照顾内部职工子弟等。与之相比，已经下岗的城市职工、普通城市居民、自由从业者和广大农村居民则完全成为体制外人群，他们或享受低层次的社会民生供给，或者通过自己的努力（主要是指那些先富起来的阶层）用市场的方式来获得民生供给，如购买商业医疗保险、养老保险，自行购车，自行购房，花钱让子女进好学校等。与公务员和机关事业单位职工以及部分精英阶层和高收入阶层相比，城乡居民的社会保障和民生水平仍然处于低水平，并且需要自己供给一部分。问题在于，最需要提高民生水平和社会保障的恰恰是那些低收入阶层，而他们往往连给自己交纳保险金的能力都很有限。这其中的原因有一部分在于这些群体收入有限，有一部分是由于各种原因被用人单位巧取豪夺，还有的是因为自身认识不到位而不愿意交纳或者由于社会保障体制的异地管辖难题等。另一方面也应随着国家财力的增长，加大对社会保障资金的注资比例，提高保障金领取标准。以上两点导致广大人民群众尤其是弱势群体的心理不平衡，会影响执政党的合法性资源丰富，再加上与其他国家、其他地区的民生福利供给水平横向比较也会产生类似问题。

总的来说，当前民生建设中的不平衡问题突出，因此，在制定民生行动纲领时就需要将解决不平衡作为一个突出重点和主要抓手，着眼于提高绝对量和总量供给，共同前进，这是一个大原则和总方向。此外，在提高总量供给水平的同时，采取措施，逐步解决其他方面的不平衡，尤其是供给体制、能力和层次上的不平衡。也就是说，先解决“寡”的问题，再解决“不均”的问题，先解决民生供给上存在的不平衡，通过供给平衡来逐步消除享有上的不平衡。为此，在推进民生政治时，要遵守以下三原则，制定若干行动纲领。

1. 民生政治基本行动原则。推进民生建设，倡导民生政治模式应遵守以下三个基本原则。这些原则是根据前述公平正义原则演绎而来。

（1）民生权益的普惠性。普惠性基于正义、平等此类的政治价值要求，普惠性来源于国民身份的待遇。凡是基于公民权利的权益应该具有普惠制，它要求民生方面的权益应该涵盖一切中华人民共和国公民，所有公民应该不分种族、民族、地区等，享有同等的权益。普惠性不仅要注意基于整体国民，而且要注意基于基础层次的普惠，这才是真正的普惠制。在民生政治进程中，要真正“以人为本”，这种以人为本，既应着眼于普遍的人，全体的人，更应着眼于具体的人，不同层次的人，以平等均享的态度来衡量公共决策和公共行动的受惠群体。例如，在社会保障体系上，就要致力于惠及全民的社会保障体系，使人人都能享受到基本的养老、医疗和最低生活保障。同时注意要将普惠制与层次性结合起来。普惠制不是搞大锅饭，不是搞绝对平均主义，而应该是科学性和有效性的，应该将有限的钱用在关键地方，这就需要有关部门科学制定民生方案，按照生存、生活、发展三大层次，确定民生项目的轻重缓急和不同的发展层次与时间表。当前尤其要注意区分不同收入群体，重点向城乡弱势群体倾斜，向农民倾斜，同时兼顾普通劳动者。分层次还需要注意的是，在生存、生活和发展三大层次中，生存这一层次最重要，所以要将建立基本社会保障体系和就业、住房等民生项目放在优先发展领域，向亟须此类支持的弱势群体和普通城乡劳动者雪中送炭。而在生活和发展领域，更加注重均等化和长远性。有些人片面理解国家对民生的支持，认为普惠制就是平等对等所有国民，例如，在经济危机或内需不振时直接发放购物券，作为国家财政送给民生的大礼包。这不符合我国当前的国情，普遍向国民发放购物券这种形式的普惠制对富人来说是锦上添花，而对穷人来说并不一定能够雪中送炭，购物券仍然是重视发展生产而不是改善民生。其实越是在经济危机、内需不振时越是应该趁机加强基本社会保障、公共设施、公用事业等惠及民生的建设。例如，中央财政和地方财政可以加大对养老保险、医疗保险等社会保险基金的注资比例，提高城乡最低生活保障标准，提高社会福利、补助和优抚安置标准，加快廉租房建设；并在通货紧缩时加快道路桥梁、公共交通、水电油气等基础设施、公用事业、公共服务建设，这既可以拉动内需，也可以夯实民生建设的硬件基础。在所有的民生项目中，生存是最重要、最基本的需求。尤其对于弱势群体和普通群众来说，提高养老金标准往往比直接发放购物券更直接、更现实，其效益也将是更持久的。

（2）公共服务的均等化。从民生政治的角度来看，作为公共权力代表的中央和地方政府解决民生问题，推进民生建设的重要途径和方式就是推进公共服务。广义的公共服务就是由政府供给或主导供给的以全体（或区域内）国民为享用对象的公共产品。在现实生活中，纯粹的公共产品非常之少，在中国这样一个超大国家中，全国性公共产品往往也需要通过地方来完成供给。而地方性公共产品则更由于城乡、地区、行业、民族等的差别而在不同人群存在巨大差别。例如，城市公共交通系统是典型的地方公共产品，像轨道交通、公共汽车等就由于不同的城市而存在巨大的区别。北京、上海这样的超级大城市居民所消费的公共产品福利（如交通的快捷、票价的超低等）就要超过其他大城市。同时，超大城市的公共产品和公共服务也会面临着拥挤效应的问题。这又会引发本地居民与外来人口的矛盾。即使是像社会保障体系此类的全国性公共产品也由于当前我国实行的是多方共同缴费型的体制，虽然中央份额是固定的，但地方注资比例的不同也会导致不同地区对同一类公共服务的享有是不一样的。公共服务的均等化并不是要消除此类的差别，事实上这也是不可能的。公共服务的均等化是指人们生存和发展基本的条件的均等以及与之相关的公共服务内容和水平的均等化，这些公共服务包括教育、社会保障、公共医疗卫生、就业、公共安全、基础设施、文化体育等。尤其是基本公共服务要均等化，这是一种生存底线的、满足最基本需求的、最低标准的平等，“其目标是保证生存和发展的起点公平、基础性的服务均等以及人们基本权利的平等。”① 公共服务的均等性是与正义、平等、公平正义原则相联系的。所谓正义，就是指人作为人所应得到的，所谓平等，就是只要作为人这一种属性，就应基本享有的。二者连接到一起，就是要满足民生供给中的生存、生活、发展这三大基本需求，才能实现正义、平等和公平正义。均等化可以包含同等化，但并不是要求一步到位实现完全同等化。例如，享受九年制义务教育是公民民生需求中的发展层次的基本需求（随

① 项继权：《基本公共服务均等化：政策目标与制度保障》，《华中师范大学学报（人文社会科学版）》2008 年第 1 期。

着时代变化，这种发展层次需求可能会演变为生存层次，因为当代社会过低的教育程度意味着无法在社会上独立生存），均等化的含义是，不管是大城市的少年儿童还是贫困乡村的少年儿童都应该能够完整地上完从小学至初中这九年的学习。如果农村的孩子没有实现，那就是没有实现均等化。而同等化则意味着偏僻乡村的小学生所享受的教育质量（包括软硬件资源）要和北京市小学生接受的教育质量同等，不能有过大差别。对于当前民生政治来说，最重要的是第一步，即均等化，即让那些没有得到的国民得到他该得的。随着经济社会的发展，再逐步消除质量上的差别。也就是说，均等化首要解决的是有无的问题，同等化首要解决的是优劣的问题。对于公共服务来说，应该将解决“有无”放在首位，在此过程中，逐步解决“优劣”。例如尽快扩大社会保障体系的覆盖面，使全体国民人人享有基本社会保险就是公共服务均等化的重要含义。又如，将城市所享有的公共服务向农村地区推进，像城市的自来水、天然气、公共交通等公用事业和免疫保健、医疗卫生等向农村地区延伸。如果已经在农村地区建立相应的服务体系，则向同等化方向发展。从以上章节中我们也看到，城乡之间的社会保障体系仍然存在巨大差别，很多社保体系仍然没有覆盖到农村地区。

提倡普惠制和均等化的应有之义是要求在当前我国民生供给水平绝对量还很不足的情况下，首先要解决有无问题，这就要求在当前水平下，要将整体水平提高与重点倾斜结合起来，两条腿走路，既要提高整体水平，又要关爱弱势群体和普通公众工薪阶层，同时也不忽略富裕阶层，实现科学管理。

（3）发展进程的有序化。所谓有序化，是指我国在推进民生政治工程时，一定要考虑我国的实际国情与文化传统，把公益性与效益性结合起来，走一条共同建设、共同享有，国家、单位、个人、社会共同参与，调动各方积极性并且遵循循序渐进原则的道路。马克思曾深刻地指出，“权利决不能超出社会的经济结构以及由经济结构制约的社会的文化发展。”[①] 他认为在共产主义社会的第一阶段（即我们今天的社会主义社会）形式上平等而事实上不平等的现象是必然存在的，要消除这些弊病，刚从资本主义社会脱胎而来的社会主义社会就只能暂时承认这些表面是平等的权利内容却是不平等的权利。[②] 我国长期以来具有平均主义的传统，“不患寡

---

① 《马克思恩格斯选集》第 3 卷，人民出版社 1995 年版，第 305 页。

② 同上。

而患不均”，历代农民起义都将追求平均、实现公平作为重要目标，但对公平原则的过度强调会走向极端。推进民生政治应该遵循公平原则，但不能唯公平原则，而应该充分考虑效率与公平兼顾，偏重公平。西方国家搞福利国家的教训，新中国历史上搞大锅饭、穷平均的教训，我们都必须深刻汲取。在当前，尤其要注意防止民粹主义、平均主义绑架社会建设和民生政治，搞民生政治决不能回到平均主义的老路上去。这就要求处理好一次分配与二次分配的关系，充分认识到效率是公平的基础，不能通过抑制效率来实现公平，而应致力于把蛋糕做大，让每个人得其应当得的，再通过其他方式来削减各方面的差距。因此，民生政治的发展必须在坚持公益性、公平原则的同时，也应同样重视效益性。重视效益性，意味着虽然民生政治所涉及的基本上都是公共产品供给和公共服务体系建设，政府应担负主要作用，但也没有必要大包大揽，而应该充分发挥各方力量，能够让市场起调节作用的，就让市场起作用；能让社会组织起作用的就鼓励动员社会组织投身于此，更重要的是，民生政治应该动员广大人民群众积极投入，政府主导，群众参与，这样才能实现共同建设、共同享有，尤其是在城乡社区建设、新农村建设等项目中，没有群众参与，不可能办好这些民生工程。社会保障体系也是如此，作为一个十几亿人口的超大国家，我国不可能由国家或单位全额包揽账户缴纳金，必须坚持把统筹账户和个人账户结合起来，通过这一政策引导广大人民群众未雨绸缪，自己对自己的前途负起责任。同时，由于当前民生建设中的基本矛盾表现为四个不平衡，而要解决这些不平衡必须需要一个非常长的历史阶段才能完成，因此，我国的民生政治发展进程也必然是一个长期的渐进的过程，必须有序推进，不可一蹴而就。有序化在于既要积极，又要稳妥，不搞削足适履，锯长补短，不能搞牺牲效率来照顾公平，而应是通过发展来解决问题。首先通过发展，通过效率做大国家财政这个大蛋糕，再通过二次分配来解决“有无”，实现民生供给上的普惠制和公共服务上的均等化，也就是说，扩大绝对量、总量和增量。然后再通过收入调节、分配调节、政策倾斜等方式来解决“优劣”，缩小相对差距，减少相对剥夺感。在具体操作中，就要求平衡过渡，实行老人老办法，新人新办法，不触犯既有受益者的既有利益，不额外增加矛盾，让大家各得其所，使全体国民共享改革发展的成果。

2. 民生政治的主要行动纲领。要在实际工作中推进民生建设，必须通过以下途径与措施，开展全方位的制度创新与供给，树立民生政治理念，探索形成民生政治模式。

（1）“大力宣传民生政治理念，作为树立科学发展观，以人为本理念和构建和谐社会的重要手段。”① 思想认识是行动的先导，认识到位，往往事半而功倍。探索民生政治模式的重点和关键在各级党政领导干部，如果他们对民生政治的必要性和意义以及原则、途径等有着深刻的认识，那么，在实际工作中推进起来必然有着更好的效果。另外，“社会建设是当前政治生活的新变化，民生政治则是新型的政治理念。它的被接受必然需要一个过程，人们特别是领导干部的思想转变需要一个过程。因此，必须通过政治学习、理论宣讲、科学研究、实践示范等各种方式大力宣传民生政治理论，重点是宣传民生政治与社会建设之间的密切关系，宣传民生政治对落实科学发展观的重要意义，对践行以人为本理论，对推进和谐社会的重要意义，宣传民生政治对于改善群众生活，巩固党的执政基础的重要意义，对于形成良好执政文化，树立正确政绩观的重要意义，增强广大党员干部实践民生政治的自觉性和主动性，同时也在社会上营造重视民生政治的良好氛围。”② 通过宣传与学习，使民生政治理念植根于广大党政干部即政府官员的血液之中，成为执政决策的基本本能；通过宣传与学习，使各级党组织与政府牢固树立民生政治理念，使民生政治与生产力政治像鸟之双翼，车之双辐一样，并行成为当前党和政府决策议事，执政为民的两个基本重心。在各级党组织和政府的重点工作中，要将改善民生列加进去，成为与巩固政权、发展经济并列的三大常规性工作任务，社会建设和民生建设应该列入党和政府的重要议事日程。尤其对于地方政府来说，发展经济与改善民生更应成为常态工作的重中之重。民生政治应该与生产力政治一样，成为一项重要的政治任务，各级党政领导应该从思想认识上予以高度重视，坚决贯彻党中央、国务院的战略部署，切实把民生政治当作执政兴国，构建和谐社会的重要手段。可以说，是否重视推进社会建设，是否具有民生政治的理念，并在实际工作中落实民生政治行动模式，是考验各级党政领导的政治原则、政治敏感性和政治智慧的重大指标。只有按照党中央、国务院的要求，真正地把关注民生、重视民生、保障民生作为讲政治，顾全大局，坚定重要政治方向，体现重大政治原则的重要工作任务来抓，才能真正实现党中央“权为民所用，情为民所系，利为民所谋”的要求，才能真正做到体察民情，了解民意，集中民智，珍惜民力。

---

① 本章论述借用了笔者发表过的论文。参见田新文《民生政治：理解政治生活变化的新视角》，《社会主义研究》2008 年第 4 期。

② 同上。

（2）全方位探索民生政治领域的制度创新与供给。有效的公共服务是实践民生政治的现实载体，是民生政治的行动模式。政府是公共服务的供应主体，但要建立完善的公共服务体系，首先需要政府供给与公共服务有关的制度产品，因为制度也是一种公共物品，对制度的制定和执行就是一种公共服务。民生政治是一种政治理论和行动模式，它本身不可能要求建立什么体制，而是依赖于现实生活中的具体工作体制去体现与贯彻。就当前来说，要推进民生政治实践，构建民生政治模式，中央政府有必要在公共服务体系的领导管理体制、财政投入制度、责任与考核机制、社会参与机制四个方面进行不断探索与创新，最终提供完整的公共服务体制。

一是建立统一领导，分工负责的公共服务领导管理体制。近年来，在改善民生和社会建设思想的指引下，我国的公共服务工作进一步加快，一些单项的民生工作也已经开展起来，如城乡社区建设、社会主义新农村建设、“万村千乡”市场工程等，这些单项民生和社会建设工作的领导管理体制一般都是以由某位党政领导挂帅，再由某一个政府职能部门牵头负责具体日常工作，同时协调相关职能部门来开展的。如城乡社区建设是由民政部门牵头的，社会主义新农村建设是由新农办（常设机构在农业部门）牵头的，“万村千乡”工程则是由商务部牵头的。明确以某个部门负责牵头的优点在于责权利明晰，牵头单位也有积极性，但单个部门牵头的弊端在于其他相关部门积极性不高，资源整合有限，部门之间的协调成本过高，更重要的是，由于单个部门牵头，往往导致各民生工程缺少统一规划，各自为政，形成两张皮的情况。例如在不少地区的农村社区建设和社会主义新农村建设就是如此，一个由民政厅牵头，一个由新农办（实际上是农业厅）牵头，二者往往各找几个乡村试点，再总结经验在区域内推广。协调得好的地方可能会合并进行，但协调得不好的地方往往各敲各的鼓，各唱各的调，你搞你的实验田，我搞我的自留地，形不成整体效应。这些单项民生工作成效往往取决于某个部门在这个省、这个市里面的地位和公关能力，看能否“化缘”到更多的公共资源，因为大家都会把它看作是部门的工作绩效。例如，农业厅不会把农村社区建设看成是自己的自留地，民政厅也不会对“万村千乡”市场工程感多少兴趣。其结果是导致对公共服务缺乏统一规划、协调与管理，要么造成低水平重复，要么造成互相竞争或牵制局面，难以使这些工作升级换代，形成集团效应。当前，无论是农村社区建设还是新农村建设都陷入瓶颈，其原因即在于此。公共服务体系包括教育培训、医疗卫生、劳动就业、社会保障、公用事业、基层管理等各个领域，覆盖范围广，涉及部门多，任务艰巨，体系复杂，必须统一规划，建立明确的领导管理体制才能整合进行。在中国当前的现实国情下，公共服务的领导管理必须由党和政府主要领导亲自挂帅，发改委这样的强势部门具体负责才能真正推进。党和政府主要领导应该将公共服务看成是民生政治的重要载体，从讲政治的高度来推进这项工作。只有最高领导重视并亲自出马才能有效整合资源，真正推动前进。只有使公共服务体系建设在党和政府的决策中获得“国策”一样的地位，才能使之获得充分的资源支撑。当前我国公共政策制定中的一个突出问题是部门主导，哪个部委分管的工作，往往这个部委拥有最大的发言权，但问题是，决策部委的发言权和政策立场往往是从部门视角观察的利益，因此，部门利益所驱动的全国性公共政策往往具有诸多弊端，要么是不全面，不科学，难以操作实施，要么是过于偏向特定群体，难以履行公正公平的原则。这就需要不断地改革，在当前体制下，赋予各级政府中的发展和改革委员会以全盘规划、管理民生工程和公共服务建设的首要职责是一个不错的选择。发改委是负责经济社会发展总体计划与协调的部门，公共服务体系涉及面广，由发改委负责具体规划与管理，才能平衡各方利益矛盾，整合各方优质资源，制定总体协调的完整方案，并实现最优化，而不是各自为战。在此总协调下，再明确各相关部门的责任。这就需要中央政府作出表率或要求，例如要求各级政府将公共服务列入工作规划，在每年年初的常委会和政府常务会议上，审议商定年度公共服务体系规划、投资、执行方案，并监督落实。安徽省在这方面进行了积极的探索。该省成立了民生工程协调领导小组，专门实施管理民生工程。协调领导小组的组成单位包括财政厅、民政厅、人社厅、教育厅、发改委、水利厅、交通厅等单位，下设办公室，牵头负责民生工程各项政策措施的组织实施工作。

二是建立常规预算与动态投入相结合的整体优化的财政投入机制。从上面我们对中央财政历年预决算支出情况可以看出，近年来，国家财政对民生项目的投入在不断加大，开支项目也有所增多。但是，从推进社会建设和民生政治的大局来看，当前的财政投入机制仍然不太健全。主要缺点在于：第一，在现有的财政开支预决算项目表中，公共支出的开支项目仍不够明细化，诸多项目有交叉之处，无法科学统计涉及民生改善的公共支出的精确数字，也就无法衡量民生改善相对精确的程度。例如涉农支出是个总数，其中到底有多少与农民自身的民生有关无法精确统计。在社会保障支出中，国家财政很大一部分用于补偿机关事业单位的养老金，而对社会保险投入则相对偏少。正是因为没有明细、清晰的账目，导致统计口径不一，不同的部门，不同的投入无法统一，影响了民生工作的进一步发展。第二，公共开支仍然偏重于建设财政。现有公共开支仍然将重点放在经济建设上，虽然近年来民生支出已经有较大增长，但有许多开支，例如涉农项目中有很大一部分仍属于经济建设内容。在地方财政开支中，经济建设开支比重仍然较大。同时，尽管当前涉农支出增多，但整个公共财政的重心仍在城市。第三，地方财政开支不规范，财政开支往往取决于主要领导的喜好，财政预算执行情况较差或走过场了事，阳光财政行动有待进一步加强。要纠正以上缺陷，从中央到地方都需要与公共服务的整体规划相配套，建立相应的公共服务财政投入机制。对应于社会建设与民生政治成为政府日常工作重心，在公共财政预决算的支出中，应该明确列出公共服务或民生项目开支作为常态开支项目，并建立二级明细目录；或将现有的分散在教育、医疗卫生、涉农等支出中的民生部分汇总起来，形成关于民生或公共服务开支的二级明细目录。同时，应该在每年的人大会议上详细分析上一年度的民生开支情况，并进行横向、纵向对比，接受社会和人民监督。在当前情况下，应该进一步加大对民生项目的支出比例，尤其要将公共财政对社会保障基金的支出比例提高，支持加快惠及全体国民的城乡社会保障体系的建设步伐，特别是农村地区的养老、医疗、低保、失业等保险体系建设；推动公共财政重心下沉、下乡。“首先，公共财政投入应向事关全体公民的公共服务、公共产品建设领域倾斜，不能将所有事关民生的领域，如住房、教育、医疗、社会保障、交通等领域都推向市场或搞准市场化的产业化，在这方面，政府不能推卸责任，不能缺位；其次，要调整公共财政投入的区域，中央财政和省市县各级财政宜根据实际情况，将投入的重点向弱势群体、弱势地区和弱势产业倾斜，特别是要提倡公共财政下乡、下基层，使广大基层群众直接享受公共财政的阳光雨露；再次，要推进公共服务均等化。长期以来，我国地区之间、城乡之间、工农业之间所享受的公共服务是不均等的，这就要求，在公共服务的设施建设、体系维护、资金投入、技术力量投入等方面制定具体政策，推进均等化、普惠化，实现统筹发展。”① 除常态预算外，还应加大年度财政预备费中对民生项目的动态投入份额，这就要求压缩其他开支尤其是行政管理开支，将有限的资源用于那些突发的自然灾害中，解急救困。

三是建立公共服务相关的领导责任机制和工作业绩考核机制。重规划，轻执行，重面上铺开，轻个案监督一直是我国政府行政管理中的一

① 本章论述借用了笔者发表过的论文。参见田新文《民生政治：理解政治生活变化的新视角》，《社会主义研究》2008 年第 4 期。

个重要缺陷。要推动公共服务体系的建立和完善，就需要按照科学发展观和正确政绩观的要求，尽快将公共服务体系建设纳入党政领导干部的责任机制和业绩考核机制之中，建议可以实现四个“纳入”：第一，将公共服务体系建设和民生工程建设纳入党委政府的重要议事日程，引起党委政府和社会各界的充分重视；第二，将公共服务体系建设和民生工程建设纳入本地的常态经济和社会发展规划，使之成为国家意志和政府行为，以便充分动员政府和社会力量；第三，将公共服务开支纳入政府年度公共财政预算，单独列支，建立健全持续稳定的公共服务财政投入机制；第四，将公共服务体系建设和民生工程建设纳入各部门的单位目标管理考核和领导干部的个人目标管理考核体系中，建立健全领导责任制和工作责任制，使之成为长效性工作，常抓不懈。这其中最重要的是，上述民生领域的领导责任机制和工作业绩考核机制，一定要引入民主机制，通过民主决策、民主管理和民主监督等民主选择形式，让老百姓行使自己的权利，充分表达自己的意见和建议，尤其是要倾听弱势群体的声音。弱势群体不仅在社会生活中处于物质上的弱势地位，往往在公共话语权上也处于弱势地位，这就需要发挥大众媒体的公共舆论功能，加大对弱势群体利益的宣传、维护，创造机会，开辟渠道让弱势群体在民生问题上拥有更大的发言权。

四是建立公共服务体系建设的社会参与机制。如前所述，提供公共服务是政府的基本职能之一，但这并不代表政府包办一切。在现实中，由于具体情况有所区别，不同项目、不同地区的公共服务建设与管理机制应该因地、因时、因事而宜，绝不可一刀切，而应在政府主导的总原则下，充分调动政府、市场、社会和个人等各方面的积极性，分类制定各民生项目的建设机制。对于涉及群众基本生存的民生项目，应该坚持其公益性质，如社会保障体系（基本养老、基本医疗、最低生活保障）、义务教育、公共医疗卫生、低成本住房等，都应以公共资源投入、管理和运行发展为主，尤其要重点关注农村居民和城市社会弱势群体。对于涉及群众生活需要的衣、食、住、行、用等民生项目可以将公共供给与市场供给结合起来，同时建立健全监督机制、应急机制，以防突发事件影响民生。总之，在公共服务建设中，要倡导建立完善的政府主导的社会各界参与的建设和管理机制，更要善于面对新形势的发展，探索市场力量、社会组织和群众个人如何被整合到公共服务投入中的新办法。例如，在城乡社区建设和新农村建设中，充分依靠城乡社区居民自治组织和各类社区中介组织的力量，通过他们发动广大居民群众的力量来实现共同建设、共同享有已经被证明是一条行之有效的好经验。其他类型的城乡公共服务，如社会福利、再就业、初级医疗保健等也完全可以借鉴这一做法。

（3）制定民生建设总体规划方案并分步实施。在建立统一领导，分工负责的领导管理体制等四类机制建立后，党和政府应该成立公共服务体系建设办公室一类的管理领导机构，加紧谋划，由党政领导亲自指挥，发改委、政研室等部门协调合作，制定本地区统一的基于普惠制、均等化和有序化原则的民生建设总体规划。这一总体规划应该类似于经济建设规划，应该成为经济社会五年计划的重要组成部分。规划应该以本地区的综合实力为后盾，既有前瞻性，又有现实性，既有宏观整体目标，又有分步实施具体方案。规划要有总有分，根据党的十七大、十八大报告和十八届三中全会通过的《中共中央关于全面深化改革若干重大问题的决定》的要求，公用事业分为社会保障、义务教育、医疗卫生、就业再就业、低成本住房、社会治理、衣食住行等几大部分，每一部分再细化具体内容。所有的项目内容都应该制定详细的目标任务、建设投入资金、工作进度计划和效果等，并同时制定相应的奖惩措施。每一具体工程项目，都指定由一部门牵头，再由整个公共服务体系建设办公室居中统一调度去具体推进实施。各级政府应在年度政府工作报告中将公共服务建设和民生工程建设作为重要的执政内容向人民代表述职汇报，并就这些规划的实施进度与结果向社会公报，接受监督。目前，已经有部分地方政府专门出台了专项的民生工程，例如，安徽省、吉林省都成立了专门的民生工程领导小组统筹规划领导本地区的民生建设。

2006 年，《中共中央关于构建社会主义和谐社会若干重大问题的决定》提出要以发展社会事业和解决民生问题为重点切实履行政府社会管理和公共服务职能。十七大报告也要求加快推进以改善民生为重点的社会建设。十八大报告进一步指出要在改善民生和创新管理中加强社会建设。在当前，除了建立普惠性的城乡社会保障体系外，还要“着力推进城乡社区建设和社会主义新农村建设等民生工程。城乡社区建设和社会主义新农村建设是党和政府做出的涉及民生的重大决策，它涵盖了基础设施建设、公共服务和社区服务建设、社会保障体系建设、文化教育、体育建设等多个领域，是加强城市社会基层和农村基层社会，惠及弱势群体和弱势地区的综合性工程，对于改善民生具有极其重要的意义。应该将推进城乡社区建设和新农村建设作为民生政治的主要体现，建立高效有力的领导工作机制、财政投入机制，制定坚强有力的工作规划，不断推进这两大工程的发展”。①

（4）改革官员评价体系，赋予民生政治以更大的权重。毛泽东曾经说过，政策制定以后，干部就是决定性的力量。“尽管民生问题体现在经济社会的具体问题上，但实质上民生问题只有被提到政治高度，真正在政治层面将工作重心和资源配置转向民生，并调控社会资本投向民生，才可能得到根本的解决。”② 从已有的经验来看，凡是民生建设取得好成效的地方，必然离不开当地党政官员的高度重视，并采取有效措施切实加强组织领导。在中国当前体制中，推进任何一项政府主导的事业，都离不开政府官员的积极性。如前所述，政府官员也是类似于经济人的政治人，必然将个人利益最大化作为他们的目标。如何实现个人利益最大化？只有通过自身的行为，但政府官员在行动时会面临着诸多选择，影响他们做出最终的政治选择的因素是很多的，而其中理性的因素即个人利益最大化的动机常常是决定性的。对于一个官员来说，他的最大化的个人利益是什么？那就是个人的政治前途与发展。当某项政治选择与个人的政治前途与发展密切相关且呈正面效果时，他就会有更大的积极性。在中国党政官员的评价体系中，德才兼备一直是基本标准，但如何衡量德与才？尽管组织部门可能有一套标准和程序，但在政治实践中，不同的人有不同的理解和观点。一般来说，对于德，无非是两个环节，第一个是个人道德，主要包括生活作风、经济问题、个人性格特征等方面。这方面应该是基本条件，取决于个人修养。第二个是政治道德，主要包括与党中央和上级领导保持一致，顾大局，讲政治，政治原则强，政治方向正确，政治敏感性高等。这就要看官员个人的追求、悟性与表现，同时也取决于上级部门的考察与同事们的评价。总的来说，德这一部分很虚，可操作的空间也大。对于才，当前的评价标准就是政绩，也就是说，为官一任，是否实现了造福一方，而“造福”含义就比较丰富了，在现行的体系中，衡量政绩的多属于经济建设方面的硬指标，主要有这么几个方面：其一是经济指标，包括地区GDP的总量与增速、地方财税指标、出口创汇指标、招商引资项目数等；其二是标志性工程，例如城市建设中的大桥、广场等一类地标性建筑物，行政管理中的某某标志性工作，如创建成功全国文明城市，推进平安城

① 本章论述借用了笔者发表过的论文。参见田新文《民生政治：理解政治生活变化的新视角》，《社会主义研究》2008年第4期。

② 姜纪垒、黄辉：《民生政治与改革开放30年的政治发展》，《景德镇高专学报》2009年第1期。

市、绿色城市、生态城市建设等。这些工程因其负面效果而往往被称为是政绩工程、面子工程；其三是没有影响重大的责任事故。这对于地方党政主官来说，对于各部门领导来说，也有着相应的指标。以上政绩标准的最大特点就是可以具有显示度，看得见，摸得着，实施数字化管理，组织部门也容易考察。但是，以上政绩标准显然都是与生产力政治挂钩的，如同在“文革”中升迁就需要在意识形态上紧跟一样，都是与物挂钩的，很少与人挂钩，与广大人民群众的直接联系很少。因为现行官员升迁主要取决于上级领导和部门。既然民生建设与个人升迁联系不多，作为政治人的政府官员在面临诸多选择时，自然会选择那些对自己来说最优的选择，例如将更多的财政资金投放在促进 GDP 发展上，放在加强那些标志性建筑物和政绩工程上，民生建设则因为其显示度较低而难以体现官员的执政绩效往往被忽视。客观地说，在以经济建设为中心的当前形势下，追求 GDP 发展无可厚非，问题在于，行政管理是一项全面工作，涉及经济社会的许多方面，重视 GDP 没错，但由此走向极端就会导致对其他领域的忽略。例如对社会价值分配、对公平正义的忽视，也会影响到政府官员自身的价值取向。又如，有一些党政官员热衷于结交富朋友，漠视穷朋友，不能不说也与此有关。更重要的是，作为掌握公共权力的政府官员的行为会影响整个社会的行为，过于追求硬指标而忽略让改革成果为人民共享就会失去社会主义发展的初衷，因为共同富裕，消除两极分化才是社会主义目标。如果发展社会主义最终是培养了两极分化，岂不是与其最初目标背道而驰。中央领导一再指出，要树立正确的政绩观。所谓正确的政绩观，是指“各级政府办事情、做决策，都要符合中国现阶段国情。必须坚持一切从实际出发，按客观规律办事，既要积极进取，又要量力而行，不盲目攀比；必须坚持办实事，求实效，珍惜民力，不搞劳民伤财的‘形象工程’；必须坚持察实情，讲真话，不虚报浮夸；必须坚持统筹兼顾，立足当前，着眼长远，不急功近利；必须坚持改进工作作风，精简会议，减少文件，把更多时间和精力用于深入基层，调查研究。各项工作都要经得起实践、群众和历史的检验”。① 那么，如何推进正确的政绩观的树立呢？除了官员树立正确的、科学的发展观，从思想认识上真正实现转变，用科学发展观引领对正确政绩观的认识，更重要的是，要采取切实措施，使官员的绩效评估、升降奖惩等自身利益与正确政绩观联系起来，通过政策来

① 温家宝：《政府工作报告——2004 年 3 月 5 日在第十届全国人民代表大会第二次会议上》，《人民日报》2004 年 3 月 17 日 01 版。

引导、指挥官员的行为偏好，把官员作为理性行为体的行动选择与科学发展观、正确政绩观的实际要求切实结合起来。其实，在民生政治时代，要树立正确政绩观，除了遵循科学发展观外，还要遵循以人为本原则、构建和谐社会的具体要求，推进民生政治模式的要求，将致力于推进公平与正义结合起来。这就要求，以科学发展观和公平正义的民生政治原则改革现行的党政官员尤其是党政领导班子的绩效考核和评价体系。2010 年中央一号文件中提出，要“把粮食生产、农民增收、耕地保护、环境治理、和谐稳定等纳入地方党政领导班子绩效考核”。[①] 同样，民生建设的推进与其绩效也应该纳入地方党政领导班子绩效考核之中，并且要占到更大的比例。其实，民生建设同样可以用数字来进行衡量，但这种衡量不能局限于总量，而应细化到人均量和相对量上，如同一些地方推出的经济社会发展指数一样，在民生建设中，要推出民生发展指数。例如，基本社会保障的年度惠及人口覆盖面、人均年度社会保障基金标准的提高水平、人民群众的民生满意指数等。这些指数需要依托第三方独立机构通过科学方式进行调查统计再予以公布。这些数据可与政府在改善民生方面的相关项目投入与财政支出数据汇总，形成系统的民生项目指标体系。更重要的是，应该改革现行官员升迁评价体系，赋予人民群众的评价标准以更多的权重。正确的政绩观要求各项工作都能经得起历史、实践和群众的检验。其中，历史、实践的检验更多体现为事后性，难以在当前发挥直接效应，也往往难以成为评价官员绩效的直接标准，在现实工作中也难以操作，真正切实可行的是，要加强对群众评价的落实。除了将当地人民群众对民生的满意度作为官员政绩的重要衡量标准外，还应制定切实可行的措施来评判相关领导和部门在此领域的行为。这些措施包括：①加大在每年一次的人民代表大会中人民代表就民生问题对相关领导和部门的质询的频次和力度；②加强两会代表就民生问题的相关提案，并加快督促提案的落实解决力度；③通过各种形式的测评体系，例如向社会公众发放调查问卷等，加强媒体调查与舆论监督。涉及一些具体的民生工程，可通过社区自治组织，组织居民代表和居民群众在统一设计的测评表格上打分的方式来评价监督有关部门落实民生工程具体要求的效果程度。例如，在一些城市社区建设中所兴起的“民评官”、“民评政”项目就是这种监督的好形式。同时，值得注意的是，群众的评价要真正坚持广泛性、真实性原则，不能搞摆拍、形

---

① 《中共中央国务院关于加大统筹城乡发展力度进一步夯实农业农村发展基础的若干意见》（中发〔2010〕1 号），2009 年 12 月 31 日，《人民日报》2010 年 2 月 1 日 01 版。

式主义那一套，不能选几个只说好话，应景式的。世界上的事就怕“认真”二字，只有真正让人民群众来评价，就能起到真正的效果。

五　小结

本章通过对新中国成立以来民生建设历程的回顾，通过对近十多年来民生政治实践的总结，概述了我国民生政治所取得的伟大成就，但更重要的是，以数据编译和分析为依据，分析了当前民生政治实践所存在的问题与不足，并以民生政治的理论要义为原则，提出了下一步如何开展行动的基本原则和具体做法。

本章是从现实视角展开对民生政治的论述，是作为政治议题的民生政治的全面阐述，因此本章的研究属于问题研究。但本章的问题阐述始终与第三章的理论阐述紧密联系在一起。一方面，通过本章的问题研究以及下文的研究，可以更好地印证第三章作为学术命题的民生政治的基本理论要素在现实生活中是如何体现和展开的，例如，对效率与公平之间关系的认识历程是如何在新中国成立以来国家的财政支出不同项目间比重关系上体现的；管理职能与服务功能的关系是如何在公共产品和公共服务建设中以及政府职能定位等方面体现的；一元主导与多元协作又是如何在诸多实际民生建设工程和民生项目中体现的；等等。另一方面，本章所提出的解决现实民生问题，推进现实民生政治进步的诸多原则和具体行动纲领则是贯彻了第三章民生政治理论要素的要求，例如，在认识到政府官员具有自身利益偏好的基础上，提出的官员评估体系应该与个人相关。而强调民生工程的政府主导，多元社会参与又是与一元主导和多元协作的核心变量关系相关的；此外，像民生权益的普惠性、公共服务的均等化以及发展程序的科学化等原则也是民生政治的相关理论要素，如效率与公平、民主选择与精英决策等的集中体现。总之，希望通过本章的研究，能够在实践层面将作为政治议题的民生政治与作为学术议题的民生政治联结起来，获得一个整体的理解。

第六章　民生政治视角的社会建设

民生政治作为一种现实政治理念，曾多次被党中央和国务院提及，温家宝就曾在十一届全国人大四次会议上明确强调了中央政府的民生理念，即“经济越发展，越要重视加强社会建设和保障改善民生”。温家宝先后有八次在政府工作报告中将“民生”作为“重中之重”来强调，他常说：“解决13亿中国人的吃饭问题始终是头等大事，任何时候都不能掉以轻心。”① 中共十七大报告进一步以“五有”愿景即“学有所教、劳有所得、病有所医、老有所养、住有所居”来描绘民生，指出在深入贯彻落实科学发展观、以经济建设为中心的同时，更加注意改善民生，加速解决人民的就业、住房、教育、医疗等问题，缓和化解社会矛盾，以民生为突破口建设和谐社会。十八大报告中更是进一步指出“要多谋民生之利，多解民生之忧，解决好人民最关心最直接最现实的利益问题”②，在“五有”愿景上不断取得新进展，人民生活过得更好。十八届三中全会再次强调：“实现发展成果更多更公平惠及全体人民，必须加快社会事业改革，解决好人民最关心最直接最现实的利益问题，努力为社会提供多样化服务，更好地满足人民需求。”③

一　民生政治与社会建设

自1949年新中国成立以后，经历了60多年的发展，特别是改革

---

① 温家宝：《政府工作报告——2011年3月5日在第十一届全国人民代表大会第四次会议上》，《人民日报》2011年3月16日01版。

② 胡锦涛：《坚定不移沿着中国特色社会主义道路前进　为全面建成小康社会而奋斗——在中国共产党第十八次全国代表大会上的报告》，《人民日报》2012年11月18日01版。

③《中共中央关于全面深化改革若干重大问题的决定》（二〇一三年十一月十二日中国共产党第十八届中央委员会第三次全体会议通过），《人民日报》2013年11月16日01版。

开放的践行，我国经济、社会发生了千年来亘古未有的变化：完成了由传统的农业、农民大国向现代工业大国的转变，城镇化水平快速提高；人民生活水平基本上达到了中等收入国家水平，并进一步朝着更高水平的全面小康发展；人口结构类型有了质的转变，形成了低出生率、低死亡率和低增长率的结构，平均期望寿命达到中等发达国家水平，由原来的人口大国向人力资源大国迈进；城乡一体的社会保障体系逐步形成，缠绕中国数千年来农民没有社会保障的状况即将终结。[①] 当然，这些变化还只是一定程度上的，还存在各种各样的社会民生问题，还有待于进一步突破。

60 多年的建设和发展经验表明，民生是政治建设的有力保障，“是经济社会建设的重点，发展要以民生为先：温饱是民生之始，就业是民生之本，教育是民生之要，收入分配是民生之源，社会保障是民生之依，社会安全是民生之盾”。[②]

（一）民生政治日受重视

自十七大以来，社会建设越发被中央高度重视。十七大报告中第一次专门用“加快推进以改善民生为重点的社会建设”这个部分来凸显社会建设的内容，把社会主义现代化建设总体布局由“三位一体”扩展为“四位一体”：经济建设、政治建设、文化建设和社会建设。而社会建设中，“民生牌”自然是“主打牌”。民生保障开始作为社会建设的重要内容纳入党和国家的政治蓝图里。

在《中华人民共和国国民经济和社会发展第十二个五年（2011—2015 年）规划纲要》中，党和政府提出了“社会建设明显加强”的目标。党的十八大报告又对社会建设的内容进行了充实，进一步指出“在改善民生和创新管理中加强社会建设”，把“四位一体”的建设中国特色社会主义总体布局扩展为“五位一体”：社会建设与经济建设、政治建设、文化建设、生态文明建设。由此，我国进入以改善民生、公平分享改革发展成果为主线的社会建设新时代。

---

① 李培林等：《当代中国民生》，社会科学文献出版社 2010 年版，第 1 页。

② 同上。

表 9 建设中国特色社会主义总体布局

时间	总体布局	内容
中共十七大之前	三位一体	经济建设、政治建设、文化建设
中共十七大	四位一体	经济建设、政治建设、文化建设、社会建设
中共十八大	五位一体	经济建设、政治建设、文化建设、社会建设、生态文明建设

民生建设在中国特色社会主义社会建设中一直是关键之举，它的成功既有利于化解经济发展和市场化改革中出现的各种社会矛盾与冲突，更可以“釜底抽薪”，以民生为基础致力于上层国家建设，培育内生现代政治力量，稳步推进中国民主改革。民生建设的注重是执政党审慎权衡与理性决策的结果。目前，学术界就社会建设形成了以下认识：第一，保障改善民生是社会建设的重点，通过大力推进教育、医疗、就业等民生事业、社会事业和基本公共服务均等化，改革收入分配制度，增加城乡居民收入，缩小差距来实现；第二，加强和创新社会管理是社会建设的重要内容，要不断提高社会管理科学水平，形成中国特色社会主义管理体系，促进社会和谐；第三，构建一个合理、开放、包容的社会结构是社会建设的核心任务，要着力进行社会体制改革，创新社会政策，完善社会管理，促进社会进步；第四，实现社会现代化，建立一个能够驾驭市场、制约权力、遏制社会失序的社会主体是社会建设的根本目标。①

民生问题关系到底层民众的生存与切身利益，关系到党和政府执政能力与绩效，影响到执政党的执政合法性基础。民生问题历来是党和政府高度重视的重大问题，它直接关系到上层与底层的紧密联系，关系到民众对统治者的政治信任感和认同感即执政根基的牢固与否。细微的民生问题如果处理不好就会引发诸多社会问题，甚至会酿成重大社会政治问题，动摇社会秩序，激化社会矛盾，增加政治风险。近年来西亚和北非等一连串的政治革命表面上是政治风波，实质上更是社会民生风波，在于民生问题的忽视，民众长期受到压制，处于生存边缘挣扎，社会不公、经济落后等等最终导致上层政治的剧烈暴动。因此，改善民生、做好民生工作、提高人民生活水平乃是社会建设的重点，不容忽视。切实发展好经济，解决人民生活困难，关心底层民众权益，让发展结果与民共享，满足民众最关心、最直接和最现实的基本民生问题，是社会主义现代化建设的既定任务，不

① 陆学艺：《社会建设就是建设社会现代化》，《社会学研究》2011 年第 4 期；唐皇凤：《稳定与发展双重视阈下的中国社会建设》，《人文杂志》2013 年第 6 期。

仅仅是口号。转型期中国社会乃至政治的稳定，需要有效解决各类民生问题，如就业、教育、社会保障、医疗卫生等，把和谐社会构建落到实处，给民众带来实实在在看得见的好处。

（二）民生问题越发突出

随着工业化、城镇化的快速发展，发展方式的加速转变，全面建成小康社会、全面深化改革的协调推进，我国经济发展迅速，同时社会结构显著变动，利益关系日趋复杂，思想观念深刻变化，这必然带来诸多的民生问题及社会矛盾。

1. 总体民生水平偏低，差距较大

虽然近年来国家逐步关注民生问题，但从居民生活水平总体来看，水平还是较低的。义务教育自 2008 年以来实现城乡全覆盖，但优质的教育资源不足，且分配非均衡，城乡、区域差距大；学前教育的落实率不到 50%，高中教育免费政策还未实施。基层特别是农村和偏远山区的医疗设施落后、服务水平和质量远不及城镇，差异明显，且执行过程中千差万别，效率低下。尽管国家重视低保和养老保险，但是农村的情形依旧不乐观，一时难以改善；住房问题更是积重难返，民怨载道，享受住房保障的家庭比例才 10%；等等。

就目前情况来看，区域间的民生水平差距明显。以 2010 年为例，人均教育财政支出最高的省份是最低省份的 4 倍，而人均医疗卫生财政支出则存在更大差距，并且还在扩大。如此不均衡的人均财政支出必然会造成民生服务水平、服务质量在区域间的显著差异。另外，普遍存在的社会保障制度分割，导致了不同人群间的不同对待，不仅妨碍了社会公平性，也阻碍了劳动力的流动。以医疗保障为例，医疗保障内分区域诸多，有城乡之分、城市区域之分，医疗保险有地域区分，城镇居民的医疗保险也存在不同种类，区域间、种类间各行其是，最终受害的还是普通民众。

2. 就业仍然面临很大压力，就业机会存在不平等

在 2012 年 12 月 18 日全国人力资源和社会保障工作会议上，虽然人力资源和社会保障部部长尹蔚民表示就业局势稳定，但 2012 年包括 680 万高校毕业生在内城镇需要就业的劳动力高达 2500 万人。[①] 就

---

① 张意轩、祝伟：《2013 中国就业形势如何》，《人民日报》（海外版）2012 年 12 月 19 日 04 版。

业岗位远远达不到需就业人数的需求。加上一系列经济危机，今后一定时期内，就业形势仍然严峻，必须采取多项举措多渠道扩大就业。

本来新增就业岗位就少的同时，还面临着机会不平等的压力。当前，仅凭自身能力难以获得就业机会，就业还往往与社会关系、权力、户籍等非自身努力因素联系在一起。这种机会的不公正、不平等造成的负面影响较大。那些寄希望于通过高学历、高水平、强能力就能顺利就业的高校毕业生刚刚出校门就被不公平的竞争扼杀，难免不自信，进而对人生、对社会产生消极态度。

3. 民生财政投入不足，效率偏低

尽管近年来我国政府对民生方面的财政投入力度不断加大（如表10），但从整个国际比较来看，仍明显不够。“2009 年，按政府收支宽口径，我国包括教育、医疗卫生、社会保障和就业（含社会保险基金）和住房保障的民生支出占政府总支出的比重约为 42%，而按同口径，2007 年 OECD 国家的民生支出[①]占政府总支出的比例为 60%，[②] 即使人均 GDP 为 3000—6000 美元的国家民生支出占比也达到了 54%[③]。”[④] 可见，我国的民生财政投入显然过低。

表 10　　2008—2012 年核心民生支出及占全国公共财政支出比

（单位：亿元、%）

年份	全国公共财政支出	教育	医疗卫生	社会保障和就业	住房保障	合计
2008	62592. 66	9010. 21	2757. 04	6804. 29	673. 70	19245. 24
		14. 39	4. 40	10. 87	1. 08	30. 75
2009	76299. 93	10437. 54	3994. 19	7606. 68	903. 77	22942. 18
		13. 68	5. 23	9. 97	1. 18	30. 07
2010	89874. 16	12550. 02	4804. 18	9130. 62	2376. 88	28861. 70

① OECD 一般称之为社会性支出，但其定义中不包含教育支出，为便于比较，把其教育支出也纳入。

② 我国数据根据统计年鉴和财政支出决算表计算；OECD 数据来自 OECD 官方网站。

③ 引自 2009 年国务院发展研究中心重大课题“新形势下我国经济发展方式转变的战略重点”专题报告一：“以基本保障为重点的改善民生、拉动内需战略。”国务院发展研究中心课题组：《转变经济发展方式的战略重点》，中国发展出版社 2010 年版，第 32 页。

④ 国务院发展研究中心课题组：《民生为本　中国基本公共服务改善路径》，中国发展出版社 2012 年版，第 6 页。

续表

年份	全国公共财政支出	教育	医疗卫生	社会保障和就业	住房保障	合计
2010		13.96	5.35	10.16	2.64	32.11
2011	109247.79	16497.33	6429.51	11109.40	3820.69	37856.93
		15.10	5.89	10.17	3.50	34.65
2012	125952.97	21242.10	7245.11	12585.52	4479.62	45552.35
		16.87	5.75	9.99	3.56	36.17

数据来源：根据财政部预算司2008—2012年全国公共财政支出决算表计算得出（国家财政部网站）。

此外，民生财政投入效率问题也是顽疾，有待进一步改善与提高。问题突出表现为：一是主次顺序和投入重点选择缺考虑。某些地方政府在民生财政投入时，脱离大众基本服务需求，而片面追求所谓的“高端”和“优质”甚至地方间恶性互相竞争攀比。由于机制不健全，“优质”的服务资源又无法实现公平共享，下层群众权益受损；二是部分涉及民生的公共服务定价机制不合理，费用分担不公平。在很多情况下，公共服务的定价与分担都是由政府或特殊部门制定，缺少监督，缺乏群众的协商，而在实施过程中却是民众个人买单，比如个人在医疗卫生中支付比例大，这对于无法支付医疗费用的底层贫困民众是极不公平的，他们应该平等享有的民生权益受损；三是部分领域公共投入没有达到预期效果。以医疗领域为例，我国的医院建设中，大多数投入流入了少数公立大医院，其基础设施和相关硬件条件得到极大改善，而其他中小型医院却依旧落后，二者差距进一步拉大，病者又一味看重大医院，大医院超负荷运转，运行成本自然会上升，最终又将转嫁到患者身上，这样公众的负担反而加重了，而其他没有得到投入的医院的功能则一步步萎缩。

4. 人口老龄化问题突出，相关保障措施滞后

根据国家统计局公布的第六次全国人口普查数据，2010年我国65岁及以上人口11883万，已占总人口的8.87%，与2000年相比比重上升了1.91个百分点；与此同时，0—14岁的少年人口比重却下降明显，由2000年的22.89%降到2010年的16.6%，下降了6.29个百分点[①]（如表11）。

① 中华人民共和国国家统计局：《2010年第六次全国人口普查主要数据公报（第1号）》，国家统计局网站：http：//www.stats.gov.cn/tjsj/tjgb/rkpcgb/qgrkpcgb/201104/t20110428_30327.html。

表 11 2000 年与 2010 年老龄化状况比较

		2000 年	2010 年
人口总数（万人）		126583	133972
0—14 岁	人口数（万人）	28979	22246
	比重（%）	22.89	16.60
65 岁及以上	人口数（万人）	8811	11883
	比重（%）	6.96	8.87
平均预期寿命		71.40	74.83
人口自然增长率（‰）		7.58	4.79
老年人抚养比（%）		9.90	11.90

数据来源：第五次、第六次全国人口普查数据，2000 年、2010 年人口年度数据（国家统计局网站）。

对比结合国家统计局 2012 年最新统计数据可知，2008—2011 年，在我国人口总数保持平稳增长的状态下，0—14 岁少年人口在逐年减少，而 65 岁以上的老年人口却逐年增加，中国老龄化问题越发凸显（如图 14）。2015 年 60 岁以上人口占总人口比率将上升到 16%，相比 2010 年上升了 2.74%，也就是说，2010—2015 年这 5 年间的老年人口增速几乎与之前 10 年的增速相当。老年人口的迅速增加，会在“十二五”时期形成我国第一个老年人口增长高峰，将进一步加快我国人口老龄化进程。“而到 2030 年，全国老年人口规模将会翻一番，[①] 这将对公共服务和社会保障项目的筹资和服务能力形成巨大挑战，尤其是养老保险、医疗保险和老年护理。根据预测，2030 年养老金的公共支出部分占 GDP 的比重将会翻倍，而用于医疗卫生的公共支出仅仅因老龄化因素就会增加 50%[②]。”[③]

中国养老金支出压力越来越大，这实际上是一种“隐性负债”。“数据表明，当前我国社会基本养老制度的覆盖人口约为 2.6 亿，其中 1.9 亿人为缴费人口，而另外 7000 万人为领取养老金的人，养老金支出面临非

① 参见《中国老龄事业发展“十二五”规划》，中华人民共和国中央人民政府网站：http://www.gov.cn/zwgk/2011-09/23/content_1954782.htm。

② 参见 Carl Mason and Qiulin Chen (2012), Projecting China's expenditures on health care, education and pensions with data from The National Transfer Accounts: Results and Documentation，为国务院发展研究中心和世界银行联合课题《2030 年的中国》准备的背景报告。

③ 国务院发展研究中心课题组：《民生为本 中国基本公共服务改善路径》，中国发展出版社 2012 年版，第 7—8 页。

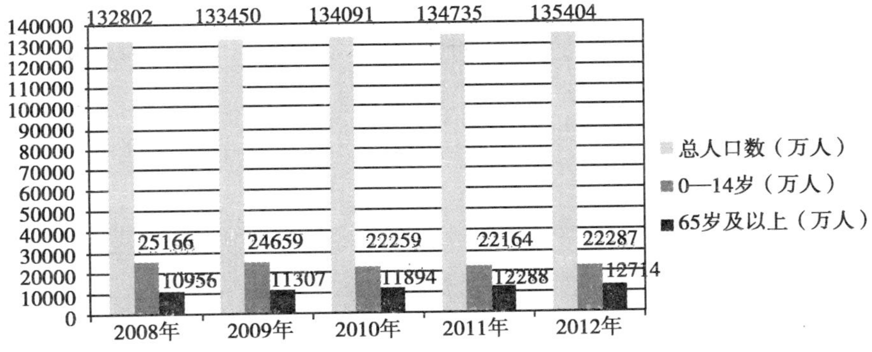

图14　2008—2012年人口年龄结构

数据来源：国家统计局年度数据（国家统计局网站：http：//data. stats. gov. cn/workspace/index？m = hgnd 人口）。

常大的压力，出现了比较大的资金缺口。"① 随着人口老龄化加剧，据预测，今后养老金缺口还将进一步扩大。

一方面，老龄化加速使得养老保障需求显著增大；另一方面，养老保障的资金缺乏问题严重，现有财政力度难以适应老龄化发展趋势。如何解决呢？这就要求改革中国的养老体制，以适应"未富先老"的国情，跟上时代的步伐。目前，我国收入水平较低，在这种情况下解决养老问题，必须综合考量各方面因素的影响，比如人口老龄化对现行养老保障体系的挑战、财政压力问题等，以避免对国家经济发展大计造成冲击。

5. 城乡区域发展不平衡，收入差距扩大

近十年来，中央一号文件都异常关注"三农"问题，力推统筹城乡发展，破除城乡二元结构，缩小城乡差距的改革；并通过农税改革，彻底取消了中国两千多年的"皇粮国税"，对农业、农民和农村进行了大量的财政转移支付，减轻农民负担，激活农民劳动积极性。但是，农业劳动比较收益依然过低，剪刀差依旧巨大，农村照样落后，农民照旧相对贫困。如何使农民富裕起来，减小城乡差距，依然是党和政府制定民生政策、建设民生的难点与重点，这关乎社会稳定、政府绩效。

另外，中国的沿海地区与内陆地区，东部、中部与西部地区，以及不同省份之间的发展差距始终未能消除，民生问题在不同地域的表现和难易程度也各异，且呈现严重化趋势。可见，党和政府关于民生问题的政策与

① 张茉楠：《中国亟待启动养老金体制改革》，《每日经济新闻》2013年9月5日08版。

政治运作并不理想，离建立和谐社会的行动目标仍旧遥远。

（三）民生建设有待转型

民生问题是现实问题，源于民众对基本生存条件的需求和追求生活质量的需求。由于民众的这些需求并非一成不变，它是随着经济发展水平、生活状况的变化而变化的，故而，民生问题不能片面的一刀切。在处理民生问题时，应当着力弄清其在不同时期、不同阶段的特点及面临的现实挑战，把握重点和核心才能使民生建设取得成功。就我国当前而言，致力于社会主义和谐社会建设，所涉及的民生建设问题“主要包括居民收入分配、政治权利、文化教育权利、社会公平正义、社会保障等”。① 因此，我们要以保障和改善民生为重点，“加快健全基本公共服务体系，加强和创新社会管理”②，全面推进民生建设，促进社会公平正义。同时，我们必须看到，民生问题不单是社会问题，还涉及政治决策、政治行为选择，与党和政府的政治理念、治理模式息息相关。从某种程度上说，中国式民生建设与政治民主建设联系紧密，受政治因素影响较大。

建设社会主义和谐社会要求改善民生，加强民生建设。而民生建设离不开民主政治、离不开政府善治，民生问题已涉及顶层设计的政治因素。我国政府的决策与运行，都需要全面考虑到特定情况下的民生状况，政府行为都需要以提高民生为前提，需要把是否改善民生当作政府行政绩效的重要评估因子。从和谐社会的角度来分析，当前我国的民生建设并不理想，民生问题层出不穷，更多的民生问题是被压制而非根治，民生建设任务艰巨，任重道远；从政治发展的角度来分析，民生建设深深地打上了政府治理的烙印，体现着政府治理的绩效，民生建设与高效政府、民主政治建设形影不离。

二　民生政治视角的国民教育

国家建设的希望在于青年，源源不断的人才成长在于教育。党的十七大报告将“学有所教”列为民生之首。在十八大报告中，民生建设之首

① 杨亚非：《和谐社会视角下的中国民生建设研究》，《四川行政学院学报》2010 年第 5 期。

② 胡锦涛：《坚定不移沿着中国特色社会主义道路前进　为全面建成小康社会而奋斗——在中国共产党第十八次全国代表大会上的报告》，《人民日报》2012 年 11 月 18 日 01 版。

要仍然是“努力办好人民满意的教育”。十八大报告明确指出：“教育是中华民族振兴和社会进步的基石。要坚持教育优先发展。”① 改革开放以来，我国教育事业发展迅速，成果显著，比如完成了“两基达标”任务、15 岁以上人口平均受教育年限约十年等。2010 年颁布的《国家中长期教育改革和发展规划纲要（2010—2020 年）》② （以下简称《教育规划纲要》），是 21 世纪我国第一个中长期教育改革和发展的纲领性文件，对我国今后一个时期的教育发展进行了总体部署。但也应看到，国民教育中问题还不少，教育事业发展现状离全面建成小康社会目标还有较大的差距，还满足不了广大人民群众的需求，“上学难、上学贵”的顽疾还依旧存在，《教育规划纲要》在执行过程中也存在诸多难题，教育中的制度障碍、权利保护、公平正义等民生政治问题亟待解决。

表 12　　　　教育事业发展主要目标③

指标	单位	2009 年	2015 年	2020 年
学前教育				
幼儿在园人数	万人	2658	3400	4000
学前一年毛入学园率	%	74	85	95
学前两年毛入学园率	%	65	70	80
学前三年毛入学园率	%	50. 9	60	70
九年义务教育				
在校生	万人	15772	16100	16500
巩固率	%	90. 8	93	95
高中阶段教育 *				
在校生	万人	4624	4500	4700
毛入学率	%	79. 2	87	90
职业教育				
中等职业教育在校生	万人	2179	2250	2350
高等职业教育在校生	万人	1280	1390	1480

① 胡锦涛：《坚定不移沿着中国特色社会主义道路前进　为全面建成小康社会而奋斗——在中国共产党第十八次全国代表大会上的报告》，《人民日报》2012 年 11 月 18 日 01 版。

② 《国家中长期教育改革和发展规划纲要（2010—2020 年）》，《人民日报》2010 年 7 月 30 日 13—15 版。

③ 同上。

续表

指标	单位	2009 年	2015 年	2020 年
高等教育 **				
在学总规模	万人	2979	3350	3550
在校生	万人	2826	3080	3300
其中：研究生	万人	140	170	200
毛入学率	%	24.2	36	40
继续教育				
从业人员继续教育	万人次	16600	29000	35000

注：* 含中等职业教育学生数；** 含高等职业教育学生数。

（一）城乡义务教育

根据《教育规划纲要》，预计在2015年，使主要劳动年龄人口平均受教育年限达到10.5年，到2020年达到11.2年（如表13）。而要达到这一目标，城乡均衡化的义务教育是基础。

表13　　人力资源开发主要目标①

指　标	单位	2009 年	2015 年	2020 年
具有高等教育文化程度的人数	万人	9830	14500	19500
主要劳动年龄人口平均受教育年限 其中：受过高等教育的比例	年 %	9.5 9.9	10.5 15.0	11.2 20.0
新增劳动力平均受教育年限 其中：受过高中阶段及以上教育的比例	年 %	12.4 67.0	13.3 87.0	13.5 90.0

"均衡发展九年义务教育"，"大力促进教育公平，合理配置教育资源，重点向农村、边远、贫困、民族地区倾斜，支持特殊教育，提高家庭经济困难学生资助水平，积极推动农民工子女平等接受教育，让每个孩子都能成为有用之才"② 是党的十八大明确提出的要求，也是党和政府为之奋斗的目标。城乡义务教育必须均衡发展，正如国务院教育督导委员会办公室2014年发布的《2013年义务教育均衡发展督导评估》报告中所指

---

① 《国家中长期教育改革和发展规划纲要（2010—2020年）》，《人民日报》2010年7月30日13—15版。

② 胡锦涛：《坚定不移沿着中国特色社会主义道路前进　为全面建成小康社会而奋斗——在中国共产党第十八次全国代表大会上的报告》，《人民日报》2012年11月18日01版。

出："义务教育是教育公平的基础。均衡发展是义务教育的战略性任务，是党中央、国务院做出的重大部署，是办好人民满意教育的重要体现。"①目前，城乡之间义务教育的差距还较大。

表 14　**2012 年全国城乡普通小学教育情况**　（单位：所、万人）

小学	数量	招生数	在校学生数	毕业生数
农村小学	155008	657. 2605	3652. 4886	624. 2484
县镇小学	47431	574. 3893	3354. 9812	577. 0092
城市小学	26146	483. 0142	2688. 4287	440. 2989

数据来源：根据国家统计局 2012 年年度数据整理（http：//data. stats. gov. cn/workspace/index？ m = hgnd，教育）。

据国家统计局数据显示，2012 年全国农村小学虽然数量较多，但质量差，平均学生人数少，且相比较于城市小学，招生数明显高于毕业生数（如上表 14）。不少农村小学存在学生转学、辍学现象。至于初中教育，情况大体如表 15 所示。

表 15　**2012 年全国城乡普通初中教育情况**　（单位：所、万人）

初中	数量	招生数	在校学生数	毕业生数
农村初中	19408	318. 43	974. 10	363. 96
县镇初中	22876	770. 38	2347. 94	834. 94
城市初中	7476	481. 96	1441. 03	461. 88

数据来源：根据国家统计局 2012 年年度数据整理（http：//data. stats. gov. cn/workspace/index？ m = hgnd，教育）。

义务教育在现阶段依然是我国教育事业的重中之重。尽管目前总体上完成了"两基"任务，但实际上，义务教育实现均等化的道路依旧任重而道远。无论是校际之间还是城乡之间、地区之间，学校在办学条件、师资力量、办学环境等软硬件条件上都存在着明显差距，加之监管不力，在一些教学资源的配置和使用上也参差不齐。正因为如此，《教育规划纲要》明确指出："把促进公平作为国家基本教育政策。……重点是促进义务教育均衡发展和扶持困难群体，根本措施是合理配置教育资源，向农村

① 国务院教育督导委员会办公室：《国家教育督导报告（2014 年第 1 号）：2013 年义务教育均衡发展督导评估》，《中国教育报》2014 年 2 月 22 日 03 版。

地区、边远贫困地区和民族地区倾斜，加快缩小教育差距。”① 虽然有明文规定，但实施起来却困难重重，条文中的一些规定也忽略了现实情况，不易于实践操作，义务教育均等化的实现有待更具操作性的系统制度设计。具体而言，目前城乡义务教育中存在的普遍问题主要有：

一是教学资源尤其是优质资源分布失衡，“择校风”盛行。在教育经费上，有研究显示：“从城乡差距来看，60%区县的城镇初中阶段生均事业费高于农村……50%左右区县的城镇小学、初中生均公用经费高于农村。从地区差距来看，东部地区中小学生均事业费比中西部地区更充足，平均差距在1.8—2.2倍；东部地区中小学生均公用经费比中西部地区充足，平均差距在1.4—2.2倍。从校际差距来看，中小学生均事业费差距均相对较小，50%区县的差距在3—6倍；中小学生均公用经费的差距均较高，40%区县的差距在6倍及以上（如表16）。”②

表16　县域内生均教育经费的校际差距　单位：%

		3倍以下	3—6倍	6倍以上
生均预算内事业费支出校际差距	小学	38%	50%	12%
	初中	33%	50%	17%
生均预算内公用经费支出校际差距	小学	21%	38%	41%
	初中	31%	36%	33%

在师资水平上，普遍性教师编制的结构性不合理现象存在，城镇与农村相比，无论是教师人数、教师质量还是教师收入，城镇都明显优于农村。有的农村小学上百名学生就只有三四名教师，一名教师需要承担几个年级几个学科的教学任务。城乡之间、校际之间教育资源的巨大差距，使得农村学校的招生吸引力锐减，有条件的家长都想方设法让自己的子女往教学质量好、名师云集的学校挤，校际间、城乡间学生的质量因此有了天壤之别。虽然国家力图通过多种方法扭转，但残酷的现实使得家长不得不跟着“择校风”。

二是农村学校相对落后，辍学现象时有发生。尽管名义上“两基达

① 《国家中长期教育改革和发展规划纲要（2010—2020年）》，《人民日报》2010年7月30日13—15版。

② 国务院发展研究中心课题组：《民生为本　中国基本公共服务改善路径》，中国发展出版社2012年版，第109—110页。

标”任务完成了，但城乡间学校办学的硬件条件依旧存在差距，特别是在生均教学仪器设备值方面，还有继续扩大的趋势。据教育部统计，至2013年，设施设备配备达标的学校比例整体在上升，但仍有约50%的小学、25%左右的初中没有达标（如图15），而这些不达标的学校主要集中在农村。

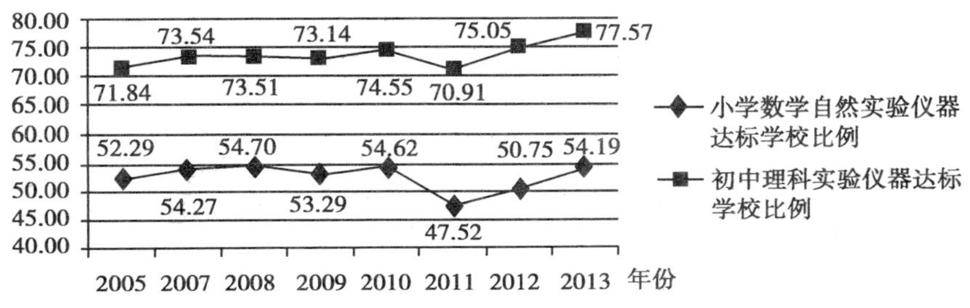

图15　义务教育阶段仪器达标学校比例（%）

数据来源：2005—2013年教育部《全国教育事业发展统计公报》（国家教育部网站：http：//www. moe. gov. cn/）。

更应注意的是，由于贫困、厌学、师资力量薄弱等各种原因引发的辍学现象常有发生，尤其是农村、西部地区更为严重。据21世纪教育研究院报告，近几年，全国小学辍学学生不断增加，辍学率回升，2010年辍学率为8.22‰，辍学学生逾82万人，2011年辍学学生超过88万人。

三是农民工子女的教育保障机制不健全，对农村留守儿童教育不够重视。义务教育阶段的学生，就城乡层面而言规模数量都存在显著差异，留守农村的学生稀少，缺少国家重视；有能力的家长（尤其是农民工）大多数不愿子女留在农村学校，而愿意缴纳高昂的学费让子女进入城镇学校接受良好教育，以获得更大上升空间，随父母工作而转校的学生规模不断增大，且流向相对集中于经济条件好、教育资源丰富的地区。据教育部统计，全国义务教育阶段在校生中进城务工人员随迁子女在2010年、2011年、2012年总人数则分别达到1167.17万人、1260.97万人和1393.87万人（如表17）。

剩下的农村留守儿童也只是散居在乡村，难以集中上学，上学条件更加艰苦。教育部数据显示，全国义务教育阶段在校生中农村留守儿童2010年共2271.51万人，2011年略有减少，2012年则又升至2271.07万人（如表18）。

表 17　2007—2012 年全国义务教育阶段在校生中农民工随迁子女数量

（单位：万人）

年份	2007	2008	2009	2010	2011	2012
小学生	592. 00	677. 70	750. 77	864. 30	932. 74	1035. 54
初中生	173. 70	207. 00	246. 33	302. 87	328. 23	358. 33
合计	765. 70	884. 70	997. 10	1167. 17	1260. 97	1393. 87

数据来源：2007 年、2008 年数据来自教育部发展规划司 2009 年《农民工随迁子女和留守儿童义务教育状况：专题分析报告》；2009—2012 年数据来自教育部 2010—2012 年《全国教育事业发展统计公报》（国家教育部网站：http：//www. moe. gov. cn/）。

表 18　2008—2012 年全国义务教育阶段在校生中农村留守儿童数量

（单位：万人）

年份	2008	2009	2010	2011	2012
小学生	1397. 90	1432. 97	1461. 79	1436. 81	1517. 88
初中生	742. 40	791. 27	809. 72	763. 51	753. 19
合计	2140. 30	2224. 24	2271. 51	2200. 32	2271. 07

数据来源：2008 年数据来自教育部发展规划司 2009 年《农民工随迁子女和留守儿童义务教育状况：专题分析报告》；2009—2012 年数据来自教育部 2010—2012 年《全国教育事业发展统计公报》（国家教育部网站：http：//www. moe. gov. cn/）。

目前，我国城乡教育存在的种种问题与呈现出的现象，可以归纳为是教育的非均等发展，体现的是教育的非公平。这也是党和政府提升民生政治、优化治理的主要内容之一。自古以来，城乡之间的教育就有着非均等性，存在差异，这主要是取决于特殊的社情、民情与国家建设需要。但如今，随着国民经济的发展与繁荣、国家现代化与城镇化建设的需要，工业反哺农业、城市支援农村、统筹城乡发展已是时代要求，城乡之间的教育鸿沟急需要缩小，使人人公平的享有教育资源。教育资源非平等分配的社会是难以和谐的，这样的国家牺牲了农民的受教育权利，是非民主的，是为少数人服务的，不是社会主义国家。当前，要破除义务教育非均等化困境，需要走制度化建设之路，需要国家明确义务教育均等化的同时，健全相关配套的制度，把教育均等化建设建立在国家制度之上，作为我国今后长期坚定不移发展教育的一项重要决策。

首先，强化城乡教师资源与财政资源的均等化。可以教师轮岗试点来加以改进，逐步推开，同时通过相关政策、制度做好保障工作。通过相关政策、制度鼓励优秀师资去农村，凡到农村任教的进行优抚。在解决人力资源调配的同时，应当实现财力资源的配置，加大对农村义务教育的支持力度，通过财政优势吸引教师资源进入农村。各级政府应该在人力财力投入上尽心尽责，该出钱的出钱，该管人的管人，省级政府在相关经费投入上应发挥其核心作用。建立和完善“以县为主”的管理体制和“以省为主”的财政投入体制，县级政府担负“经费安排使用”的责任，而“经费投入”的责任则归于省级政府，并由此建立全国统一的标准体系。

其次，以制度为有力保障推动各项教育政策的落实。政策虽好，但执行却总是南辕北辙。之所以会如此，在于执行过程中存在着很大弹性空间和不确定因素。因此，要通过立法来保障城乡义务教育均等化的实现，并制定财力和设施均等投入等相关配套制度，明确各级政府在义务教育中的事权、财权责任，确保对农村的投入倾斜可靠到位。此外，就教师而言，农村教师的待遇和编制应优于城镇，确保农村对教师资源的绝对吸引力；就相关领导干部而言，配套制度中应着重优化干部政绩考核制度，可以制定农村义务教育办学条件的国家级标准（不仅是财政投入的经费上，也包括硬件的基础设施、教学设备、师资人数，及软件的师资质量等标准），通过这些约束性指标来衡量城乡义务教育均等化进展的水平并作为官员政绩考核的重要内容。

（二）职业教育

“职业教育是现代国民教育体系的重要组成部分，在实施科教兴国战略和人才强国战略中具有特殊的重要地位。”[①] 职业教育培养的是中国特色社会主义建设所需要的高技能、高素质、专业性强的劳动者。职业教育与经济社会建设和发展紧密相连，具有鲜明的职业性、社会性、人民性，直接关系民生，可以说，职业教育就是民生教育，意义重大。

1. 职业教育是培育现代专业化、高素质化人才的基本力量

职业教育所面对的对象是公众，旨在提高公众的职业劳动技能。职业教育的产生与发展也是工业革命催生的。工业革命的推进，工业化深入发展，不断积累资本，期间伴随的是传统手工业的破产、传统工人的失业、流离，社会矛盾不断激化。同时，产业化发展又急需要大量掌握技能的工人，传统劳动者的授业方式和技术显然无法满足机器大生产的需要。在这种情况下，职业教育孕育而生，它既适应时代需要，又有利于化解失业问

---

① 温家宝：《大力发展中国特色的职业教育——在全国职业教育工作会议上的讲话》，《人民日报》2005 年 11 月 14 日 02 版。

题。由于职业教育是面对广大公众，无等级之分，因此也易于得到社会的认可与支持，特别是一些无缘高等教育的普通民众得以通过接受职业教育掌握一定领域的专业知识和技能成为高素质专门型人才而在社会主义现代化建设中谋得岗位，发展市场广大。

同时，值得注意的是，相比于基础教育，职业教育的培养目标有其独特性与市场需求性：职业教育更专注于对专业知识的授予、对专业技能的训练，其市场导向性更加明确，目标更加具体，实效能力强，极大地优化了人力资源结构，避免人才过度、浪费，同时也减少了教育资源的泛滥、浪费。

2. 职业教育是促进教育公平、改善民生的重要手段

职业教育公平，从广义上讲包括两层意思：一是所有公民享有平等接受职业教育的权利与机会，不因等级、阶层、民族、性别等而受歧视；二是职业教育享有与普通教育同等发展的权利与待遇，不受社会歧视，机会同等。与其他普通教育一样，职业教育也是教育体系中的一部分，同时它又有着自己的特性——普遍性与公平性，具有平民化教育色彩，没有门第之规。著名教育家、职业教育先驱黄炎培先生曾精辟地阐述过“职业教育的三大民生属性：为个人谋生之准备，为个人服务社会之准备，为国家及世界增进生产力之准备”。[①] 让每一个人有业可从，快乐的从业，乐于从业，是职业教育的终极目标。

职业教育是一种全民性的教育。与大众普通教育不同，职业教育之所以产生，在于部分社会弱势群体有需要，在于大众教育难以普及公平，职业教育之所以发展潜力巨大也正在于社会的需要。职业教育更多的是被那些社会弱势群体关注。就一般意义而言，处于中上层或发展能力强的人会选择更具有发展潜力的高等教育，那些处于社会边缘或是奔波于生存的普通大众更易于接受职业教育，以获取技能，谋生于社会。当然，职业教育也并非绝对公平的，其内部也存在差异，存在不同的群体、性别、文化、地域差别，但这些差异的存在在某种意义上有其合理性，属于可容忍范围，并不妨碍整体的职业教育对于促进教育公平和改善民生的积极作用。“职业教育公平对维护社会正义有着积极的意义，它有利于社会处境不利阶层改变地位，是促进贫困地区脱贫最为有效的途径和手段。职业教育公平有利于民生问题的改善与提高。”[②]

---

① 任爱珍：《惠及民生的职业教育公平问题研究》，《现代教育科学》2011 年第 2 期。

② 同上。

3. 职业教育是维护社会稳定、化解社会矛盾的无形因子

当下中国，经济飞速发展，但随之而来的是源源不断的社会冲突，乃至社会秩序不稳。因此，党和国家始终认为稳定是改革与发展的前提，只有在稳定的社会环境下，才能真正地进行健康的社会建设。职业教育就有维护社会稳定的内发功能。职业教育不仅仅是专业知识、专业技能的授予，还含有职业道德的传授。社会建设中的广大成员，在致力于经济发展的同时，往往缺乏职业道德熏陶，这种情况下的社会成员之间就容易因潜在的矛盾而爆发冲突、甚至大面积扩大，进而破坏社会秩序。职业教育的推广，有利于重拾被边缘化的社会道德，号召劳动者遵守职业操守，不仅要做一个合格的技工，更要做一个有道德的人。特别是，社会稳定的影响因素往往会发生于小范围的底层，由弱势群体发起，他们的被忽视与非均衡社会回报容易成为冲突的焦点。可以设想：现今中国，下岗工人和农民工这些底层工人占了整个劳动者的绝大部分，若是忽略了他们的职业道德教育，那么将会是给社会种下多大的矛盾的种子？他们的受压抑和非均衡待遇将会引起他们对社会的不满，如若缺乏职业道德熏陶，他们的心理因素一旦被非正规引导，将会产生多大的动荡性社会效应？职业教育在解决这些担忧中的作用不可忽略，值得深入探讨。

4. 职业教育能有效促进社会就业、改善劳动收入

职业教育的服务对象主要是社会底层民众，是弱势群体，他们一般处于谋求生存状态层次。多数学员来自工农家庭，或是无缘高等教育的青少年，他们有着强烈的愿望：摆脱现状，获得更高职位。职业教育，可以被理解为一个平台，或是桥梁，为那些没有接受高等教育、缺乏基本技能的劳动者搭建一个继续可以自我提升的平台，增强其社会适应力与就业竞争力。这正是民生之所需。

弱势群体就业难，在于其素质尤其是能力偏低，竞争力弱，而能力低源于他们受教育受培训的时间短。据相关部门统计，城镇和农村的均低于9 年，农村的才 5 年。在这样一个竞争极其残酷的转型社会，对劳动力的综合素质特别是技能要求甚高，加上劳动力总量供大于求的现状使得用人单位越发看重劳动者的实践能力以及能给企业带来多大回报，低端劳动者在强者生存的市场竞争中是难以生存的。他们缺乏技能培训，无法从事专业技术活动，只能往返于级别低、收入少、稳定性差的基础工作。职业培训是一种方便灵活简单的技能授予，针对性强，没有年龄、性别、工作的限制，尤其是没有时间限制，学员可以全日制学习，也可以临时性学习，这对于许多弱势群体具有极大的吸引力，能弥补其受教育的不足和知识的

缺乏。对于城镇失业人员而言，职业培训有助于促进其再就业；对于农村劳动力而言，有助于其劳动素质的训练，促进剩余劳动力向城镇转移；对于其他劳动者而言，可以提升其职业技能，增强其就业选择，获得更大收入。总之，职业教育正成为一种向所有民众敞开大门的教育。[①]

但是，就目前的发展状况而言，我国的职业教育面临着一系列亟待解决的问题。

一是就业中的尴尬困境。职业教育旨在培养具有一定水平的专业技工，但目前从职业教育学校出来的毕业生，往往难以适应市场需求也不符合企业的用人要求，出现“短腿”现象，有些毕业生容易异化成既无扎实知识水平又技能不过硬的状态。一方面，诸多制造业、加工业等单位对高水平的技工需求量大，需要一些经过短暂培训就能上岗的职教生；另一方面，很多的职教生又难以有较高的专业技术才能，而在通识水平上又欠佳，又追求高薪高报酬。能力有限使得他们处于“高不成低不就”的尴尬局面。职业教育与社会需求在某些方面不相适应。

二是国家、社会的关注、投入度低。从思想观念上看，由于长期以来受到“学而优则仕”、“万般皆下品，唯有读书高”观念的熏陶，职业教育在社会上的认可度偏低，根深蒂固的传统价值观一时还难以更改，体力劳动者始终被认为是处于社会的下层，难入上流社会。人们普遍追求高等学府教育，对职业教育不屑一顾。从国家投入来看，国家、社会力量在职教上的投入不足，使得职教办学条件差而跟不上规模发展需要，实训等方面的教育质量得不到保证。例如，2009 年各项办学条件全部达标的中等职业学校（不含技工学校），在全国 1.4 万多所中仅有 148 所；在专业课教师占专任教师比例、生均校舍建筑面积等指标方面，70% 以上的学校不达标。[②]

三是职教的相关法律制度不足。随着经济的迅猛发展，社会需求的人才越发专业化。新形势下职业教育的发展需求在不断变化，早在 1996 年 5 月就通过的《中华人民共和国职业教育法》与现实之间有很多方面已经不相适应。现代企业需要的更多的是对接性的实用性人才，大众化的毕业生已经饱和，专业化的技能趋势凸显。时代要求创新职教办学模式，比如

① 参见严蓉《职业教育发展的问题、意义和策略》，《教育理论与实践》2011 年第 11 期，第 23—24 页。

② 国家教育督导团：《国家教育督导报告：关注中等职业教育》，《中国教育报》2011 年 7 月 5 日 07 版。

"校企结合"、"工学结合"等就很好，却没有得到很好的重视与推广。

从制度方面看，现行的职教制度尽管涉及面广，却很多要么就是不合时宜，要么就是没有约束力，难以发挥作用，但"要通过一揽子制度改革统筹解决，几乎没有可行性"[①]（见表19）。

表19　　现行职业教育制度的可行性分析[②]

<table>
<tr><th colspan="2">制度</th><th>可行性分析</th></tr>
<tr><td rowspan="3">劳动力制度</td><td>职业资格准入制度</td><td>目前基本没有成为就业门槛，且职业教育经历并非获得职业资格的必要前提</td></tr>
<tr><td>强有力且能主导教育和就业的行业协会</td><td>1998年国企大规模改革后，职业教育行业办学基本停止，行业协会本身对行业经济发展的引导力和控制力就不够，更无力扶持和指导职业教育发展</td></tr>
<tr><td>强有力且完善的工会组织</td><td>受政治体制的影响，发展受到诸多限制</td></tr>
<tr><td rowspan="2">职教制度</td><td>层次丰富且与普通教育衔接顺畅的职业教育体系</td><td>职业教育上有封顶（限于大专层次）、下难衔接（高职对中职的对口招生在数量上受到严格限制）、左右无源（与普通教育体系在高中、大专层次上的衔接和学生间的转移基本无门）</td></tr>
<tr><td>校企联合办学</td><td>1998年国企大规模改革后，基本停止了企业办学，企业不仅甩掉了职业学校负担，还基本没有义务承担职业学校学生实习的任务方面的责任</td></tr>
</table>

基于民生政治视角，我们认为，职业教育的发展，需要建立一个完整的统筹政府、社会企业、职教机构的综合性教育体系，需要三者的有机互动，共力推进职业教育的向前发展。

首先，发挥政府在发展、推动职业教育中的主导、统筹作用。温家宝在2005年的全国职业教育工作会议上的讲话中就强调要"加快职业教育发展"[③]。党的十七大提出要"大力发展职业教育"，十八大更进一步要求"加快发展现代职业教育"。优化教育结构，全面推动现代职业教育快速发展，政府要起主导作用，要作统筹安排。这其中，政府的财政投入是关键性的，是基础。

其次，职业教育的发展需要发动其内在动力。职业教育的推广、"走出去"，有待内在动力的发掘，有待职业教育机构自身建设的提高。职业

---

① 国务院发展研究中心课题组：《民生为本　中国基本公共服务改善路径》，中国发展出版社2012年版，第128页。

② 同上。

③ 温家宝：《大力发展中国特色的职业教育——在全国职业教育工作会议上的讲话》，《人民日报》2005年11月14日02版。

教育能否办好，需要着重发挥其内生作用，通过科学的专业、课程设置，优质师资力量的建设来展示其效力。职业学校要抓住主动，要“走出去”，以专业设置和调整的动态机制，实现与企业职业岗位的无缝对接，突出技能特色，同时加大通识教育。

再次，联合企业合力推进职业教育的发展。职业教育培养的对象大多是进入企业的，是需要直接走向生产与管理岗位的，强调的是实用性。因此，职业教育的发展之道在于紧跟市场，联手企业。与此相对，企业也在寻求高技能实用性人才，也愿意与职业教育机构接触，希望有更多的现代化专业化技工进入来扩大企业效益，追逐最大化利润。正如有学者所言：“一些有资金、基地和设备优势的企业，可以与职业学校进行技术开发、人才培养等方面的合作，双方在共同利益的基础上各取所需，构建出多元的合作平台，实现了校企合作的可能性、持续性和实效性。”①

（三）高等教育

高等教育是民生建设的一项重要内容。“推动高等教育内涵式发展”②是十八大提出的最新要求。它是随着我国经济社会的发展、人们生活水平提高和要求自我提升要求不断上升的必然结果。随着我国现代化建设步伐加快，为融入世界，必然要求更多的更广的高水准人才，国家对高等教育越发重视，从高层力推高等教育的广泛普及，以全面提高人们知识水平、扩宽人们见识；广大民众则由于经济收入增加、生活水平提高，也对更高更好的民生质量提出要求，希望通过继续教育、高等教育获得进一步自我提升。因此，高等教育中诸多与人民群众直接利益相关的民生问题成为民生领域的热点与焦点问题就不可避免了。

一方面，高等教育的改革与发展是改善民生的现实需要。高等教育与其他教育不同，它是更高层次的学府式自由开放教育，其成员大多是受过多年良好教育的年轻人。年轻人对于高等教育的期望更大，希望通过高等教育获取足够的知识，不断提高自身能力，为今后就业与发展打下良好的基础。因而，高等教育的改革和发展与民生改善关系密切，二者相互影响，共促发展。高等教育的改革和发展以民生改善为根本，有效改善民生（比如促进就业、推动经济发展）；民生的改善和提高为高等教育的改革

① 严蓉：《职业教育发展的问题、意义和策略》，《教育理论与实践》2011 年第 11 期。

② 胡锦涛：《坚定不移沿着中国特色社会主义道路前进　为全面建成小康社会而奋斗——在中国共产党第十八次全国代表大会上的报告》，《人民日报》2012 年 11 月 18 日 01 版。

和发展提供源源不断的动力（比如生源扩大、质量提升）。民生改善的现实需要，要求深化高等教育改革，加快高等教育发展。当然，无论是高等教育的改革和发展还是民生改善，都要依靠经济社会进步，都有赖于国家综合实力的增强。

另一方面，高等教育在改善民生中出现的许多突出问题成了民生建设中的高等教育热点问题。在改革与发展的大背景下，经济建设的狂飙式发展激发了高等教育的快速发展，高等教育有了国家的高度重视与大力投入、社会的追求与市场的需求，民众对高等教育的热衷度逐渐提高，使得我国的高等教育规模不断壮大，招生人数和财政投入日渐增长。在实现跨越式发展的同时，也暴露出不少内在问题，这些问题与广大民众对高等教育的关注度和需求度是紧密联系的，是民生问题，有些还很棘手，日益引起政府高度重视、社会普遍关注。其实质是高等教育的非质量化进步与社会民众需求之间的矛盾，高等教育的发展与社会民众满意度存在落差，且逐步拉大。一是高等教育存在不公平。公平、正义问题关系公民的最基本权益，这也是引起政府、社会、民众高度关注的主要原因。然而，不得不承认，在当前高等教育中，不公平现象确实存在而且始终难以根治，严重损害了民众的平等受教育权，影响高等教育的形象。诸如高考中的地域、户籍限制引起的“高考移民”现象；高校在各省区市、地域招生人数差异导致的资源享有不公平；艺术类、体育类招考过程中的暗箱操作，高校自主权力、自由裁量权过大且难以受到监督；各地区五花八门的高考加分现象泛滥导致的民生问题；等等。二是高等教育难以满足民众需求。高校在招生的过程中不乏狭隘的考虑，不少高校一味追求于本校招生规模的扩大，而忽视本身具有的教育资源供给能力与学校基础设施的容纳能力，导致盲目招生；与此对应的是，高校的招生结构与生源结构存在不合理，招生计划比例没有适时调整，多样性人才招考机制没有形成，致使如艺术生、体育生等特长生无法通过正常渠道而普及化的进入高校深造，这些人流落社会可能造成极大的社会民生问题；招生供给不足，高考还是“千军万马过独木桥”，竞争仍然激烈。三是教育质量整体下滑。高校招生规模在扩张，而相应的教学资源与基础设施无法跟上，必然导致教学质量的下滑，加上大众化教育理念的盛行，高素质的人才难以凸显。多数高校宽口径的引进学员，却难以高质量的输出人才，导致高校毕业生专业技能、实践技能低，竞争力弱，就业难，社会用人单位对高校毕业生的印象差，社会对高校毕业生的认可度低。四是学业成本过高，一般家庭难以承担。普通学生，需要至少 12 年的寒窗苦读才考入高校，这本身就已花费巨大；

可当学生千辛万苦考取大学时，却又遇到了高校高昂的学费这道门槛，令不少寒门学子寒心，也激起社会民众的强烈不满。特别是对于社会边缘群体、弱势群体的子女来说，高考这条原本较为公平的求发展之路却阴霾重重，阻断了社会上层与下层的有效流动，底层人才想要进入上层的尝试再次受阻。中国社会科学院 2013 年发布的《社会保障绿皮书》指出："1989 年至今，中国大学的学费增长了至少 25 倍，现在供养一个大学生需要一个城镇居民 4.2 年的纯收入，需要一个农民 13.6 年的纯收入，以至于近年来大量农村高中生弃考大学的现象。"① 当前的高校收费制度值得反思。五是高校学生个性强，心理问题多，易发事端。高校是个大森林，容纳了来自不同家庭、不同背景、不同生活经历的学生，在多元经济文化社会化大浪潮中，容易产生不同需求、不同性情偏好、情感表达特异的群体。他们在心理、情绪、思想上都是原子化、个性化的，而身心并未发育成熟，加上涉世未深，在入高校之前多困于身边的小圈子，突然进入高校难免存在不适应现象，在相互交往中容易发生矛盾冲突，诱发安全事件，影响家庭稳定、社会和谐。因此，高校的责任不仅是教书，更在育人，建立和完善经济、心理、安全救助机制，为学生营造良好的做人做事氛围，促进学生在接受知识的同时身心综合健康成长，成为高等教育中十分现实的问题。六是就业与发展。对于众多大学生而言，就读高校是为了更好的就业，将来更好的发展。但现实情况是"毕业就意味着失业"，辛辛苦苦四五年，却没有换来应有的技能，得到满意的岗位，甚至竞争力不如有一技之长的民工，更不用谈发展。就业乃民生之本，关系到每一个毕业生甚至家庭的生计，一个大学生奔波于生计的社会必然是病态的社会。面对严峻的就业形势，大学生就业问题成了民众关注的焦点问题。

从民生的视角来看，高等教育热点问题的解决关键在于化解高等教育与民生需求之间的矛盾。

1. 深化高等教育体制改革，实现高等教育公平正义。要更新高等教育观念。高等教育发展，应始终秉持协调发展、公益性发展、普惠性发展原则，以发展学生的综合能力为出发点，千方百计使培养模式与社会需求接轨，理顺高等教育与群众需求关系，优化教育资源配置，调整学科体系。

2. 改革、完善投资体制、投入机制，激发高校发展活力。高校的主

① 王延中主编：《社会保障绿皮书：中国社会保障发展报告（2012）No. 5——社会保障与收入再分配》，社会科学文献出版社 2012 年版，第 187 页。

要任务在于教学，但高校的运转需要资金来源，单靠国家财政投入是远远不够的。高校也应是一个自我运转的实体，其融资渠道应该实现多元化，这也是对高校本身及其教职工能力的一种考验。建立起《教育规划纲要》所指出的“高等教育实行以举办者投入为主、受教育者合理分担培养成本、学校设立基金接受社会捐赠等筹措经费的机制”①，使高校发展充满活力。

3. 改革高等教育质量评价制度，创新人才培养模式。高等教育质量的提高，需要外力的督导，高等教育质量制度性评估与监控应随着时代的发展而改进；同时，高校内部管理也应着力加强，加速转变高校发展模式，实现由规模扩大型向质量导向型发展。高校的建设，应有两条线，一条是国家重点支持层面的重点高校的科研与教学，另一条是服务于地方的更广层面的地方高校的建设，前者的发展需要以后者为基石，需要后者的助推；后者需要以前者为龙头，需要前者的带引。要适应国家和社会发展需要，积极探索多种人才培养方式，多出人才，出好人才。

4. 提炼大学精神，传承和弘扬大学文化。大学精神和大学文化的构建是高校内涵式发展的重要组成部分。“大学应该让大学外的人神往，让大学内的人心情激动。”大学之道，在于真理的追求、在于理念的倡导。高校培养的人才，要引领社会前进，不仅在能力方面有一定优势，更贵在品德与高尚人文情怀的熏陶，对大学文化的传承，能提升大学文化对社会的吸引力与影响力。

5. 健全救助机制，完善社会服务功能。高校不仅要对学生进行知识、能力培育，也要注重对学生的精神、心理辅导，关心学生的生活，指导学生认识社会、认识自我，帮助学生融入校园、融入群体、融入社会，努力实现学生身心全面健康发展，保障学生基本权益，维护校园安全稳定，从而服务社会。

6. 积极引导、促进大学生创业就业。针对社会需求，高等教育要主动进行前瞻性、对策性研究。大学生就业一直以来就是高校关注的焦点问题，各高校也在促进毕业生就业方面花费了大量心思，但效果有限。高校毕业生不能仅仅是就业主体，更应该是创业主体，这就需要高校在平时教学中培养学生的创业意识、锻炼其创业能力。②

---

① 《国家中长期教育改革和发展规划纲要（2010—2020年）》，《人民日报》2010年7月30日13—15版。

② 文士博：《民生视野中的高等教育热点问题及对策研究》，《管理观察》2009年第3期。

三 民生政治视角的劳动就业

“就业是民生之本，促进就业是一项重要的公共政策。实施就业优先战略，把促进就业放在经济社会发展的优先位置，创造平等就业机会，提高就业质量”①，是构建基本公共服务体系、保障和改善民生、实现社会和谐稳定的重要政策，也是十八大提出的“健全人力资源市场，完善就业服务体系，增强失业保险对促进就业的作用”② 的要求。当前，我国就业形势仍然严峻，就业压力仍然存在，这对公共就业服务提出了更高要求。

改革开放30多年以来，一步步打破了之前的封闭的计划经济时代的就业格局，所有制形式变得多样化，牢固的城乡隔绝也消失了，现代社会的就业格局呈现出更大的市场导向性与流动开放性。随着市场经济的推进与发展，就业问题被突出地摆上了议程，市场化进程中的就业问题更具复杂性，面临着方方面面的两难抉择：一方面是我国人口众多，劳动力数量远过于市场需求量，劳动力过剩现象严重，另一方面是我国劳动力结构极不合理，大众化劳动力普遍，富有高技能的技工却极度缺乏；一方面是经济飞速发展、生产力水平大幅提升给就业带来许多新增岗位，另一方面是还有大量农村剩余劳动力需要转移和更多新增劳动力需要就业；一方面我国需要更多的劳动密集型产业以增加就业岗位，另一方面是我国又急需转变经济发展方式，优化升级产业结构，发展资本与技术密集型产业。③ 如此就业形势下，特别是对于高校毕业生、就业困难人员和农民工群体来说，新型的由劳动者、市场、政府共同打造的综合性互动就业体系的建立迫在眉睫。这也就是需要鼓励劳动者自主就业、勇于创业，发挥市场调节就业的基础性作用；同时政府应对劳动者的合法权益加以保障，“实施就业优先战略和更加积极的就业政策，引导劳动者转变就业观念，鼓励多渠道多形式就业，促进创业带动就业，做好以高校毕业生为重点的青年就业

① 国务院发展研究中心课题组：《民生为本　中国基本公共服务改善路径》，中国发展出版社2012年版，第69页。

② 胡锦涛：《坚定不移沿着中国特色社会主义道路前进　为全面建成小康社会而奋斗——在中国共产党第十八次全国代表大会上的报告》，《人民日报》2012年11月18日01版。

③ 中国社科院“中国社会状况综合调查”课题组李培林、李炜、范雷等：《当前我国就业形势的特点和变化》，《社会科学研究》2009年第2期。

工作和农村转移劳动力、城镇困难人员、退役军人就业工作。加强职业技能培训，提升劳动者就业创业能力，增强就业稳定性”。[①] 在就业方面，政府和市场应加强合作。

（一）当前劳动就业面临的困境

不可否认，30 多年的改革开放取得了巨大成就，国家在促进就业、构建和谐劳动关系方面做了大量工作，产生了积极成效。但同时，当下中国就业整体形势依旧严峻，劳动力供求矛盾不断激发，大量的剩余劳动力无法有效的就业，就业困难、就业满意度低越发普遍，与此相对的是，“招工难”、“技工荒”现象又在部分地区时有出现。就业质量问题、平等就业问题、劳动者权益保障问题等影响劳动力就业的因素增多；此外，经济发展方式的转变、产业结构的重新调整、经济增长速度的放缓等不确定因素也都对就业造成一定压力，“就业梦”的实现依旧任重而道远。

1. 就业结构性矛盾突出，面临“招工难”

表 20　　按产业分组的需求人数[②]　　（单位：人、%）

产业	需求人数	所占比重	与上季度相比需求变化[③]	与去年同期相比需求变化[④]
第一产业	101814	1.8	—	0.2
第二产业	2312293	40.9	-0.9	2.0
第三产业	3233769	57.3	0.9	-2.2
合计	5647876	100.0	—	—

自 2008 年经济危机以来，近些年我国沿海地区常出现“招工难”现象，特别是“春季用工荒”现象更是普遍，我国劳动就业的结构性矛盾越发突出，且有成为主要矛盾的趋势。目前我国劳动就业的结构性矛盾主要表现为：一是部分地区劳动力出现短缺。在广东、上海、浙江等沿海省

① 胡锦涛：《坚定不移沿着中国特色社会主义道路前进　为全面建成小康社会而奋斗——在中国共产党第十八次全国代表大会上的报告》，《人民日报》2012 年 11 月 18 日 01 版。

② 中国人力资源市场信息监测中心：《2013 年第三季度部分城市公共就业服务机构市场供求状况分析（完整版）》，中国就业网（http：//www. chinajob. gov. cn/DataAnalysis/content/2013 - 10/16/content_ 851988. htm），2013 年 10 月 16 日。

③ 正数表示本季度比上季度增加的百分点，负数表示本季度比上季度减少的百分点。

④ 正数表示本季度比去年同期增加的百分点，负数表示本季度比去年同期减少的百分点。

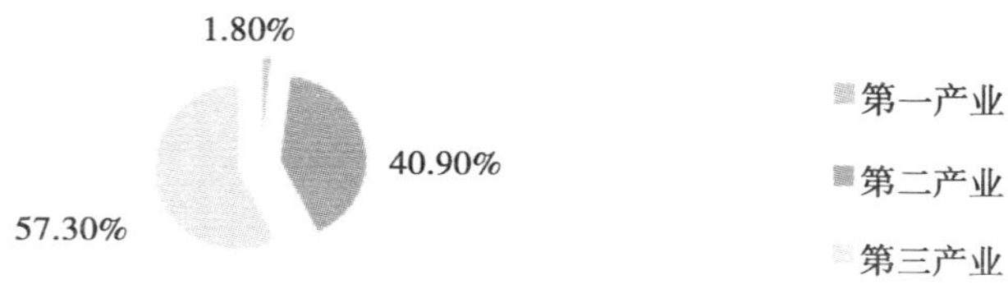

图 16 按产业分组的需求人数比重

份这一现象较为严重。近年内地的一些大中城市、经济发展较好的地方也出现了不同程度的劳动力短缺。二是一些行业和岗位供需存在较大缺口。如表 20 和图 16 所示，“2013 年第三季度，中国人力资源市场信息监测中心对全国 100 个城市的公共就业服务机构市场供求信息进行了统计分析。……本季度 100 个城市中，第一、第二、第三产业需求人数所占比重依次为 1.8%、40.9% 和 57.3%。与上季度相比，第二产业的需求比重下降了 0.9 个百分点，第三产业的需求比重上升了 0.9 个百分点；与去年同期相比，第二产业的需求比重上升了 2 个百分点，第三产业的需求比重下降了 2.2 个百分点”。[①] 那些工资水平较低、劳动强度又大、劳动条件比较差的行业和岗位往往出现“招工难”现象。三是专业技术人才的缺乏现象严重。当今社会大众化劳动者比比皆是，而高学历、高技能的专业人才少见，企业趋之若鹜，其中，高级工程师、技师、高级技能和工程师的市场需求量比较大（如表 21、图 17）。

表 21 按技术等级分组的供求人数[②] （单位：人、%）

技术等级	劳动力供求人数比较										
	需求人数	需求比重	与上季度相比需求变化	与去年同期相比需求变化	求职人数	求职比重	与上季度相比求职变化	与去年同期相比求职变化	岗位空缺与求职人数的比率	与上季度相比供求变化	与去年同期相比供求变化
职业资格五级（初级技能）	1249763	22.1	-0.9	1.4	1189073	22.7	-0.5	0.4	1.48	-0.05	—

① 中国人力资源市场信息监测中心：《2013 年第三季度部分城市公共就业服务机构市场供求状况分析（完整版）》，中国就业网（http://www.chinajob.gov.cn/DataAnalysis/content/2013-10/16/content_851988.htm），2013 年 10 月 16 日。

② 同上。

续表

技术等级	劳动力供求人数比较										
	需求人数	需求比重	与上季度相比需求变化	与去年同期相比需求变化	求职人数	求职比重	与上季度相比求职变化	与去年同期相比求职变化	岗位空缺与求职人数的比率	与上季度相比供求变化	与去年同期相比供求变化
职业资格四级（中级技能）	631536	11.2	0.8	1.1	593131	11.3	0.7	1.3	1.49	-0.01	-0.07
职业资格三级（高级技能）	232393	4.1	0.7	0.4	186688	3.6	0.9	0.5	1.67	-0.13	-0.10
职业资格二级（技师）	145744	2.6	0.5	0.4	82585	1.6	0.3	0.3	2.19	-0.06	-0.19
职业资格一级（高级技师）	49131	0.9	0.1	0.1	27815	0.5	0.1	0.2	2.19	-0.03	-0.67
初级专业技术职务（技术员）	650567	11.5	1.6	2.3	604971	11.5	0.6	1.9	1.50	0.06	—
中级专业技术职务（工程师）	378182	6.7	0.8	1.6	334823	6.4	1.1	1.9	1.56	-0.10	-0.14
高级专业技术职务（高级工程师）	74940	1.3	—	0.3	44414	0.8	—	0.3	2.11	0.09	-0.25
无技术等级或职称	—	—	—		2178495	41.6	-3.1	-6.8	—	—	—
无要求	2235620	39.6	-3.6	-7.7	—	—	—	—	—	—	—
合计	5647876	100	—	—	5241995	100	—	—	—	—	—

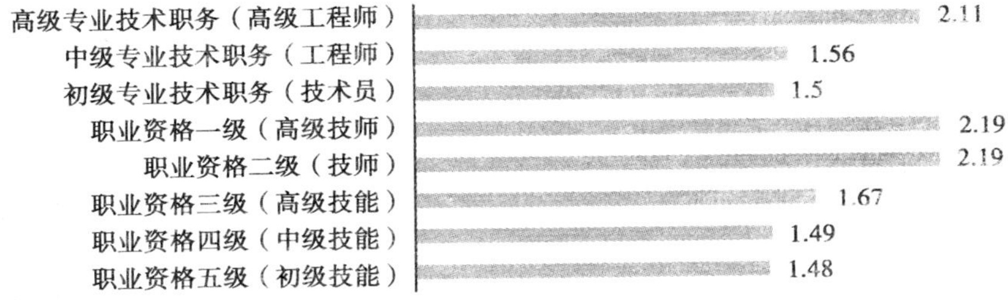

图 17　按技术等级分组供求人数对比

数据来源：同表 21。

概而言之，随着我国经济发展方式的加速转变、产业优化升级、企业管理方式转变等因素的综合作用，将会使得劳动力的结构性矛盾不断激化，劳动力的市场结构亟待优化调整。

2. 就业质量差，劳资关系紧张

根据国际劳工组织（International Labour Organization）的解释，良好的就业质量的基本要求是“在自由、公平、安全和具备人格尊严的条件下，获得体面的、生产性的可持续工作机会”①。根据此定义，就业质量的衡量标准应当包括工作劳动的机会、自由、平等以及安全、尊严等方面。近年来我国部分地区出现的“用工荒”现象，一方面反映了劳动力结构性矛盾，另一方面也反映了劳动者对自身劳动价值的提高，追求更高的就业价值取向，择业观更强，对“体面的工作”有更强的倾向。而现存的就业质量差、就业质量低、劳资关系紧张等弊端越发暴露，主要表现在：一是分配不和谐。普通劳动者收入增长速度长期低于经济增长速度，付出远大于回报，用人方还存在非法用工和违规用工行为，劳动者权益受损现象时有发生，特别是农民工在底层无私奉献的同时，用人方并没有建立起应有的社会保障体系，这使得农民工群体只有简单并且廉价的单项保险，更有甚者没有任何的社会保险。二是就业的持续性不够。企业为了追求最大收益，不愿意与劳动者签订合同，即便是有合同也只是短期合同；在合同到期后又不愿续签，雇佣青壮年劳动者而不加以培训，以减少支出费用。长此以往，劳动签约率降低，法律法规被遗弃，劳动市场难以健康发展。因此，“跳槽”现象频繁。三是工作环境不安全、不体面。经济发展的同时，是安全事故的频发，流血事件不断。国家统计局相关数据显示，2013 年全年我国各类生产事故造成 69434 人死亡，虽然比上年减少了 2549 人，但平均每天各类事故造成的死亡人数高达 190 人，仍是令人惊心的伤亡数据。职业卫生健康问题严重，职业病如尘肺病、非电离辐射、振动和噪声污染、化学品中毒等呈高发态势。据媒体报道，我国受到职业病危害的产业工人有 1 亿左右，主要是农民工群体，每年这种“不流血的伤亡”造成的直接经济损失逾百亿元。② 四是就业不平等，突出表现在城乡之间同工不同酬等问题。部分单位出于种种考虑，滥用劳务派遣制度，派遣岗位的设置超出了临时性、辅助性和替代性的范畴，损害被派遣劳动者的合法权益。五是权益保障机制的缺失。目前我国劳资集体协商机制覆盖面还比较小，不能充分发挥作用；再加上劳资纠纷处置机制不健全，劳资纠纷难以通过正常渠道得到解决，使得劳资矛盾不断积累，劳动争议案件数居高不下（如图 18）；同时，企业内部劳动者自主管理的制度

---

① 王雪梅：《国际劳工组织的就业优先战略》，《工会博览》2003 年第 18 期。

② 《劳动话题：遏制“不流血的伤亡”》，《工人日报》2010 年 7 月 6 日 07 版。

流于形式，如职代会制度、工会组织等，造成职工民主参与和民主管理程度低。①

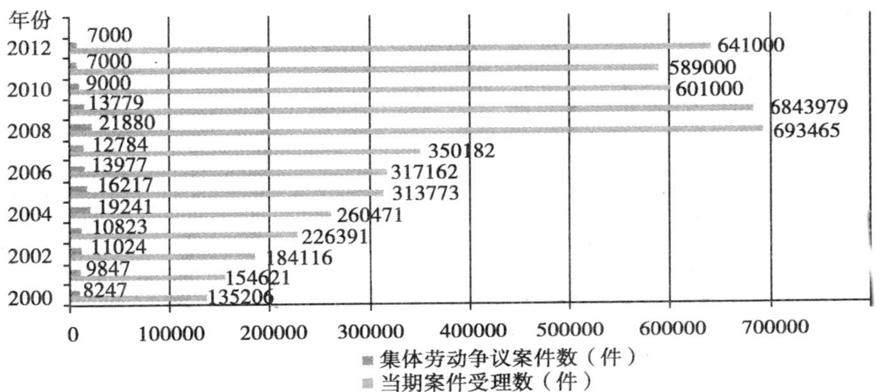

图 18　2000—2012 年中国劳动争议情况

数据来源：2000—2009 年数据根据《中国劳动统计年鉴 2010 年》整理，2010—2012 年数据根据 2010—2012 年度《人力资源和社会保障事业发展统计公报》整理（国家人社部网站：http：//www. mohrss. gov. cn）。

3. 就业歧视，就业体制性弊端暴露

根据中国社会科学院 2010 年对浙江、河南、四川、新疆四省（自治区）的调查显示，半数以上的被调查者认为就业歧视问题严重。

表 22　对中国就业歧视问题严重程度的基本判断

判断尺度	绝对数	百分比（%）
很严重	245	10. 9
严　重	912	40. 7
一　般	884	39. 5
不严重	143	6. 4
不了解	56	2. 5
总　计	2240	100. 0

数据来源：中国社会科学院 2010 年对浙江、河南、四川、新疆四省（自治区）的 2240 份问卷调查，参见张时飞、唐钧《中国就业歧视：基本判断》，《江苏社会科学》2010 年第 2 期。

表 22 调查结果可能会因为调查对象的具体阶层、地域不同而存在偏差，但就总体分析而言，差异较小，只有就业人员与失业人员对就业歧视

① 国务院发展研究中心课题组：《民生为本　中国基本公共服务改善路径》，中国发展出版社 2012 年版，第 73—75 页。

的判断差异较大。目前绝大多数劳动者认为用人单位给出的不录用的理由是不公平的，是对求职者的歧视；而绝大多数就业歧视的受害者在歧视事件发生后并没有采取行动表示他们的抗议。即便有少数人积极行动也倾向于一般的行政手段—闹大效应—找领导或上级告状。[①] “在中国，年龄歧视、文凭歧视、经验歧视、性别歧视是非常普遍的，健康歧视、相貌歧视、身高歧视和户口歧视为相当普遍，地域歧视和民族歧视也属普遍。”[②]

而且，就业不公、歧视现象在农民工、残疾人、女性身上发生非常普遍。由于严重的劳动力市场分割，农民工歧视多发生在体制性层面，他们只能在次要劳动力市场上谋求就业。而残疾人歧视多发生于生理上。目前，全球残疾人人数突破了10亿。就我国而言，残疾人人数已超过8500万，占我国总人口的6.2%以上，涉及的家庭达2亿多户。这些残疾人是最需要国家和社会关心、扶持和帮助的。另一方面，绝大部分的残疾人并没有完全丧失劳动能力，仍具有全部劳动能力或部分劳动能力。因而，如何激发和扶持残疾人的能力，对于解决就业问题，对于国家、对于其本人而言有着特殊的意义。在此意义而言，残疾人的就业问题是我国社会保障的重要内容之一。就我国的实际情况来看，残疾人只有实现就业才能实现真正的保障，才能实现其劳动权益和自身的价值；才能改善生活状况，改进生活质量，进而减轻残疾人家庭的各种负担；才能使残疾人以平等的社会地位参与到社会活动当中来，实现全社会平等、参与和共享的目标，并在最终使残疾人实现回归社会，真正融入社会，分享社会发展和社会进步带来的成果。

4. 毕业大学生激增，就业问题值得高度关注

大学毕业生越来越多，就业越来越成问题（如图19）。据“中国之声”《新闻和报纸摘要》报道，2013年高校应届毕业生达699万人，加上2012年尚未就业的大学毕业生，就业压力大增；而另一方面，受经济结构调整和经济增长放缓的影响，招聘岗位数有较大减少。根据“经济之声”《天下公司》2013年2月初对近500家用人单位的统计，2013年计划招聘岗位数同比平均降幅接近15%。2013年5月，国务院办公厅印发了《关于做好2013年全国普通高等学校毕业生就业工作的通知》，人力资源和社会保障部专家解读认为，落实通知，政府要维护公平，毕业生也要转变观念。

---

① 张时飞、唐钧：《中国就业歧视：基本判断》，《江苏社会科学》2010年第2期。

② 同上。

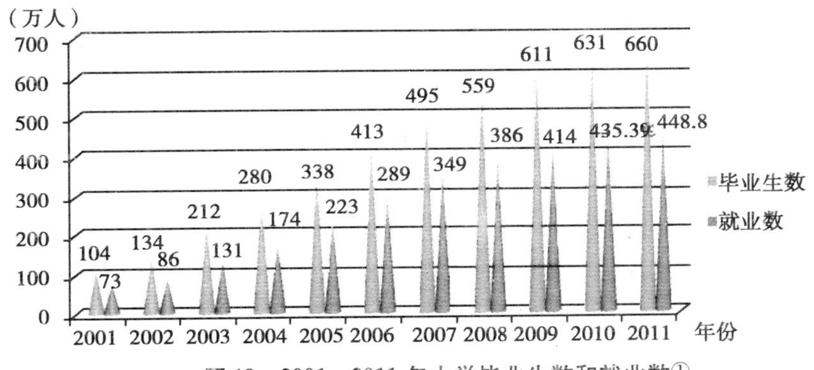

图 19 2001—2011 年大学毕业生数和就业数①

在高校毕业生激增、就业岗位减少的情况下，毕业生的择业观和专业、技能对就业也有较大影响。其实，高校毕业生对就业质量的诉求甚至要远远高于农民工群体。据调查，2008 年以来，高校毕业生就业流向主要是中小企业，可令人疑惑的是，恰恰中小企业是劳资关系最为紧张、矛盾最为突出的地方，这也在一定程度上造成了部分毕业生就业流动性较大。麦可思研究院发布的《2012 年中国大学生就业报告》指出："大学毕业生半年内的离职率呈现上升趋势。2011 届全国大学毕业生有 41% 毕业半年内发生过离职，比 2010 届（34%）上升了 7 个百分点，其中，高职高专毕业生半年内的离职率高于本科毕业生，有 52% 的高职高专毕业半年内发生过离职。'211'院校半年内离职率 19%，非'211'本科院校为 31%。"② 究其原因，与高校的人才培养模式存在很大关系。当前很多高校的专业设置和培养模式并非是以社会、市场为导向，培养出来的毕业生自然适应社会能力偏低、专业知识不过硬、实践技能又太弱，且缺乏创新精神，难免会成为难就业大军中的一员。毕业生既无法满足企业要求，又无一技之长，但毕业生的就业理念却没有转换，"高不成低不就"现象普遍。

（二）促进劳动就业的政策建议

"当前我国就业和劳动关系面临的种种矛盾和问题，是原有经济发

---

① 数据来源：国务院发展研究中心课题组：《民生为本 中国基本公共服务改善路径》，中国发展出版社 2012 年版，第 78 页。

② 麦可思研究院：《就业蓝皮书 2012 年中国大学生就业报告》，社会科学文献出版社 2012 年版，第 122 页。

展方式下不合理的制度安排长期积累的结果，在转变经济发展方式、应对金融危机过程中，这些矛盾更加突出地显现出来。”① 因而，一方面促进劳动就业和构建高质量就业的总体构想需要以转变经济发展方式为突破口，致力于妥善稳妥地化解就业劳动市场均衡和劳动关系和谐的深层次矛盾，改善劳动者在分配当中的地位，保障劳动者合法权益；另一方面要着力提高劳动者素质，提高劳动者就业技能，努力优化人力资源结构，适应经济社会转型的需要；此外，政府对劳动力市场的宏观调控也很重要，劳动力市场的制度建设需要政府的规划，劳动力市场的就业歧视现象需要政府的高度重视，需要政府对市场和企业进行监督，打破劳动力市场的地域分割和行业分割，为劳动者平等就业、公平竞争就业创造良好环境。

1. 强化劳动者权益的保护，建立和谐劳动关系②

市场经济下的政府并非无事可为，而是大有可为，可以通过转变职能发挥更为积极的作用，在协调劳资关系等问题当中扮演更为积极和重要的角色，构建和谐劳动关系。政府在劳资关系中承担着双重角色，一方面是劳动关系的规范者，另一方面是和谐劳资关系的推动者。资本具有稀缺性特征，容易得到地方政府的格外青睐，特别是在社会经济体制转型过程中，资本容易引起极大地诱惑力而使得地方政府做出主动或被动“庇护”的行为，从而绕开相关法律法规的约束与惩罚；而劳动方的权利却受到各方面的压制、正规权益被忽视，造成中国劳动关系呈现出“资强劳弱”的局面。因而，政府应当重新定位在劳动关系中的角色。政府不仅仅要成为劳动法律规范的制定者，还要成为劳动法律法规的公平、公正的执行者和监督者，切实维护劳动关系的公平和正义；不仅仅要突出和加强维护处于弱者地位的劳动者的权益，把执行力度和监督力度落到实处，还要搭建政府、资本和劳动者三方合作协商平台，服务于劳资双方沟通、协调，平衡劳资关系。

当然，由于我国正处于经济发展的关键时期，经济建设是核心、是大局，劳动关系的调整与资本利益扩大需要协调，不能以牺牲一方换取另一方的得利。劳动关系重新调整的根本目的在于使劳动关系实现均衡，回归

① 国务院发展研究中心课题组：《民生为本　中国基本公共服务改善路径》，中国发展出版社2012年版，第80页。

② 参见宋玉军《中国劳动就业制度改革发展动因及趋向的考察》，《福建师范大学学报》（哲学社会科学版）2012年第3期。

正常化。在新形势下，政府要强化公共职能，依据各种法律来规范、调整劳动关系，既保护劳动者的合法权益，又让市场的功能以及企业的自主权得以充分发挥，确保市场竞争的有效和有序。

2. 打破体制分割，强化公共就业服务，规范劳动力市场

如前所述，我国劳动力市场存在严重的制度性分割（如城乡分割、部门行业分割、体制分割等），就业歧视普遍。要促进就业，必须破除双重二元体制（劳动力市场行业分割及其框架下的主要劳动力市场与次要劳动力市场的二元制分割）障碍，转变原来“重经济、轻社会，重管理、轻服务”的观念，消除歧视，加强公共就业服务，建立规范统一、灵活有序的劳动力市场，实现公平就业、充分就业。

现阶段，农村转移劳动力群体即农民工群体和大学毕业生群体是公共就业服务的主要压力。解决农民工就业问题，就要消除劳动者身份的城乡界定和就业歧视，改变城乡分割的劳动就业管理体制，统筹城乡就业，通过公共就业服务体系帮助农民工实现平等就业，大力推进农民工融入城市、融入社会。大学毕业生就业问题的解决，一方面要加强对大学毕业生的就业指导，积极鼓励以创业促进就业；另一方面，政府、社会、用人单位、高校多方协作，形成合力，搭建就业信息平台，构建大学毕业生就业服务体系，全方位促进大学毕业生就业。

3. 加大职业教育培训力度，提高人力资源素质

劳动工资低、收入分配不合理，一直以来影响着我国劳动就业。要解决就业和劳动关系面临的矛盾，就必须提高劳动工资水平，使收入分配合理化。而劳动者就业收入的提高，关键在于劳动者本身职业技能的增强，能给企业带来更大收益。这就需要加强对劳动者的职业技能培训，全面提高人力资源素质。为此，政府和社会应共同努力，做出制度性的安排。一是完善培训制度，确保所有劳动者尤其是其中的弱势群体能受到免费的基本职业技能培训；二是着力推行终身培训制度，劳动者接受培训不应有时间限制，不应是一劳永逸的，培训是终身性的，技能是无止境的；三是健全技能鉴定工作制度，劳动者技能的增强以及能力的评估需要科学合理的标准。通过职业培训，积极推进素质就业，使就业质量不断提升。此外，应加大力度提倡自主创业。解决就业问题的最好办法就是使更多的人成为创业主体而非就业主体，让劳动者更加主动掌握自己的事业而非被别人掌控。

4. 健全劳动法律法规，积极与国际劳工标准接轨①

劳工标准的制定首先要考虑我国的实际情况，但也需要参照和考虑国际标准。国际劳工标准是国际经济事务当中一个非常重要的标准，而将国际劳工标准和国际贸易结合在一起也是一种趋势。在此背景下，我国除了加快转变对外贸易发展方式外，还应主动参与国际劳工标准的协商、制定。

首先，我国应强化对国际劳工标准制定的参与、交流和协商。通过宏观层面的参与以及其他层次的多边对话，提升我国在国际劳工标准制定过程的影响力，以切实维护自身利益。其次，充分发挥工会、行业协会等社会组织的作用，保护职工合法权益，平衡劳资关系。最后，要不断建立健全国内的劳动法律法规，强化企业的社会责任意识，推动企业积极履行社会责任，改善劳动者的生产生活环境，实现劳动者体面劳动，积极构建和谐劳动关系。

四 民生政治视角的城乡居民收入

自从 1978 年实行改革开放以来，我国经济一直保持稳步快速发展，平均 GDP 增长速度稳定在两位数以上，到 2010 年一跃成为世界第二大经济体。但与此同时，我国城乡居民之间的收入差距不断拉大，“城乡居民人均收入比值经历了‘三峰二谷’的演变过程”。② 如图 20 所示，1978 年我国城乡人均收入的比值为 2.57：1，之后差距逐步缩小，到 1985 年下降为 1.86：1；但是，在 1985 年以后又开始扩大，到 2009 年比值达 3.33：1，差距的绝对值为 12021.5 元；2010 年和 2011 年的比值虽有所回落，但是收入差距的绝对值仍在扩大，2011 年高达 14832.5 元。根据世界银行公布的数据，我国城乡人均收入的差距比例远远高于绝大多数国家的 1.5：1。③

---

① 参见宋玉军《中国劳动就业制度改革发展动因及趋向的考察》，《福建师范大学学报》（哲学社会科学版）2012 年第 3 期。

② 陈云：《我国城乡居民收入差距扩大成因的动态测度研究》，《中央财经大学学报》2013 年第 4 期。

③ 同上。

（一）城乡收入差距原因分析

改革开放以来，我国城乡居民收入有了极大提高，然而城乡之间的差距在不断扩大，并成为影响我国经济继续发展的突出问题，也成为我国社会稳定的不利因素。我国城乡居民收入扩大的根本因素不是单一的，而是我国经济社会转型过程当中，多种因素和多种力量共同作用的结果。根据北方工业大学陈云对1978—2010年全国范围的18个统计指标进行的量化实证分析可知（如表23）：①

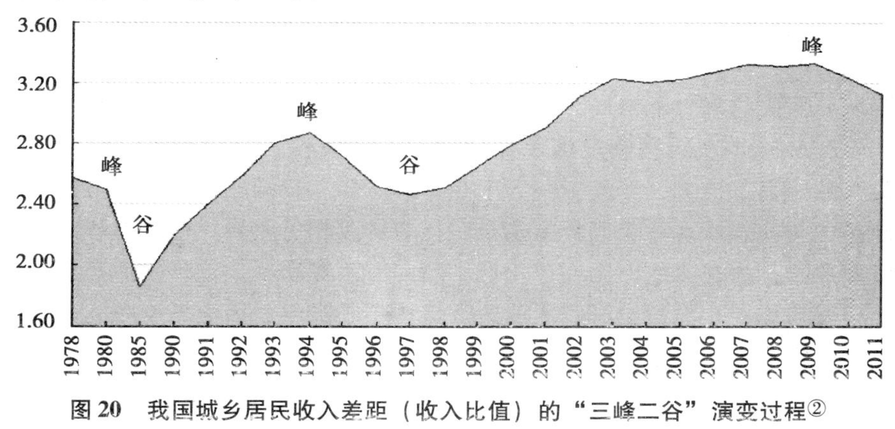

图20　我国城乡居民收入差距（收入比值）的“三峰二谷”演变过程②

表23　我国城乡居民收入差距与影响因素的线性回归结果

影响因素	变量	系数	相关性	经济意义
经济发展阶段	X11：人均GDP增长率	0.006	正向	人均GDP增长率增加1%，城乡居民收入比值增加0.006
二元经济结构	X2：非农业部门生产率/农业部门生产率	0.169	正向	农业和非农部门生产率比值增加1，城乡居民收入比值增加0.169
再分配调节	X5：城镇居民平均每人转移性收入/农村居民平均每人转移性收入	0.014	正向	城乡人均转移性收入比值增加1，城乡居民收入比值增加0.014
基础设施建设	X6：城镇全社会投资/农村全社会投资	0.227	正向	城乡全社会投资比值增加1，城乡居民收入比值增加0.227

1. 当前，曾对我国城乡居民收入差距拉大造成主要影响的经济增长

① 陈云：《我国城乡居民收入差距扩大成因的动态测度研究》，《中央财经大学学报》2013年第4期。

② 同上。

这一因素的影响强度在逐渐减弱，2006 年以来其影响力已不再明显，城乡居民收入差距进入“倒 U 曲线”底部。倒 U 曲线即著名的库兹涅茨曲线，展示的是西方国家经济社会发展历程中收入分配状况变化的一般规律：在经济发展初期，人均 GDP 的增加自然会使得收入差距也发生变化，不断拉大；到了经济发展中期，经济增长对收入差距的影响力呈现弱化趋势，收入差距趋缓；而“拐点”过后，经济充分发展，收入差距会逐渐缩小。根据国家统计局相关数据，2010 年、2011 年我国城乡居民收入差距有所降低。换言之，当前我国经济发展进入库兹涅茨曲线的中期阶段，或将进入“拐点”，城乡居民收入差距有逐渐缩小的趋势。因而，在今后相当长的时期内要保持经济平稳快速健康发展，持续提高经济总量，为改善城乡居民收入分配格局、缩小城乡收入差距奠定好物质基础。

2. 由于城乡间基础设施差异所造成的居民收入差异现象明显，城乡收入差距显著拉大，但其影响力度在持续减弱。我国城乡居民收入差距不断扩大与我国城乡社会投资失衡有着显著的正相关关系。也就是说，城乡发展差距扩大很大的原因在于资源不断向城市集聚，但这种资源集聚到一定程度后，对于城镇居民收入的边际作用不断降低，因而城乡收入差距也会在一定程度上趋于缩小。

3. 城乡二元经济结构使得城乡居民收入差距始终在拉大，积重难返。城市与农村间的基础设施如通信、道路、教育和卫生等存在相当程度的差异，这是我国城乡二元经济结构的一个表现，这种巨大的差异反过来在一定程度上扩大了城乡之间的差距。城市化进程的加快对改变城乡二元经济结构、缩小城乡差距作用显著。可我国城市化发展滞后，也就是说，城市化进程的缓慢是我国城乡差距缩小步伐缓慢的原因之一。

4. 由于城乡之间积累的差距过大，因而我国现阶段收入再分配政策对于城乡之间居民收入差距的缩小影响不够显著。我国长期以来财政支出的重点放在城市，农村投入的资源相对较少，这造成了城乡之间差距的积累存量巨大，因此，近年来国家财政对于农村投入的加大仍不能很显著地改变城乡差距过大的问题。这也显示，我国必须要强化宏观收入再分配政策，持续加大对农村的财政支出力度。

（二）缩小城乡居民收入差距的对策

1. 加快城市化进程，切实改变城乡二元经济结构，促进城乡协调、均衡发展。城乡二元经济结构的改变需要积极推进城市化进程，需要多渠道增强农业活力，多途径为农民减负增收，多措施合理、有序地转移农村剩余劳动力。实现这一目标，必须改变不合理的城乡二元户籍制度和城乡二元分割的劳动力市场，释放被压抑的农村剩余劳动力，使农民真正从土地上解放出来，营造良好的城镇化环境条件，缩小城乡居民收入差距。只有建立城乡一体化发展的新机制，城乡之间的界限被彻底打破，才能促进城乡间居民的自由迁徙，实现城乡之间各种要素的沟通与互动，激发农村发展活力，缩小城乡居民收入差距。

2. 着力推进农村教育事业发展，提高农村劳动力素质，实现城乡劳动力要素平等化。只有农村劳动力素质增强了，农村居民收入水平才能真正得到提高。一般而言，受教育年限长的农民想从事非农行业的意识更强，也更能适应非农行业的要求。因而，要缩小城乡居民收入差距，就必须以更多的投入来发展农村教育，强化对农村劳动力的教育培训，提高农村劳动力受教育年限，增强农村劳动力劳动技能，提升农村劳动力综合素质。

3. 建立健全城乡一体的社会保障体系，缩小城乡收入分配差距。社会保障必须覆盖城乡，建立和完善城乡一体的包括教育、就业、医疗和养老等在内的社会保障体系，确保城乡间社会保障资源的均衡分配。同时，国家对城乡间的财政投入分配也应趋向均衡，更加注重公平，建立健全农村医疗、农村养老等系列保障制度，改善农民社会保障水平与生活质量。当然，对于农民工这一特殊群体，理所应当地要纳入社会保障制度中，让农民工平等的融入城市，享受基本的市民权利。

4. 进一步改革城乡收入分配制度。深化收入分配制度改革，建立科学、公平、透明的分配制度，以保障收入分配的合理化和有序化。在城乡收入分配制度改革中，应当逐渐改变重城市轻农村的收入分配格局，使国家财政投放适当向农业和农民倾斜，重视健全农村转移支付制度，加大对农村的财政支持力度。确立生产要素的公平分配原则，使各种城乡生产要素去平等参与收益分配。建立起新型的农业和国民经济关系，加快形成工业反哺农业、城市支持农村的经济发展新机制，实现城乡经济一体化。①

5. 强化政府职能，弥补市场缺陷。市场经济具有盲目性、滞后性等缺陷，再加上我国市场经济体制正处于完善阶段，存在诸多问题，如管理不到位、法律法规不健全、成体系的市场监督机制未建立等，导致了不规范的资源分配现象。因而，应当加大对于非正常收入分配的整顿力度，放开行政权力控制的社会资源，并通过市场对资源分配的决定性作用，实现

---

① 赖文燕：《转型期城乡居民收入差距成因与对策》，《企业经济》2011 年第 4 期。

市场和政府作用的互补。

五　民生政治视角的社会保障

随着我国经济社会的发展，“和谐社会”、“科学发展观”、“美丽中国”等观念深入人心，使得民生问题成为党和政府的工作重点，也成为社会治理的重中之重。社会保障一词也在此背景下成为党和国家以及社会各界关注的焦点。社会保障常被称为安全网，通过社会保险、社会救助以及社会福利等具体项目，保障着社会生活的安全。中国社会保障体系如图21所示。

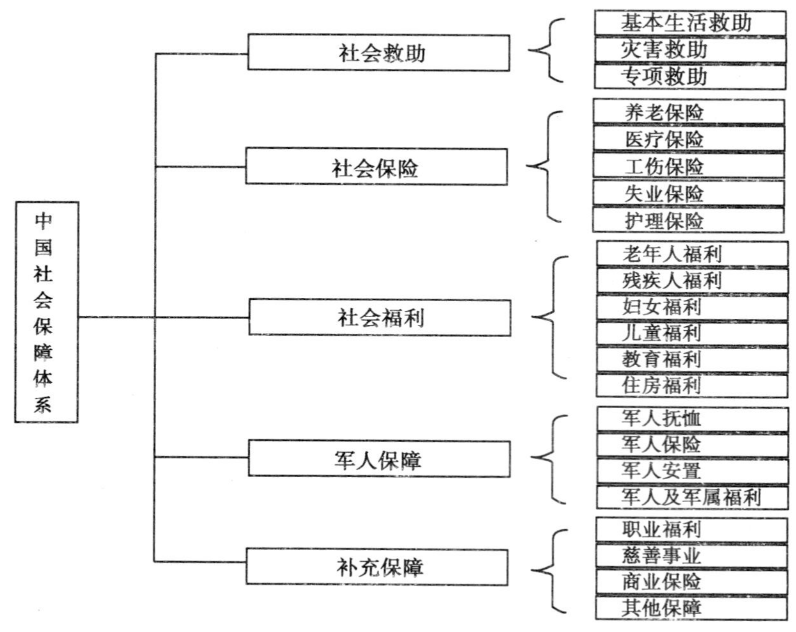

图21　中国社会保障体系图①

（一）面临的困境与挑战

目前，随着我国经济的发展，人民生活水平不断得到提高，社会利益和

① 郑功成：《中国社会保障改革与未来发展》，《中国人民大学学报》2010年第5期。

社会结构进一步分化，社会成员的流动速率加快，财富分配格局失衡．造成贫富差距、劳资矛盾、城乡差距和地区差距等社会风险不断加速积累，这些都迫切需要通过社会保障制度来缓和或化解。在此意义上而言，民生问题不仅仅是居民对于一般意义上的收入增长和生活水平提高的要求，而是对于社会公平正义的追求，是要求建立在完善的社会保障基础上的更高社会安全和高质量的生活，由此构成了社会保障制度建设的原动力。这也成为一个政治问题，关乎公平、正义、共享的主流价值取向，决定了建立健全的社会保障体系已成为国家发展的重要目标指向。① 就我国当前实际而言，社会保障制度建设面临着各种各样已知的、未知的、潜在的问题与挑战。

1. 医疗保障问题。我国医疗保障体系不断在完善，阶段性成果显著，如公共卫生和基本医疗服务能力明显增强、公立医院的改革逐步深化、国家基本药物制度稳步推进等。但是我国医疗保障仍然存在诸多问题，主要表现在财政投入偏低，保障水平有待提高；制度的协同性有待加强；群体及城乡间的医疗保险差异有待均衡化等。因此，尽管我国进入了全民医保时代，但离人们对具有较高水平的、能体现社会公平的医疗保障的期望和需求还有相当差距。

2. 养老保障问题。我国养老保障首先面临着人口老龄化所带来的压力。《中国老龄事业发展“十二五”规划》指出：“从 2011 年到 2015 年，全国 60 岁以上老年人将由 1.78 亿增加到 2.21 亿，平均每年增加老年人 860 万。”②

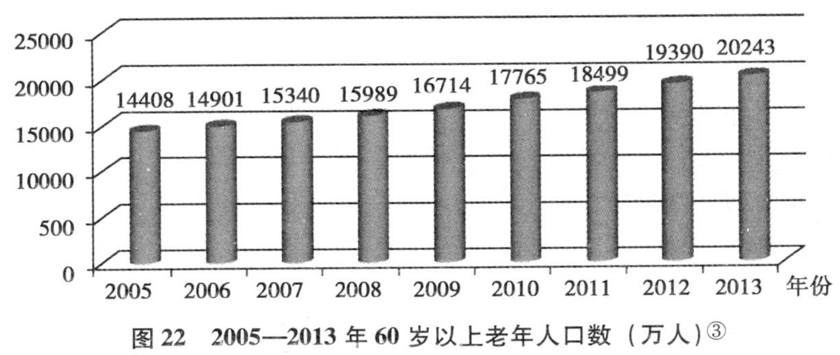

图 22　2005—2013 年 60 岁以上老年人口数（万人）③

---

① 郑功成：《中国社会保障改革与未来发展》，《中国人民大学学报》2010 年第 5 期。

② 《中国老龄事业发展“十二五”规划》（国发〔2011〕28 号），2011 年 9 月 17 日，《中华人民共和国国务院公报》2011 年第 28 期。

③ 图 22、图 23 根据国家统计局 2005—2013 年《国民经济和社会发展统计公报》以及《2005 年全国 1% 人口抽样调查主要数据公报》、《2010 年第六次全国人口普查主要数据公报（第 1 号）》中的数据绘制而成。数据来源：国家统计局网站：http：//www. stats. gov. cn/tjsj/tjgb/ndtjgb/。

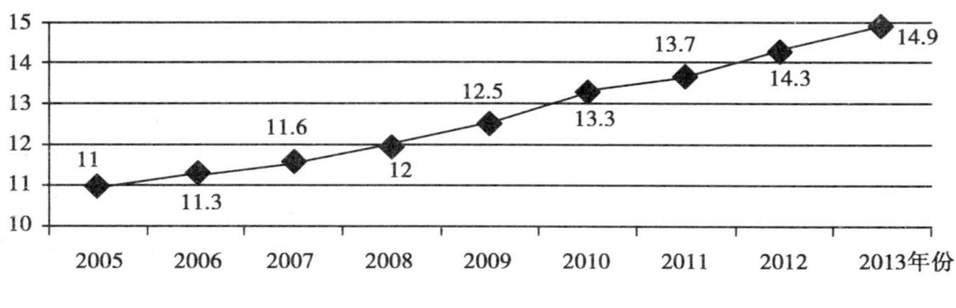

图 23　2005—2013 年 60 岁以上老年人口比重（%）

作为我国社会保障体系的重要组成部分，养老保障事关社会民生建设，其完善的重要性和紧迫性不言而喻。随着老龄人口的不断增长，现实养老需求急剧增加，而我国养老保障则相对滞后，矛盾将会越来越突出。目前，我国养老保险制度不够公平，养老模式不能适应时代发展需要，服务设施落后，老年社会管理工作不到位，老龄服务供给不足；等等，这些都是关系到每个人、每个家庭福祉，关系到代际分配的关键问题，必须认真加以解决。①

3. 城乡居民最低生活保障问题。最低生活保障制度是城乡困难群众基本生活保障的最后一条保障线。建立健全最低生活保障制度，有利于保障和改善民生，有利于凸显社会公平，有利于维护社会稳定，有利于完善社会保障体系。随着我国经济迅速发展，最低生活保障制度的建设现在已进入十分关键的阶段，新问题也不断出现。首先是制度设计方面的问题。全国各地低保标准不一，给付水平有高有低，缺乏科学性；城乡间差别、地区间差异较大；低保制度与其他保障制度间缺乏有效协调和有机衔接，公平性和合理性受到影响；等等。其次是制度运行方面的问题。最低生活保障对象难以完全实现动态管理，资金管理不到位，基层的保障和服务能力有待提高。最后是制度监督方面的问题。程序形式化、督察敷衍化、问效缺失化、信息滞后化现象严重。②

4. 住房保障问题。住房保障是我国社会保障的重点之一。让全体

① 申曙光、马颖颖：《社会保障的发展：社会建设的首要任务与核心内容》，《苏州大学学报》（哲学社会科学版）2013 年第 3 期。

② 安徽省财政厅课题组：《完善城乡居民最低生活保障制度的政策建议》，《财政研究》2011 年第 1 期。

国民住有所居，既是民生大计，又是我国构建社会主义和谐社会的关键内容。特别是近些年来，经济的高速增长带来了膨胀的房地产业，一方面是政府三令五申的要求增加住房、限制房价，另一方面则是房地产业的继续发酵。政府与市场在住房领域的矛盾越发紧张，单一的行政调控已经无法适应市场经济的发展。初衷美好的政府政策总是难以达到预期的效果，住房保障仍旧停留在文件、口号上。“现阶段我们对于政府责任与市场机制的认识较为模糊，在理论上没有明确的界定，导致无论是在体系层面，还是在制度层面，或是在具体政策与执行层面都存在政府责任不清、边界不明的问题，最终阻碍了‘住有所居’的实现。”[①] 住房保障顽疾的解决与否，体现着民生建设的优劣，直接影响民众的生存，关乎社会安宁。

（二）解决的路径与策略

社会保障是民生之安，是推进社会民生建设的关键所在。“只有将社会保障作为新时期我国社会建设的首要任务与核心内容，才能真正做到转变思路和创新思维。”[②] 发展社会保障，必须在坚持公平、正义、均等共享，坚持综合与适度协调的原则下，全面统筹规划，积极部署安排。党的十八届三中全会明确提出要“建立更加公平可持续的社会保障制度”。

1. 加强制度建设，实现社会保障均等化。改革开放以来，我国经济发展取得了辉煌成就，但也存在利益格局失衡、贫富差距拉大等问题。2013 年全国居民收入基尼系数已经超过 0.4 的贫富差距警戒线，达到了 0.473。[③] 因此，建立健全的社会保障制度，实现社会保障均等化已经成为时代和社会发展的客观要求。第一，在社会保障体系建设方面应城乡一体化；第二，以信息化促进社会保障管理和服务标准化、专业化；第三，在社会保障模式的选择方面要与经济发展水平相协调，构建适度普惠型社会保障；第四，在社会保障的目标选择方面应既立足当前又着眼长远，确保平衡与公平，逐步让全体国民共享改革发展的

---

① 申曙光、马颖颖：《社会保障的发展：社会建设的首要任务与核心内容》，《苏州大学学报》（哲学社会科学版）2013 年第 3 期。

② 同上。

③ 数据来源：国家统计局：《2013 年国民经济发展稳中向好》（2014 年 1 月 20 日），http://www.stats.gov.cn/tjsj/zxfb/201401/t20140120_502082.html。

硕果。

2. 优化社会救助制度，建设综合型救助体系。作为社会保障最后一道防护线和安全网的社会救助，其目的在于扶贫济困，维护社会公平正义。所以，社会救助的对象，应是那些需要国家、社会扶助的困难群体。而当前我国的社会保障体系并没有体现这一点，反而缺乏普惠性和公平性。相当一部分陷入生活困境的群体难以得到应有的救助，有些非困难人员却享有了不应有的补助资源。这就使得困难人群更加贫困，生存受到威胁，社会保障投入的效益异化。因此，现行的社会保障体系值得反思，其效能值得评估。当前，“社会保障发展最紧迫的任务是研究如何建立以最低生活保障制度为核心的综合性的社会救助体系，这种社会救助体系应当包括最低生活保障、医疗救助、廉租房政策以及灾害救助等其他政策措施，直接面向贫困阶层和弱势群体”。① 只有形成体系，机制化并科学合理的施行，社会救助才能发挥最直接最明显的效果。

3. 坚持适度福利原则。随着我国经济稳定、高速地发展，人民对幸福生活愈加向往。因此，国家应及时地将发展成果转化为国民福利，让人民共享，增强人民信心。但要注意把握福利的适度性，无论是福利过度还是福利不足，都会给经济与社会发展带来负面影响。现阶段，我国最低生活保障投入超前于经济发展水平和政府财力而偏高，应对覆盖率、标准等进行调整，不断完善城乡居民最低生活保障制度，以使之适于经济社会发展。② 同时，养老保险、医疗保障、就业保障等体制改革应加大力度，加快进程，使之与我国经济发展水平相适应。总之，要坚持适度福利的原则来完善社会保障体系。

4. 着力提升社会保障水平。我国经济的发展带来了国家的强盛和人民生活水平的提高，“城乡居民对生活福利的要求会继续上升，并不再满足于解除生活后顾之忧或者基本保障，而是需要通过社会保障制度安排来合理分配社会财富，确保全体国民的生活质量和维护公民的自由、平等与尊严”。③ 因此，社会保障不仅要实现全覆盖，更要在提高保障质量上下

---

① 申曙光、马颖颖：《社会保障的发展：社会建设的首要任务与核心内容》，《苏州大学学报》（哲学社会科学版）2013 年第 3 期。

② 毛捷：《中国社会福利体系适度性研究——国际比较与实证分析》，《财贸经济》2012 年第 2 期。

③ 郑功成：《中国社会保障改革与未来发展》，《中国人民大学学报》2010 年第 5 期。

功夫，做到广度和深度相结合，全面提升社会保障水平。

六　民生政治视角的医疗卫生

医疗卫生事业事关人民健康福祉。“随着时代的前进、社会生活结构不断变化，在我国这样一个发展中大国，如何以较低的费用、完善的体系来完成13亿人口的医疗保健，是一个重大民生问题。”①

（一）国家医疗卫生概况

20世纪80年代以来，我国医疗卫生事业发展成就显著，国民健康水平不断得到提高，医疗保障覆盖面不断扩大，城乡医疗卫生服务体系不断完善，疾病防治和卫生应急能力不断增强。

我国国民健康水平已居发展中国家前列。人均预期寿命从2000年的71.40岁提高到2010年的74.83岁，其中男性72.38岁，女性77.37岁。孕产妇死亡率从1991年的80.0/10万下降到2013年的23.2/10万。婴儿死亡率及5岁以下儿童死亡率持续下降，婴儿死亡率从1991年的50.2‰下降到2013年的9.5‰，5岁以下儿童死亡率从1991年的61.0‰下降到2013年的12.0‰，提前实现联合国千年发展目标。②

至2014年“年末全国共有医疗卫生机构982443个，其中医院25865个，乡镇卫生院36899个，社区卫生服务中心（站）34264个，诊所（卫生所、医务室）188415个，村卫生室646044个，疾病预防控制中心3491个，卫生监督所（中心）2975个。卫生技术人员739万人，其中执业医师和执业助理医师282万人，注册护士292万人。医疗卫生机构床位652万张，其中医院484万张，乡镇卫生院117万张”。③ 医疗保险覆盖率已逾95%。

---

① 孙明杰：《我国医疗卫生体制改革的必由之路》，《中国国情国力》2013年第3期。

② 数据来源：中华人民共和国国家统计局：《2014中国统计年鉴》（人口、卫生和社会服务），国家统计局网站：http://www.stats.gov.cn/tjsj/ndsj/2014/indexch.htm。

③ 中华人民共和国国家统计局：《中华人民共和国2014年国民经济和社会发展统计公报》，2015年2月26日，国家统计局网站：http://www.stats.gov.cn/tjsj/zxfb/201502/t20150226_685799.html。

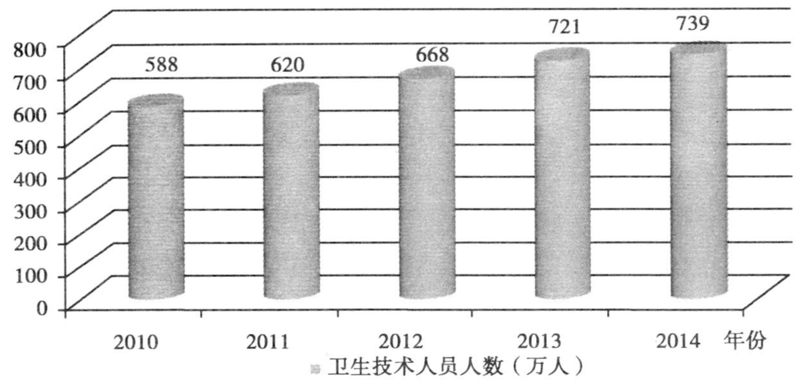

图 24　2010—2014 年卫生技术人员人数①

表 24　　2007—2013 年度国家财政支出及医疗卫生支出情况

年度	财政支出总额（亿元）	医疗卫生支出（亿元）	卫生支出占比（%）	城市人均卫生费用（元）	农村人均卫生费用（元）	人均卫生费用（元）
2007	49781.35	1989.96	4.00	1516.29	358.11	875.96
2008	62592.66	2757.04	4.40	1861.76	455.19	1094.52
2009	76299.93	3994.19	5.23	2176.63	561.99	1314.26
2010	89874.16	4804.18	5.35	2315.48	666.30	1490.06
2011	109247.79	6429.51	5.89	2697.48	879.44	1806.95
2012	125952.97	7245.11	5.75	2999.28	1064.83	2076.67
2013	140212.10	8279.90	5.91	3234.12	1274.44	2327.37

数据来源：国家统计局 2007—2013 年年度数据（http：//data. stats. gov. cn/workspace/index? m = hgnd 财政、卫生）。

从以上数据图表可以看出，政府财政投入逐年上升，医疗卫生事业投入在政府财政支出中的比重逐年上升，有利于医疗卫生事业的深入改革。在“保基本、强基层、建机制”核心思路的指导下，基层基本医疗服务体系不断健全；基层医疗卫生服务机构服务能力和服务水平有明显提升趋势；基本药物制度稳步推进，更加减轻了群众负担；在国家宏观规划下，公立医院改革试点快速推进；基本医疗保障水平不断提高，保障制度基本实现全覆盖。②

① 中华人民共和国国家统计局：《中华人民共和国 2014 年国民经济和社会发展统计公报》，2015 年 2 月 26 日，国家统计局网站：http：//www. stats. gov. cn/tjsj/zxfb/201502/t20150226_685799. html。

② 国务院发展研究中心课题组：《民生为本　中国基本公共服务改善路径》，中国发展出版社 2012 年版，第 157 页。

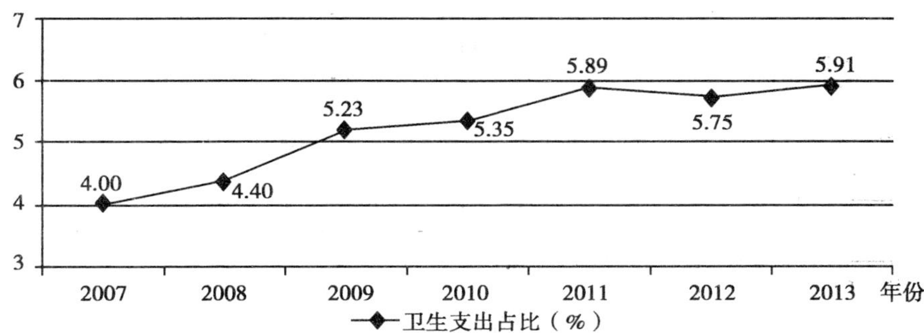

图 25　2007—2013 年度医疗卫生支出占国家财政支出比

（二）医疗弊病依旧存在

我国各项医疗卫生改革成绩显著，但问题依然不少。既有之前的旧问题，又产生了不少新问题。如：医疗资源配置不均、医疗费用昂贵、医患矛盾紧张等问题，一些深层次的问题逐渐暴露，部分改革措施还引发了一些新问题，“看病难、看病贵”问题依然突出。

1. 医疗资源配置不均衡

一是医疗资源配置在城乡间的不均衡。相对城市而言，农村医疗机构不仅设备落后，医疗服务项目不足，而且人才缺乏，医疗技术水平低，患者大都选择城市医院就医，城市医院“熙熙攘攘”，农村医疗机构则门前冷落。二是医疗资源配置在城区内的不均衡。不管是在量上还是在质上，大医院都占有绝对优势的优质医疗资源，基层医疗机构与之相比差距显著，患者只相信大医院，往往大医院人满为患，而基层医疗机构则门可罗雀。三是医疗资源配置在区域间的不均衡。中心城市的医疗资源明显优于其他地区，造成了中心城市医疗资源紧张，而其他地区医疗机构利用率低。“看病难”的根本原因就在于医疗资源配置的不合理。

2. 公共卫生体系的建设不够完善

医疗卫生体系的整体运行效率不高，公立医院仍处于垄断地位，医疗资源、资金的浪费依然普遍存在；疾病防控体系不健全，许多地方设备投入、人员配备等皆不到位；突发性公共卫生事件救治体系存在不足，面对突发危机难以进行及时、有效、科学地处置；卫生监督体系权威性不强，无法确保全面实施医疗卫生监督；城乡二元分割，医疗服务差距不断在拉大，城乡居民难以真正享受到均等化的基本公共卫生服务；等等。

3. 政府对医疗机构监管不力

在我国经济与社会转型过程中，政府与医疗机构之间不再是从前的行政隶属关系，医疗机构已成为独立运行的经济主体。由于利益的驱使，医疗机构想方设法上规模，这种无序的竞争打破了医院间原有的协作；医务人员也开始在其中谋求私利，使得开单提成、药品回扣、诱导消费等问题屡禁不止。[①] 在这种转型期，成熟的市场机制并未建立，相关的秩序有待维持，但政府对医疗机构的监管显得比较松弛。一方面体现在监管体制本身的问题，如职能分散、规则不健全、令出多门等；另一方面体现在监管人员的无意愿，执行不力，使得医疗机构的改革并不那么简单容易，阻力甚大。

4. 公立医院扩张，加深“看病贵”

增加财政投入本来是为了确保医改顺利推进，但部分地区仍旧将大量的新增财政投入用于大型公立医院的规模扩张上，其中县级公立医院的扩张趋势是最为明显的。许多地方都在新建、改建、扩建公立医院，更有甚者提出所谓“床位倍增”计划。从短期效应来看，这种做法确实是扩充了公立医院的规模和可利用的资源，也能让群众“看病难”问题在一定程度上得到缓解，可从长远影响来说就可能事与愿违了。原因在于医院扩建时有财政支持而没有加重其经济负担，但扩建后的运行和管理成本会相应地大幅增长，医院势必要将其转嫁给患者，这无疑进一步增加了患者的负担，更加深了原本就没有得到缓解的“看病贵”问题。[②]

5. 医患关系紧张、基层医疗机构技术水平低、部分医务人员工作积极性不高等问题仍然没有从根本上得到解决。

（三）新时期医疗卫生体制改革的路径完善

医疗卫生改革的弊病除了以上谈到的，还面临着新的困境，尤其是老龄化的加剧、城市化的加速推进、人们日益增长的多层次多样化医疗卫生服务需求等，都要求改革向深层次发展，这对改善民生有着十分重要的意义。2013 年 2 月 20 日，国务院办公厅正式公布《关于巩固完善基本药物制度和基层运行新机制的意见》，明确了医药卫生体制改革的总体要求：“坚持保基本、强基层、建机制，着力解决基层医改面临的新问题，不断

---

① 国务院发展研究中心课题组：《民生为本　中国基本公共服务改善路径》，中国发展出版社 2012 年版，第 165 页。

② 同上书，第 167 页。

完善政策体系，健全长效机制；巩固基本药物制度，深化基层医疗卫生机构管理体制、补偿机制、药品供应、人事分配等方面的综合改革；完善绩效考核办法，创新监管方式，强化监督管理；加强基层医疗卫生服务体系建设，不断提升服务能力和水平，筑牢基层医疗卫生服务网底。”① 党的十八届三中全会对继续深化医药卫生体制改革作出了全面部署。为使医疗卫生服务更好、更公平地惠及广大民众，特建议如下：

1. 完善制度设计，明确政府职责

医疗卫生体制改革涉及多层次多领域，是一项综合性工程，需要多方面协调和配合，因而整体性的制度设计尤为重要。既要注重顶层设计，把握医疗体制改革总体方向，目标定位准确，又要关注各单个领域具体政策的制定，保持上下一致，左右相通，相互衔接，形成整体。政府在医疗卫生体制改革中要切实承担起监管、指导责任：规划布局方面要积极干预，避免医疗资源过度集中于大医院、城市以及富裕地区，确保医疗资源配置的均衡性、医疗卫生服务的均等化；保证公立医院的公益性；加强疾病预防和控制，健全突发公共事件卫生救治体系，提高应急处置能力；强化对卫生行业的监管，保障民众就医安全；加强宣传教育，提高国民卫生、健康意识等。

2. 全面提升基层医疗卫生服务能力和水平，让国民满意就医

对基层医疗卫生机构基本功能进行科学定位，从人才培养、信息化和标准化建设着手，加快推行全科医生制度，不断提升基层医疗卫生服务能力和水平，采取主动服务、上门服务、巡回医疗、健康管理等多种服务模式，以方便各地人民能就近就医，就好医，治好病，使公共卫生健康资源得到科学、合理、有效地分配和使用。这既有利于构建和谐的医患关系，又有利于建立和推行分级诊疗制度，缓解“看病难、看病贵”问题。

3. 大力推进公共卫生体系建设

公共卫生体系建设不仅直接关系到国民的生命安全和身体健康，而且关系到社会主义和谐社会建设和全面建成小康社会大局。一方面，要健全重大疾病防控体系、卫生监督体系、突发公共事件卫生应急体系，全面提升传染病、地方病等重大疾病防控能力、紧急医学救援与院前急救能力、医疗救治能力和卫生监督执法能力；另一方面，要不断完善妇幼卫生和健

---

① 国务院办公厅：《关于巩固完善基本药物制度和基层运行新机制的意见》（国办发〔2013〕14号），2013年2月10日，中央人民政府门户网站：http：//www. gov. cn/zhengce/content/2013－02/20/content_ 6109. htm。

康素养监测体系、农村急救体系、无偿献血服务体系、食品安全风险监测体系、环境卫生体系，更好更多地满足国民的基本卫生服务需求，使国民的健康水平不断得到提高。

4. 深化公立医院改革，加快推进多元化办医格局

深入进行公立医院改革，“一是落实政府投入责任，改革医务人员激励机制；二是落实政府规划、监管职能，明确医院的自主支配权，约束公立医院的逐利行为；三是推进公立医疗机构与民营医疗机构的分工协作，满足居民多元化、多层次的医疗卫生服务需求”。[①] 公立医院确保基本医疗卫生服务，而非基本医疗服务市场应当放开，鼓励社会资本适当进入，公立医院与民营医院优势互补，积极推进多元化办医格局的形成。截至2012年，全国公立医院13384个，民营医院9786个。[②] 对于公立医院，要严格控制其规模和硬件设施水平，并尽快改革现行的医疗收费制度，防止乱收费和变相收费；对于民营医院，可以通过高层的宏观政策导向、市场化的调控，鼓励其做大做强，与公立医院形成良性竞争，积极满足人民群众多层次的医疗服务需求。

5. 巩固和完善国家基本药物制度

国家基本药物制度的施行有利于转变“以药补医”机制，推动了合理用药，体现了社会公平，有效地降低了医疗费用。要继续扩大国家基本药物制度实施范围，在政府办基层医疗卫生机构全面实施的基础上，进一步将村卫生室、非政府办基层医疗卫生机构、其他医疗卫生机构纳入其中；结合实际遴选和定期调整国家基本药物目录；完善基本药物集中采购，进一步做好配送工作；加强基本药物监管，从研究到生产再到流通、使用的各个环节，包括价格、广告。

全面发展医疗卫生事业，不断提高人民健康水平，为现代化建设提供有力保障，必须深化医疗卫生体制改革，这是一项重大的民生工程、发展工程。国务院已经提出，到2020年，“建立健全覆盖城乡居民的基本医疗卫生制度，为群众提供安全、有效、方便、价廉的医疗卫生服务”[③]，实

---

① 国务院发展研究中心课题组：《民生为本　中国基本公共服务改善路径》，中国发展出版社2012年版，第175页。

② 国家卫生和计划生育委员会统计信息中心：《中国卫生和计划生育统计年鉴》2013年卷，http://www.nhfpc.gov.cn/htmlfiles/zwgkzt/ptjnj/year2013/index2013.html。

③ 《中共中央国务院关于深化医药卫生体制改革的意见》（2009年3月17日），《人民日报》2009年4月7日01版。

现人人享有基本医疗卫生服务的奋斗目标。我们相信，随着医疗卫生体制改革的不断推进，医改成果普惠于民，“病有所医”的理想就一定能实现。

七　小结

本章从民生政治的视角来观察、研究如何进一步加强社会建设，并且细化到各个具体领域，包括国民教育、劳动就业、城乡居民收入、社会保障、医疗卫生等，全面论述了中国特色社会主义民生政治在当代中国实践中的具体表现。

在进入社会建设新时代的中国，经济社会发展取得了辉煌成就，民生政治越来越受到重视。但随着发展方式加速转变、改革全面深化，民生问题仍然层出不穷，如就业、住房、教育、医疗、社保等问题，民生建设并不理想。这就要求我们必须按照社会主义和谐社会的要求，在经济发展的基础上，以保障和改善民生为重点，加强社会建设，促进社会公平正义，努力让人民过上幸福生活。本章致力于当前中国民生建设进程中问题的解决，因此，本章的研究属于对策研究。

本章从理论上阐明了民生政治作为政治命题与社会建设作为实际工作二者之间的关系；从民生政治的角度对国民教育、劳动就业、城乡居民收入、社会保障、医疗卫生等进行了剖析，在总结成就的基础上，指出了其仍然存在的突出矛盾和问题，并提出了解决的对策建议和措施。

第七章 民生政治视角的“三农”问题

为政之道，以厚民为本；治国之道，必先富民。关注和改善民生是我们党领导的社会主义国家的本质要求，也是时代的要求。只有关注和重视民生、发展和改善民生，才能更好地实现党的十八大提出的“全面建成小康社会”的奋斗目标。21世纪以来，党和政府以民生问题为政治决策、政治职能和政治资源配置的重心，以民生为准，把民生的改善、国民的福祉作为衡量发展的最高标准，越来越关注普通民众的实际生活，与人民生活密切相关的、关系到人民群众切身利益的工作都在被大幅度推进，人民群众的合法权益得到越来越多的保障，这些都展现出一幅崭新的民生政治路线图。[①] 因此，民生政治是一种发展为了人民，发展依靠人民，发展成果由人民共享的政治观，就是要让全体人民共享经济社会发展成果，生活得更加幸福、美好，从而形成一个民生、民主、公平和谐和文明的社会。

一 民生政治视角的“三农”问题思考

“三农”问题就是农业、农村、农民问题，关系到国富民安、社会稳定进步，是改革的焦点问题。农村是我国全面建成小康社会的重点，也是难点，“农业丰则基础强，农民富则国家盛，农村稳则社会安；没有农村的小康，就没有全社会的小康；没有农业的现代化，就没有国家的现代化”。[②] 2005年，中共十六届五中全会做出建设社会主义新农村的决定：“建设社会主义新农村是我国现代化进程中的重大历史任务。要按照生产

---

① 本章论述借用了笔者发表过的论文。参见田新文《民生政治视域下的基本公共服务均等化研究》，《湖北社会科学》2013年第12期。

② 龙凯：《思想政治工作原理》，中央编译出版社2011年版，第394页。

发展、生活宽裕、乡风文明、村容整洁、管理民主的要求，坚持从各地实际出发，尊重农民意愿，扎实稳步推进新农村建设。”① 2008 年，十七届三中全会进一步指出“三农”问题关系党和国家事业发展全局，要“深入贯彻落实科学发展观，把建设社会主义新农村作为战略任务”②。2012 年 11 月，十八大报告强调“解决好农业农村农民问题是全党工作重中之重”③。2013 年，十八届三中全会指出必须“健全城乡发展一体化体制机制”④。构建社会主义和谐社会和全面建成小康社会都需要积极建设社会主义新农村。新农村建设是缩小城乡差距的必然措施，是适应经济市场化和全球化的迫切要求，是我国农村社会建设的重要新举措，是我国落实民生政治的关键之举，是解决“三农”问题、全面建成小康社会的重要途径。在当今新的时代背景、现实背景下，在“以工促农、以城带乡”的发展新阶段，积极推进新农村建设有着十分重要的现实意义，它有利于维护农民权益，提高农民素质，实现农民的民主权利；有利于塑造农民自主自律、自由自觉的主体价值和权利本位，培养现代公民；有利于改善农村公共服务的供给效率和效果，实现城乡基本公共服务均等化，提高农民的生活质量；有利于坚持以人为本，落实科学发展观，顺利推进我国现代化建设；有利于扩大国内需求，推动国民经济又好又快发展；有利于实现社会的公平和正义，构建和谐社会；等等。

而当前我国新农村建设的关键在于民生建设，其中最为薄弱和突出的环节是农村公共服务。具体表现为城乡公共服务不均、重城市轻农村，农村金融服务依然滞后、农民外出就业无法得到合理的保障、拖欠农民工资的现象仍然存在、农民看病就医难、子女上学困难、农村社会保障不足以及农村基础设施建设落后等，这些都严重地影响了农民的合法权益。为了落实民生政治这一重大决策，构建和谐社会，必须把“解决农村民生问题”放在重中之重的位置。从民生角度来讲，如何建设好新农村，促进

---

① 《中共中央关于制定国民经济和社会发展第十一个五年规划的建议》（2005 年 10 月 11 日中国共产党第十六届中央委员会第五次全体会议通过），《人民日报》2005 年 10 月 19 日 01 版。

② 《中共中央关于推进农村改革发展若干重大问题的决定》（2008 年 10 月 12 日中国共产党第十七届中央委员会第三次全体会议通过），《人民日报》2008 年 10 月 20 日 01 版。

③ 胡锦涛：《坚定不移沿着中国特色社会主义道路前进　为全面建成小康社会而奋斗——在中国共产党第十八次全国代表大会上的报告》，《人民日报》2012 年 11 月 18 日 01 版。

④ 《中共中央关于全面深化改革若干重大问题的决定》（二〇一三年十一月十二日中国共产党第十八届中央委员会第三次全体会议通过），《人民日报》2013 年 11 月 16 日 01 版。

农业发展，实现农民增收，走中国特色农业现代化道路，尤其是切实保障农民的合法权益，推进公共服务下乡，建立健全城乡一体化公共服务体系，已成为当前我国解决“三农”问题的重中之重。具体来说，必须加大农村教育的财政投入力度，健全农村社会保障体系，大力推广农业技术，促进农村基础设施的发展，为保障农民的合法权益、构建和谐社会夯实基础，从而适应民生政治的时代要求，构建一个权益保障、和谐稳定的农村生活共同体。

二　公共服务下乡：民生政治的新举措

社会主义新农村建设是社会文明进步程度的全面综合反映，“不仅仅是一个村镇建设的问题，而且是一个农村发展的问题；不仅仅是一个经济建设的问题，而且是一个包括经济、政治、科技、教育、文化、交通、人民生活、社会治安和社会保障等涉及社会生活方方面面的有机统一体，是农村社会综合发展程度的标志”。[①] 社会主义新农村建设是一个具有动态性的概念。从发展阶段上看，早在20世纪50年代我国就曾提出过“建设社会主义新农村”的目标，21世纪新阶段的新农村内涵应该更加丰富；从地域来看，由于现实发展水平和所处的发展阶段不同，新农村建设的标准和模式各地区会是千差万别的，不可能千篇一律。[②] 社会主义新农村建设不仅是我国社会主义建设的核心内容之一，也是人们的一种美好愿景。那么，社会主义新农村应该是什么样子的呢？“十一五”规划给我们描绘出了新农村的美好图景：“生产发展、生活宽裕、乡风文明、村容整洁、管理民主”[③]，其内涵十分丰富，对社会主义新农村建设目标做出了全面的概述。这表明，新农村建设既包含了经济建设、政治建设、文化建设，也包含了社会建设、生态建设，是“五位一体”的全面农村建设，是解决“三农”问题、促进农村发展的新要求与新方略，是要“把农村建设

---

① 梁华林：《解读2006年中央一号文件　促进社会主义新农村建设》，《中共山西省委党校学报》2006年第3期。

② 腾讯网：《积极推进社会主义新农村建设》（2006年2月13日），http：//news. qq. com/a/20060213/001079. htm。

③ 《中华人民共和国国民经济和社会发展第十一个五年规划纲要》（2006年3月14日第十届全国人民代表大会第四次会议批准），《人民日报》2006年3月17日01版。

成为经济繁荣、设施完善、环境优美、文明和谐”① 的社会主义生活共同体，如图 26 所示。

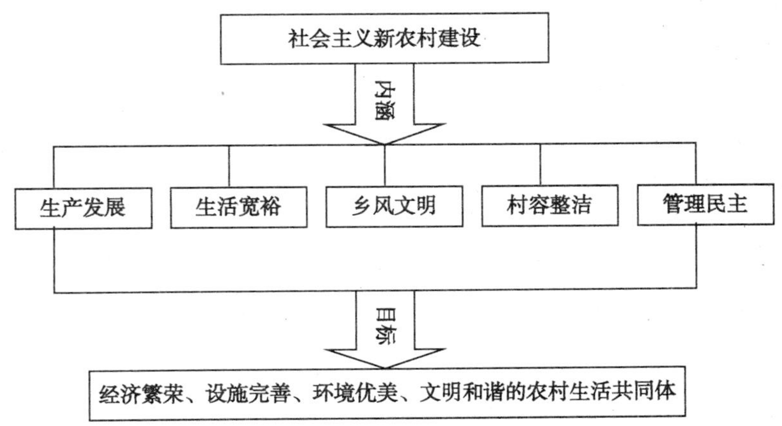

图 26　社会主义新农村建设

新农村建设的涉及面非常广阔，但其核心内容还在于农村经济发展，农民增收，农民合法权益维护。农村经济发展需要有便利的农田水利设施和基础交通，需要科技下乡，使农业科技有效运用于农业生产，需要相关的农用电网、通信网络等公共产品体系的有效提供，需要农业粮食与产品的有效出售路径与市场。此外，新农村建设将更加关注农村基本公共服务科学合理的提供，比如公共卫生、公费医疗与公共教育等。因此，社会主义新农村建设的实质是农村公共服务体系建设。它不仅是基础的农业生产，也是农村建设，在农村治理上通过以村民自治和社区自治的方式推进。通过公共服务下乡这一民生政治新举措的实施，使农民的合法权益得到保障，城乡基本公共服务均等化得到实现，从而确保农民平等地享有改革发展的成果，过上更加美好的生活，最终把我国建设成为富强、民主、文明、和谐的社会主义强国。

政之所兴在顺民心，政之所废在轻民生。国家治理依赖基层的农村治理，农村是国家治理的基础所在，也是重点与难点所在，民生问题的是否有效解决，直接关系到几亿农民的切身利益，关系民心所向，农村的公共服务是收集民心、服务农民的必要之举。公共服务下乡旨在为农村居民提供高质量、均等化的公共服务，实现城市反哺农村，缩小城乡差距，使农

① 潘淑君、周其文：《新农村建设中的环境问题与管理对策》，《天津农业科学》2007 年第 4 期。

民切实平等地分享改革开放带来的发展成果，这既是政府治理的时代责任，也成为现阶段我国民生政治重要的现实命题。公共服务供给的优劣是当前新农村建设能否有效推进的关键，关系和谐社会建设能否实现，关系我国民生政治的优劣。中国一直是也将长期是人口大国，在较长时期，农村人口的数量占居多数，且基数庞大，农业农村建设也长期未能得到有效重视，矛盾重重，因此解决好“三农”问题一直以来都是党和政府工作的重中之重。从当前的“三农”问题可以看出，农民问题是农村工作的核心所在，而农民问题主要集中在农民的权益问题上。农民的权益问题又主要体现在公共服务过程中农民的权益没能得到合法合理的保障，所以从和谐社会的构建方向上看，抓好新农村建设必须大力推进农村公共服务建设。①

（一）农村公共服务的内涵及分类

“农村公共服务是农村地区为满足农业、农村发展或农民生产、生活共同所需而提供的具有一定的非排他性和非竞争性社会服务，是不具备物质形态，而以信息、技术或劳务等服务形式表现出来的一种农村公共产品。”② 它首先是一个公共服务的范畴，具有非排他性和非竞争性的公共产品基本特性，同时，作为农村经济的一个重要组成部分，还属于农村经济的范畴。

农村公共服务可以分为农村纯公共服务即纯公共产品性质的农村公共服务和农村准公共服务即准公共产品性质的农村公共服务两大类型。一般而言，农村纯公共服务是为了公众和国家的利益，具有开放性、非排他性，服务由成员共享，公共服务所产生的收益并非投资者独有，而是由公共成员所共有共享，如农业灾害预报、农村计划生育服务、农村发展规划与发展战略、农村生态环境保护、农产品信息系统建设、江河治理等。而作为农村公共服务中大量存在的农村准公共服务是非营利性、非独占性的，具有一定的非竞争性，对于一些少数有偿产品，也应是仅向使用者收取成本费用，不以营利为目的，如农村医疗服务、农村公共卫生服务、农村义务教育、农业科技示范与推广、农村社会保障、农村文化服务、农业市场信息服务、农田水利改造、农村道路建设等。既然农村公共服务具有

---

① 本章论述借用了笔者发表过的论文。参见田新文《农村公共服务现状与对策研究》，《咸宁学院学报》2011 年第 11 期。

② 徐小青主编：《中国农村公共服务》，中国发展出版社 2002 年版，第 47 页。

开放性、非营利性、非独占性等特点，那么其生产供给也应具有相应的特点，公共服务的供给应是社会主体多元化参与，绝非私人主体单独可以完成的。换言之，农村公共服务的供给不能简单依赖于市场，市场竞争机制无法满足无偿开放的公共服务产品，这就需要政府力量的干预，进行有效的政府宏观调控。因此，农村纯公共服务的供给主体应是政府，有赖于国家财政投入；而农村准公共服务的供给主体是可以多元化的，应囊括政府、社会组织和私人，以减少政府财政压力，实现多渠道筹资，多主体承担成本。政府在提供公共服务时也应当遵守无偿服务原则，不追求群众的经济支付，不追求经济营利，要紧紧围绕提高农民的整体福利水平、生活质量这一最终目标，不断营造良好的农村社会环境，千方百计吸引更多投资，做好自己的服务者角色。与供给主体、供给方式多元化相适应，农村公共服务供给的资金来源就有政府财政资金、金融资金、社区集体资金与集资、私人资金以及国外资金。①

时代赋予了现代政府在农村公共服务供给中义不容辞的责任，这也更需要相应的各级政府通力合作，共同承担。当然，针对某些公共服务特性以及农民对这些公共服务的需求程度不同，政府可以采用多元方式，充分调动市场、社会组织的积极性，加以合理利用，实现最大效用，避免政府过多参与与财政负担，但政府与国家财政的角色是不可替代的，也是不可或缺的，是凝聚力。总之，公共服务下乡的顺利实现，有赖于农村公共服务长效供给机制的建立，有赖于政府角色的定位与国家财政的加大投入，有赖于社会成员的积极合理参与，有赖于多元主体、多种力量的积极有效配合。

（二）农村公共服务供给的不足

目前，我国正处于从生存型社会向发展型社会转变、从初步小康社会向全面小康社会过渡的关键阶段。在这一阶段中，社会成员的公共需求迅速增长，尤其是农民对公共服务的需求最为强烈。然而，由于各方面存在着问题，目前我国农村公共服务供给严重不足，农民的合法权益没有得到有效地保障，已成为制约我国农村经济社会发展的主要瓶颈。其主要体现在与农民生产生活密切相关的几个方面。

1. 基础设施农村严重滞后。农村公共基础设施是指能为农业生产、农民生活、农村发展提供服务和功效的各种基础性硬件设备，如农业水利

---

① 徐小青主编：《中国农村公共服务》，中国发展出版社 2002 年版，第 50—57 页。

水电设备、农村通信设备、农民交通出行设备、农村电力设备等。农村基础设施既为农业生产的开展和农村经济的发展提供强有力保障，同时也关系到农民的生存和生活以及农村社会的稳定问题。但我国农村基础设施建设却相对薄弱。新中国成立以来，尽管国家对农村基础设施建设的投入总体是在增长，可绝对量并不足。以2010—2013年为例，农村基础设施建设支出占全国公共财政支出的份额还不到0.3%，而且已呈现了下降的趋势（如表25）。当前我国农村地区基础设施缺失问题主要有：城乡间，特别是农村公路不畅，许多村村通、组组通公路远未实现；农业灌溉落后，设施利用率和效率不高，给水能力差，实现有效灌溉的比例还不到全国农田耕地总面积一半，其中机电排灌面积比例更低，难以抵御自然灾害，传统式的"靠天吃饭"模式未能扭转；农村通信设备未能普及，还有村庄网络、电话不通，现代化的卫星电视难以进入；电力设备陈旧落后，电压不稳定且费用较高，还有上千万农村人口没用上电；农民饮水问题也是新出难题，先前的井水和自家压井水被破坏，城镇式的通用自来水的费用和维修成为新问题，之前的用水饮水习惯难以较快更正而存在安全隐患；广大农村基本上没有污水处理，没有生活垃圾无害化处理。①

表25　2010—2013年农村基础设施建设国家财政支出一览表

（单位：亿元、%）

年份	全国公共财政支出	农村基础设施建设支出	农村基础设施建设支出占全国公共财政支出的比重
2010	89874.16	213.51	0.24
2011	109247.79	242.45	0.22
2012	125952.97	322.70	0.26
2013	140212.10	343.79	0.25

数据来源：国家财政部2010—2013年《全国公共财政支出决算表》（财政部网站：http://www.mof.gov.cn/zhengwuxinxi/caizhengshuju）。

2. 公共教育供给农村严重不足。教育供给短缺是当前我国农村地区的又一重大问题，特别是城镇化进程中，城乡间的教育资源差距甚大，农村地区的教育质量进一步下降。农村教育供给不足的表现主要有：第一，教育资源的短缺使得农村学校难以满足农民学子求学的高质量需求。与城市不同，农村的义务教育经费极少，缺乏投资。教育资金绝大部分靠地方

① 本章论述借用了笔者发表过的论文。参见田新文《农村公共服务现状与对策研究》，《咸宁学院学报》2011年第11期。

政府的投入，部分由农民自己承担。而农民的收入本就有限，社会资助又少，政府也不愿意投入过多，因此教育资金有限，农村学校的各项硬件设施陈旧落后，师资水平低下。第二，教育技能培训落后，无法满足农民适应新竞争环境的需要。科学技术日新月异，市场竞争更是残酷，优胜劣汰，这对于农民极为不利，本就知识短缺的农民又因为缺乏应有的职业技能培训，无法利用新型农业技术进行生产，增产之路不畅，收入自然难以提升。我国绝大多数地区的基层政府对农民培训这一工作不够重视，一些地方政府甚至对此从未过问。根据相关的调查显示，我国的城市中学生人数只有农村中学生的 1/4，而接受的国家财政投入却是农村中学的近 3 倍；农村中小学存在的危房现象也是普遍，其总面积达 3670 万平方米，比例占到 6.6%，这其中农村地区的危房数量占总危房面积的 81%。[①] 农村小学和初中的辍学率一直居高不下，中西部地区更为突出。此外，农村中小学普遍教育质量不高。[②]

3. 社会保障农村严重短缺。作为“调节器”、“减震器”和“稳定器”的社会保障制度，是现代社会一国公民的“天赋权利”，是一项社会安全制度，是社会的“安全网”。社会保障制度指向的乃是由一系列内容构成的完整体系，它以社会保险为核心内容，囊括了社会福利、社会救助、住房保障、优抚安置、商业保险与慈善事业等。从世界各国的实践经验上来看，在具有一定的经济发展基础的条件下，各个国家和地区都可以建立和本国经济社会发展状况相适应的农村社会保障制度。不少经济发展状况相对落后于中国的国家和地区也都根据本国具体情况建立了具有本国特色的农村社会保障制度，如“印度为 65 岁以上老年农民每月提供 5 美元的养老金，越南以其特殊方式为农民建立‘米保障’的养老保险制度。”[③] 受到多种历史原因和社会经济因素的共同影响，我国的农村社会保障制度长期处于发展不充分的状态，由于在国家发展过程中城乡社会保障资源分配严重失衡，绝大部分资源都倾向于城镇社会保障体系，而农村社会保障资源严重不足，导致其社会保障体系边缘化，不利于对农民的保

---

① 李芳凡：《治理地方公共经济理论与新农村建设中的公共服务供给》，《中国行政管理》2007 年第 10 期。

② 本章论述借用了笔者发表过的论文。参见田新文《农村公共服务现状与对策研究》，《咸宁学院学报》2011 年第 11 期。

③ 彭建平：《我国农村社会养老保险研究综述》，《湖南工程学院学报（社会科学版）》2005 年第 1 期。参见卢海元《中国农村社会养老保险制度建立条件分析》，《经济学家》2003 年第 5 期。

障。从全国社会保障费用支出的情况来看，国家对农村地区的社会保障投入是极小的，我国农民占总人口的约80%，但实际享受国家财政投入的却只有10%左右，而人口较少的城市却享有约90%的国家财政投入，城乡间的财政投入差距显著，鸿沟甚大；若是以人均享有社会保障投入来看，数据更是惊人，农村人口基数大，个人享受的社会保障费用更小，只有城市居民的1/30，且差距有继续拉大的趋势。尽管近年来农村社会保障发展较快，但除了新农合外，其他农村社会保障项目大多仍处于试点阶段，未能普及到全国农村。同时，已经实行的农村社会保障制度往往存在覆盖面狭窄，保障水平相对较低，各地区发展极不平衡，保障基金筹资渠道单一等特点，不利于农村社会保障制度的健康发展。从总体上看，绝大多数农民仍游离于社会保障的“安全网”之外，农村社会保障问题堪忧。

4. 医疗和公共卫生农村较落后。农村医疗和公共卫生事业是关系到农村居民健康的大事。农村居民与城市居民在国民身份上没有差别，因此应当享有与城市居民完全相同的公共服务与公共产品。但是，我国当前的社会医疗和公共卫生服务体系存在着严重的不均衡，这种不均衡表现在东部沿海地区，也表现在中西部地区，特别是城乡之间，差距显而易见。首先是农村的公共医疗卫生硬件设施缺乏，原有的设备已经陈旧落后，新的设备由于资金缺乏无法引进，公共卫生服务水平较低；其次是农村的医疗费用高，费用清单不明，账目混乱，操作程序不公开，大病统筹与合作医疗制度的开展举步维艰；最后是农村基本健康保障与公共基础卫生体系不完善，疾病控制与预防开展不充分，尤其是在中西部经济欠发达地区，公共医疗机构较少，经费不充足，医疗水平有限，一些最基本的妇幼保健如孕妇围产保健、儿童接种疫苗等也难以保证。据原国家卫生部“第四次国家卫生服务调查”结果显示，全国农村居民中仍有11.3%的人口未参加新型农村合作医疗，农村中因病致（返）贫的农民占贫困户的37.8%，农民看病难、看病贵的现象相当突出。农村居民绝大部分无养老保障，农村老年人也不得不进行土地耕作，直接进行农业生产，遇到体弱多病时，大多数老年人由于缺乏亲人的合理照顾而生活悲惨，困苦不堪。即便是得到社会救济，其救济资金也相当窄又小，水平低，难以维持基本生活。[①]

农村公共服务供给不足严重阻碍了当前我国新农村建设。城乡间的公共服务水平与质量存在极大差异，农村居民的平等合法权益难以得到应有

① 本章论述借用了笔者发表过的论文。参见田新文《农村公共服务现状与对策研究》，《咸宁学院学报》2011年第11期。

的保障，统筹城乡发展的目标步履维艰，社会公正公平的理念没有得到彰显，如此种种已成为制约我国经济社会发展的瓶颈。加快农村公共服务的有效供给有利于增强农业和农民的自我发展能力，有利于构建和谐社会，还有利于改善农业的弱势地位及广大农民的生活质量，更有利于促进我国经济的又好又快发展，全面建成小康社会。因此，应当把解决好“三农”问题放在工作的重要位置，加快新农村建设，大力开展公共服务下乡的活动。“坚持工业反哺农业、城市支持农村和多予少取放活方针”①，“形成以工促农、以城带乡、工农互惠、城乡一体的新型工农城乡关系”②，推动城乡发展一体化，调整国民收入分配格局，扩大公共财政覆盖农村的范围，中央和地方各级政府的预算要优先安排“三农”发展资金，加强农村公共服务供给，从而确保农民平等的分享改革开放的成果，保障他们的合法权益。

（三）现行农村公共服务政策的内容

农村公共服务是能被农村地区多人同时共享的农村公共产品。满足农民的公共需求是农村公共服务的根本目标。结合当前和谐社会建设，提供满足需要且能够共享的公共服务也是凸显和谐社会重要的一个方面。改革开放30多年来，我国城乡之间公共服务发展不平衡现象日益突出。因此，中央出台了一系列政策来强化和完善农村公共服务体系。

1. 农村公共服务政策的总体框架

农村公共服务政策主要从目标选择、利益分配和实施要求三个方面加以论述。近年来中央出台的一系列农村公共服务政策都旨在实现新农村建设目标和全面建成小康社会。党的十六大旗帜鲜明地提出：“要在本世纪头二十年，集中力量，全面建设惠及十几亿人口的更高水平的小康社会。”③ 党的十六届五中全会提出：“要按照生产发展、生活宽裕、乡风文明、村容整洁、管理民主的要求”，扎实推进建设社会主义新农村这一重大历史任务，强调要“积极推进城乡统筹发展，推进现代农业建设，全

① 胡锦涛：《坚定不移沿着中国特色社会主义道路前进　为全面建成小康社会而奋斗——在中国共产党第十八次全国代表大会上的报告》，《人民日报》2012年11月18日01版。

② 《中共中央关于全面深化改革若干重大问题的决定》（二〇一三年十一月十二日中国共产党第十八届中央委员会第三次全体会议通过），《人民日报》2013年11月16日01版。

③ 江泽民：《全面建设小康社会，开创中国特色社会主义事业新局面——在中国共产党第十六次全国代表大会上的报告》，《人民日报》2002年11月18日01版。

面深化农村改革，大力发展农村公共事业，千方百计增加农民收入”①。十七届三中全会提出：“尽快在城乡规划、产业布局、基础设施建设、公共服务一体化等方面取得突破”②，促进城乡经济社会发展一体化。十八大提出从加大统筹城乡发展力度、加大强农惠农富农政策力度、加快发展现代农业、着力促进农民增收、坚持和完善农村基本经营制度、改革征地制度、加快完善城乡发展一体化体制机制等七个方面“推动城乡发展一体化”。③ 十八届三中全会从加快构建新型农业经营体系、赋予农民更多财产权利、推进城乡要素平等交换和公共资源均衡配置、完善城镇化健康发展体制机制等方面提出“健全城乡发展一体化体制机制”，让广大农民平等参与现代化进程、共同分享现代化成果。④ 这就预示着随着我国经济的发展，广大农村地区的社会性事业诸如科教文卫和社会保障等都将进入一个快速发展的阶段。而由于城乡二元结构的存在所导致的一系列社会问题将在一定程度上得到解决。总之，农村公共服务的供给从实质上看应当是利益不均衡分配造成的，要实现农村公共服务均等化，就要始终坚持“多予、少取、放活”的方针，并在宏观调控指导下积极主动的对国民收入分配格局进行调整。与此同时，政府还要加强人力和财力方面对农村的保障力度，强化财政的转移支付力度，扩大公共财政的覆盖面。通过确立以工促农、以城带乡的发展路径，进一步提高农村公共服务的质量。其实施细节是，努力建成从中央到地方的一体化的农村基本公共服务有效供给机制。在中央、省、县、乡四个级别按相应比例进行投入的规则指导下，中央、省两级政府主导作用与县、乡财政辅助作用相互配合，采取组织实施、监督指导等有效保障，为农民提供最紧迫需求的公共服务。⑤

2. 农村公共服务政策的安排

农村公共服务政策是一个内容丰富的统一体系，包括了政治、经济、文化、社会等多方面。主要表现在如下几点：首先，经济上，涵盖了提高

---

① 《中共中央关于制定国民经济和社会发展第十一个五年规划的建议》（2005 年 10 月 11 日中国共产党第十六届中央委员会第五次全体会议通过），《人民日报》2005 年 10 月 19 日 01 版。

② 《中共中央关于推进农村改革发展若干重大问题的决定》（2008 年 10 月 12 日中国共产党第十七届中央委员会第三次全体会议通过），《人民日报》2008 年 10 月 20 日 01 版。

③ 胡锦涛：《坚定不移沿着中国特色社会主义道路前进　为全面建成小康社会而奋斗——在中国共产党第十八次全国代表大会上的报告》，《人民日报》2012 年 11 月 18 日 01 版。

④ 《中共中央关于全面深化改革若干重大问题的决定》（二〇一三年十一月十二日中国共产党第十八届中央委员会第三次全体会议通过），《人民日报》2013 年 11 月 16 日 01 版。

⑤ 黄世贤：《试论我国现有农村公共服务政策》，《中国党政干部论坛》2008 年第 4 期。

农业的技术创新与转化能力，实现城乡一体化，增加农业收入等方面的内容；其次，政治上，涉及农村基层民主自治、扩大农民政治参与等内容；再次，文化上，包括农村基本文化服务设施供给、农村整体风貌建设等；最后，农村公共服务政策在社会方面主要着眼于农村的教育教学、劳动力群体的素质教育和技能培训、农村的卫生保健及其社会保障制度等。这里，只选其中影响较大且实施效果明显的政策做论述①，如表 26 所示。

表 26　　农村公共服务主要政策

政策	主要内容
农村义务教育政策	2005 年国务院颁发了《关于深化农村义务教育经费保障机制改革的通知》，要求："逐步将农村义务教育全面纳入公共财政保障范围，建立中央和地方分项目、按比例分担的农村义务教育经费保障机制。"② 2007 年中央一号文件提出："全国农村义务教育阶段学生全部免除学杂费，对家庭经济困难学生免费提供教科书并补助寄宿生生活费，有条件的地方可扩大免、补实施范围。"③ 2008 年中央一号文件决定："对全部农村义务教育阶段学生免费提供教科书。"④ 2010 年中央一号文件强调："巩固和完善农村义务教育经费保障机制，落实好教师培训制度和绩效工资制度。"⑤ 要求合理布局农村学校，加强校舍安全管理。 2014 年中央一号文件进一步强调："加快改善农村义务教育薄弱学校基本办学条件，适当提高农村义务教育生均公用经费标准。"⑥ 2015 年中央一号文件要求："全面改善农村义务教育薄弱学校基本办学条件，提高农村学校教学质量。因地制宜保留并办好村小学和教学点。"⑦

① 黄世贤：《我国农村公共服务政策回顾与评价》，《江西财经大学学报》2009 年第 2 期。

② 《国务院关于深化农村义务教育经费保障机制改革的通知》（国发〔2005〕43 号），2005 年 12 月 24 日，中华人民共和国中央人民政府网站：http：//www.gov.cn/zwgk/2006－02/07/content_ 181267.htm。

③ 《中共中央国务院关于积极发展现代农业扎实推进社会主义新农村建设的若干意见》（中发〔2007〕1 号），2007 年 1 月 29 日，《人民日报》2007 年 1 月 30 日 01 版。

④ 《中共中央国务院关于切实加强农业基础建设进一步促进农业发展农民增收的若干意见》（中发〔2008〕1 号），2007 年 12 月 31 日，《人民日报》2008 年 1 月 30 日 01 版。

⑤ 《中共中央国务院关于加大统筹城乡发展力度　进一步夯实农业农村发展基础的若干意见》（中发〔2010〕1 号），2009 年 12 月 31 日，《人民日报》2010 年 2 月 1 日 01 版。

⑥ 《中共中央国务院关于全面深化农村改革加快推进农业现代化的若干意见》（中发〔2014〕1 号），2014 年 1 月 19 日，《人民日报》2014 年 1 月 20 日 01 版。

⑦ 《中共中央国务院关于加大改革创新力度加快农业现代化建设的若干意见》（中发〔2015〕1 号），2015 年 2 月 1 日，《人民日报》2015 年 2 月 2 日 01 版。

续表

政策	主要内容
农村公共卫生政策	2002 年 10 月党中央、国务院做出了《关于进一步加强农村卫生工作的决定》，提出："到 2010 年，在全国农村基本建立起适应社会主义市场经济体制要求和农村经济社会发展水平的农村卫生服务体系和农村合作医疗制度。"① 2006 年中央一号文件进一步提出："积极发展农村卫生事业。积极推进新型农村合作医疗制度试点工作，从 2006 年起，中央和地方财政较大幅度提高补助标准，到 2008 年在全国农村基本普及新型农村合作医疗制度。"② 2010 年中央一号文件再次强调："完善农村三级医疗卫生服务网络，落实乡镇卫生院人员绩效工资和乡村医生公共卫生服务补助政策，逐步实施免费为农村定向培养全科医生和招聘执业医师计划。搞好农村地区妇幼卫生工作和疾病防治，加强农村食品和药品监管。"③ 2014 年中央一号文件指出："深化农村基层医疗卫生机构综合改革，实施中西部全科医生特岗计划。"④ 2015 年中央一号文件明确要求："建立新型农村合作医疗可持续筹资机制，同步提高人均财政补助和个人缴费标准，进一步提高实际报销水平。全面开展城乡居民大病保险，加强农村基层基本医疗、公共卫生能力和乡村医生队伍建设。推进各级定点医疗机构与省内新型农村合作医疗信息系统的互联互通，积极发展惠及农村的远程会诊系统。"⑤

① 《中共中央国务院关于进一步加强农村卫生工作的决定》（中发〔2002〕13 号），2002 年 10 月 29 日，《人民日报》2002 年 10 月 30 日 01 版。

② 《中共中央国务院关于推进社会主义新农村建设的若干意见》（中发〔2006〕1 号），2005 年 12 月 31 日，《人民日报》2006 年 2 月 22 日 01 版。

③ 《中共中央国务院关于加大统筹城乡发展力度　进一步夯实农业农村发展基础的若干意见》（中发〔2010〕1 号），2009 年 12 月 31 日，《人民日报》2010 年 2 月 1 日 01 版。

④ 《中共中央国务院关于全面深化农村改革加快推进农业现代化的若干意见》（中发〔2014〕1 号），2014 年 1 月 19 日，《人民日报》2014 年 1 月 20 日 01 版。

⑤ 《中共中央国务院关于加大改革创新力度加快农业现代化建设的若干意见》（中发〔2015〕1 号），2015 年 2 月 1 日，《人民日报》2015 年 2 月 2 日 01 版。

续表

政策	主要内容
农村社会保障政策	2006 年中央一号文件提出：“逐步建立农村社会保障制度。”① 2009 年中央一号文件要求“抓紧制定指导性意见，建立个人缴费、集体补助、政府补贴的新型农村社会养老保险制度。加大中央和省级财政对农村最低生活保障补助力度，提高农村低保标准和补助水平。加快研究解决农垦职工社会保障问题。”② 2009 年《政府工作报告》也将“新型农村社会养老保险试点要覆盖全国 10% 左右的县（市）”③ 作为年度政府主要任务。 2010 年中央一号文件强调：“逐步提高新型农村合作医疗筹资水平、政府补助标准和保障水平。”④ 2014 年中央一号文件再次强调：“继续提高新型农村合作医疗的筹资标准和保障水平，完善重大疾病保险和救助制度，推动基本医疗保险制度城乡统筹。”“整合城乡居民基本养老保险制度，逐步建立基础养老金标准正常调整机制，加快构建农村社会养老服务体系。加强农村最低生活保障的规范管理。”⑤ 2015 年中央一号文件要求：“加强农村最低生活保障制度规范管理，全面建立临时救助制度，改进农村社会救助工作。落实统一的城乡居民基本养老保险制度。支持建设多种农村养老服务和文化体育设施。”⑥

① 《中共中央国务院关于推进社会主义新农村建设的若干意见》（中发〔2006〕1 号），2005 年 12 月 31 日，《人民日报》2006 年 2 月 22 日 01 版。

② 《中共中央国务院关于 2009 年促进农业稳定发展农民持续增收的若干意见》（中发〔2009〕1 号），2008 年 12 月 31 日，《人民日报》2009 年 2 月 2 日 01 版。

③ 温家宝：《政府工作报告——2009 年 3 月 5 日在第十一届全国人民代表大会第二次会议上》，《人民日报》2009 年 3 月 6 日 03 版。

④ 《中共中央国务院关于加大统筹城乡发展力度　进一步夯实农业农村发展基础的若干意见》（中发〔2010〕1 号），2009 年 12 月 31 日，《人民日报》2010 年 2 月 1 日 01 版。

⑤ 《中共中央国务院关于全面深化农村改革加快推进农业现代化的若干意见》（中发〔2014〕1 号），2014 年 1 月 19 日，《人民日报》2014 年 1 月 20 日 01 版。

⑥ 《中共中央国务院关于加大改革创新力度加快农业现代化建设的若干意见》（中发〔2015〕1 号），2015 年 2 月 1 日，《人民日报》2015 年 2 月 2 日 01 版。

续表

政策	主要内容
农业技术推广政策	2006 年中央一号文件指出："要加快农业技术推广体系改革和建设，积极探索对公益性职能与经营性服务实行分类管理的办法，完善农技推广的社会化服务机制。……鼓励各类农科教机构和社会力量参与多元化的农技推广服务。"① 2007 年中央一号文件进一步要求："继续加强基层农业技术推广体系建设，健全公益性职能经费保障机制，改善推广条件，提高人员素质。推进农科教结合，发挥农业院校在农业技术推广中的积极作用。"② 2009 年中央一号文件指出："加强和完善现代农业产业技术体系。……支持科技人员和大学毕业生到农技推广一线工作。……引导农民专业技术协会等社会力量承担公益性农技推广服务项目。"③ 2010 年中央一号文件强调："提高农业科技创新和推广能力。切实把农业科技的重点放在良种培育上，加快农业生物育种创新和推广应用体系建设。"④ 2014 年中央一号文件要求："加大农业科技创新平台基地建设和技术集成推广力度，推动发展国家农业科技园区协同创新战略联盟，支持现代农业产业技术体系建设。""继续开展高产创建，加大农业先进适用技术推广应用和农民技术培训力度。"⑤ 2015 年中央一号文件要求："稳定和加强基层农技推广等公益性服务机构，健全经费保障和激励机制，改善基层农技推广人员工作和生活条件。发挥农村专业技术协会在农技推广中的作用。"⑥

① 《中共中央国务院关于推进社会主义新农村建设的若干意见》（中发〔2006〕1 号），2005 年 12 月 31 日，《人民日报》2006 年 2 月 22 日 01 版。

② 《中共中央国务院关于积极发展现代农业扎实推进社会主义新农村建设的若干意见》（中发〔2007〕1 号），2007 年 1 月 29 日，《人民日报》2007 年 1 月 30 日 01 版。

③ 《中共中央国务院关于 2009 年促进农业稳定发展农民持续增收的若干意见》（中发〔2009〕1 号），2008 年 12 月 31 日，《人民日报》2009 年 2 月 2 日 01 版。

④ 《中共中央国务院关于加大统筹城乡发展力度 进一步夯实农业农村发展基础的若干意见》（中发〔2010〕1 号），2009 年 12 月 31 日，《人民日报》2010 年 2 月 1 日 01 版。

⑤ 《中共中央国务院关于全面深化农村改革加快推进农业现代化的若干意见》（中发〔2014〕1 号），2014 年 1 月 19 日，《人民日报》2014 年 1 月 20 日 01 版。

⑥ 《中共中央国务院关于加大改革创新力度加快农业现代化建设的若干意见》（中发〔2015〕1 号），2015 年 2 月 1 日，《人民日报》2015 年 2 月 2 日 01 版。

续表

政策	主要内容
农村基础设施政策	2004 年中央一号文件指出：“进一步加强农业和农村基础设施建设。国家固定资产投资用于农业和农村的比例要保持稳定，并逐步提高。适当调整对农业和农村的投资结构，增加支持农业结构调整和农村中小型基础设施建设的投入。”① 2006 年中央一号文件还延伸到推进农业信息化建设、加强村庄规划和人居环境治理。② 2007 年中央一号文件将发展新型农用工业和提高农业可持续发展能力包括了进来。③ 2008 年中央一号文件进一步补充强调了实施病险水库除险加固、推进农业机械化和加强生态建设。④ 2010 年中央一号文件指出：“突出抓好水利基础设施建设。”⑤ 2013 年中央一号文件进一步提出：“加大公共财政对农村基础设施建设的覆盖力度，逐步建立投入保障和运行管护机制。‘十二五’期间基本解决农村饮水安全问题。”⑥ 2015 年中央一号文件要求：“确保如期完成‘十二五’农村饮水安全工程规划任务，推动农村饮水提质增效，继续执行税收优惠政策。推进城镇供水管网向农村延伸。……2015 年解决无电人口用电问题。加快推进西部地区和集中连片特困地区农村公路建设。……切实加强农村客运和农村校车安全管理。……加快农村信息基础设施建设和宽带普及，推进信息进村入户。”⑦

① 《中共中央国务院关于促进农民增加收入若干政策的意见》（中发〔2004〕1 号），2003 年 12 月 31 日，《人民日报》2004 年 2 月 9 日 01 版。

② 《中共中央国务院关于推进社会主义新农村建设的若干意见》（中发〔2006〕1 号），2005 年 12 月 31 日，《人民日报》2006 年 2 月 22 日 01 版。

③ 《中共中央国务院关于积极发展现代农业扎实推进社会主义新农村建设的若干意见》（中发〔2007〕1 号），2007 年 1 月 29 日，《人民日报》2007 年 1 月 30 日 01 版。

④ 《中共中央国务院关于切实加强农业基础建设进一步促进农业发展农民增收的若干意见》（中发〔2008〕1 号），2007 年 12 月 31 日，《人民日报》2008 年 1 月 30 日 01 版。

⑤ 《中共中央国务院关于加大统筹城乡发展力度　进一步夯实农业农村发展基础的若干意见》（中发〔2010〕1 号），2009 年 12 月 31 日，《人民日报》2010 年 2 月 1 日 01 版。

⑥ 《中共中央国务院关于加快发展现代农业进一步增强农村发展活力的若干意见》（中发〔2013〕1 号），2012 年 12 月 31 日，《人民日报》2013 年 2 月 1 日 01 版。

⑦ 《中共中央国务院关于加大改革创新力度加快农业现代化建设的若干意见》（中发〔2015〕1 号），2015 年 2 月 1 日，《人民日报》2015 年 2 月 2 日 01 版。

三 完善公共服务，推进新农村建设

农村公共服务是促进农村发展、提高农业收入和丰富农民生活需要的服务类别，是为农民提供利益服务的，其作用力和落脚点都在农村。农村公共服务水平的高低是直接衡量一个国家和地区农村社会发展水平的重要标志，更是民生政治的时代要求。新时期的新农村公共服务体系建设，必不可少的需要考虑新的农村变化，尤其是农村社区的快速发展和农村城镇化的推进，对完善公共服务提出了新的更高的要求。这对从根本上解决“三农”问题，确保我国经济社会的持续稳定健康发展，对发展民生政治具有十分重大的战略意义。十六届五中全会提出的社会主义新农村建设涉及农村公共服务的多个领域，包括义务教育、社会保障、医疗卫生、道路建设、供水供电、生态环境建设、社区服务等。如果没有健全的农村公共服务，就不会有均等化的城乡公共服务，统筹城乡发展、建设社会主义新农村的目标也难以落到实处。

为此，各级地方政府应充分认识到开展农村公共服务建设工作的重要意义，更加积极地探索建立起适合本地的覆盖全体成员、服务功能完善、服务质量和管理水平较好的农村公共服务体系，依托农村服务平台，如农村社区服务中心等，向农民群众直接提供公共服务，① 让农民共享改革开放和现代化的成果，为社会主义新农村建设、和谐社会构建创造基础条件。具体来看主要有以下几个方面。

（一）科学地推进农村社区公共服务建设

古语云“政之所兴在顺民心，政之所废在轻民生”。顺应民心、重视民生，是反映一个政府是否为人民服务的关键，也是涉及人心向背的关键所在。农村社区公共服务无差别化关系到农民的切身利益，也已成为当今时代民生政治的现实命题。公共服务的质量关乎一个社区和谐社会的构建、同时也是政治民生实现的有力保障。必须不断深化农村社区基本公共服务均等化，从而真正的保障社区农民的合法权益，顺应民生政治的时代

① 本刊编辑部、孙玉琴：《农村社区建设试点工作全面启动——全国农村社区建设工作座谈会在青岛胶南市召开》中的《姜力副部长：把握机遇履行职责 积极推进农村社区建设试点》，《中国民政》2007 年第 4 期。

要求。虽然一个国家和地区公共服务的发展水平受到经济、政治、社会、文化及历史等多重因素的影响，但是，由于公共服务主要是政府提供的，政府对公共服务的投入状况在相当程度上不仅决定了公共服务的数量，而且决定了公共服务的质量。因此，政府健全农村公共服务的保障机制和加大财政投入力度，是推进新时代民生政治的基本要求。此外，社会力量的多元化参与，有利于提高和增强农民的合作力和参与供给的热情，从而完善农村社区综合服务功能，形成多中心社区治理。

第一，转变治理理念，既重效率更重公平。政府治理理念是政府在社会管理和公共服务等实践活动中形成的有关政府的价值取向，是政府行为的灵魂。效率与公平是政府行为的两个价值基点，处理好它们之间的关系是一个世界性难题。作为社会主义政治建设组成部分的民生政治则将对效率的关切和对公平的关注结合在一起，是通过政治和公共价值分配的形式使经济建设与社会建设，使效率与公平实现有机的结合，以共同服务于中国的社会进步。解决效率与公平的矛盾，处理好效率与公平的关系是民生政治的变量之一。在价值层面，效率与公平是统一的，效率是公平的基础，公平是效率的保障；在实现机制层面，效率与公平则不同，“效率问题主要由市场机制解决，政策机制重点解决的是公平问题”。[①] 因此，政府行为应当以追求公平为首要的价值目标，在公平优先的前提下，注重效率，实现公平与效率的和谐发展。尽管在现实生活中，由于各地社会经济发展水平不同，各地的需求结构不同，以及人们先天与后天条件的差别，完全或绝对的均等是不可能做到的，但在关系到人民最低生活基准的公共服务方面必须是均等或者是大致均等的，所以政府在涉及这些服务时特别是农村社区公共服务时必须以公平为优先，在此基础上兼顾效率。这就要求政府在提供农村公共服务的同时，要注意统筹不同地区之间、城乡之间在基本公共服务上的差别，更多地从公平原则出发去进行有关农村社区公共服务的决策，去合理公正地配置有关农村社区公共服务资源和公共产品投入。[②]

第二，尊重农民意愿，构建畅通的利益表达及科学的公共决策机制。公共服务既有供给方面的问题，也有需求方面的问题。要有效地供给农村公共产品就必须让农民的利益诉求得到充分表达，尊重农民意愿。由此，

---

① 陈庆云等：《论公共管理中效率与公平的关系及其实现机制》，《中国行政管理》2005 年第 11 期。

② 本章论述借用了笔者发表过的论文。参见田新文《民生政治视域下的基本公共服务均等化研究》，《湖北社会科学》2013 年第 12 期。

在推进新农村社区建设时，“必须建立一套能够准确及时地反映农民需求偏好的表达机制和自主决策机制，在尊重多数农民意愿的基础上，鼓励农民参与到农村公共产品的选择、实施、监督和绩效评估中来”[①]，保障农民的话语权，从而有效保证农村社区公共产品的供给。现阶段，我国农村公共服务与农民需求存在脱节现象，难以充分满足农民的需求。为改善农村公共服务与农民需求不协调现状，提高公共服务供给效率，应该改革公共服务原来“由上而下”的决策机制，构建科学合理的农村公共服务供给制度，根本的是要以农民需求为导向。对于农村社区公共服务决策机制来说，一是要建立健全“由下而上”的农民意愿表达机制，使农民对公共服务的具体需求能够得到充分表达；二是要进行广泛而又深入的调查，倾听农民心声，优先供给农民急需的农村公共服务；三是要使农民需求表达机制和政府决策机制相互协调，构建一个农村社区、市场和地方政府“三位一体”的管理模式。当然在现实生活中，农民的需求具有多样性和无限性，而政府能力却始终是有限的，面对众多的需求，任何政府都无力完全满足，因而必须根据产品和服务的性质、需求的紧迫和重要程度以及政府能力来确定政府提供农村公共服务的先后次序。

第三，完善财政体制，建立与民生政治相适应的均衡导向的农村社区公共服务财政投入体制[②]。近些年来我国政府不断加大公共服务的财政投入，对于公共服务的改善作用较大，一定意义上对公共服务的品质提升起到了极大的促进作用。不过，与民众的现实需求和国外公共服务投入的力度相比，我国公共服务的投入仍有相当大的差距。为此，国家对公共服务的投入力度有待进一步加大，并形成长期的稳定机制，以机制化带动国家财政偏重，且稳步增加，让经济飞速发展带来的国家财政膨胀效应切实落实到广大农村地区，使“与民共享”成为现实。同时，当今我国的公共服务资源是非均衡性散布的，各地的占有量存在较大差异，使得城乡间、区域间、社区间的公共服务水平存在显著差异。这就给当前的公共服务均等化提出了双重要求：既要提供新的优质的均等化公共服务，又要缩小因历史原因造成的公共服务资源差异。因此，实现公共服务的均等化要求构建以城乡均衡导向的财政投入机制，着力加大对农村社区公共服务的财政投入，并采取有效措施真正用到关系农民切身利益的民生上面。

---

① 胡梅：《新农村建设中农村公共产品供给问题探析》，《农业经济》2008 年第 11 期。

② 本章论述借用了笔者发表过的论文。参见田新文《民生政治视域下的基本公共服务均等化研究》，《湖北社会科学》2013 年第 12 期。

第四，改革和完善农村社区公共服务的生产和供给机制，形成多方参与式公共服务。“参与式公共服务是一种以农民参与为基础、市场运行为中心和政府支持为保障的新型公共服务运行机制，它具有竞争性的市场调节机制、计划性的政府干预机制以及自治性的农民有序参与机制的制度优势，实现了农民参与、市场运行和政府引导之间的良性互动。其中，农民参与在农村公共服务变革中起着决定性的作用，农民合作组织是实现参与式农村公共服务的制度基础。”① 参与式公共服务提高了农村公共服务的效率和质量，保障了农民的基本权益，提高了农民的政治认同意识，有利于构建政治共同体和社会和谐。在农村社区公共服务建设中，通过发动村民，自我组织、自主参与，既能利用社区的资源促进社区经济和社会发展，也能加强社区公共事务的民主管理，改善农村治理，促进社区和谐和发展。② 因此，在农村社区公共服务的生产和供给中，必须调动他们的积极性，充分发挥他们的优势，形成政府、市场、第三部门、农民的良性互动的多中心治理模式，以提高公共服务的效率和质量。总的来看，政府在农村社区“公共服务的生产和供给中有三个方式。一是政府将一些公共服务民营化，即政府可通过制定相关标准和制度规则，将一些公共服务通过合同承包、特许经营、出售和并购等方式交给私人企业、非政府组织来提供；二是补助和凭单，即政府通过对生产者和公共服务提供者进行补助，从而使他们更好地向居民和消费者提供服务。或者给特定公共服务享受者发放凭单，让其通过凭单自主购买公共服务，如发放义务教育券等；三是直接生产，即有些公共服务非由政府提供不可，政府可通过所属的公共部门直接提供公共服务，如社会治安、消防等。同时政府还必须进一步深化提供公共服务机构的改革，提高它们的竞争力和工作效率，以便更好地改善民生”。③

第五，建立科学合理的农村社区公共服务绩效评估机制，从重经济增长到重经济、社会和人的全面发展。政府绩效评估是政府自身或社会其他组织通过多种方式对政府的决策和管理行为进行分析、比较、评价和测量

① 应若平：《参与式公共服务的制度分析——以农民参与灌溉管理为例》，《求索》2006 年第 7 期。

② 汪志强、袁方成：《参与式发展：草根组织生长与农村社区综合发展的路径选择》，《理论建设》2006 年第 5 期。

③ 本章论述借用了笔者发表过的论文。参见田新文《民生政治视域下的基本公共服务均等化研究》，《湖北社会科学》2013 年第 12 期。

的行为。它是规范政府行为、提高行政效能的一项重要制度和有效方法[①]。农村社区公共服务绩效评估机制要遵照前述政府官员评价体系的基本原则，根据2010年中央一号文件精神，“按照促进科学发展的党政领导班子和领导干部考核评价办法的要求，指导地方细化考核指标，把粮食生产、农民增收、耕地保护、环境治理、和谐稳定等纳入地方党政领导班子绩效考核”。[②] 其中，农村社区公共服务的推进程度与其效果也应该纳入省市县各级地方党政领导班子绩效考核之中，并且要占到更大的比例。这就要求按照农村社区公共服务的具体内容，以及所涉及的具体部门，制定科学的评估体系和科学的评估指标，并充分利用已经建立并行之有效的村民自治机制和社区委员会机制，开展对农村社区公共服务的评估，让村民自治机制中的“民主选举、民主决策、民主管理和民主监督”在农村社区公共服务绩效评估中充分发挥作用。此外，还应当结合我国的国情，变政府控制为政府引导，强化人民代表大会和政治协商会议的监督功能，积极培育专门的社会性评估机构和引入专家测评机制，充分发挥公众和舆论的监督作用，构建以政府为主导，人大、政协、第三部门、社会公众以及社会性评估机构共同参与的政府绩效评估模式。[③] 最后，还要健全监管机制，强化对公共财政资金的监督与管理，全面提高农村社区公共财政资金的使用效益。并且，在农村社区公共服务建设中，社区内部的监督与绩效评估机制也不可或缺，以形成内外监督、双重评估的全面综合机制。

（二）加强农村各项基础设施建设

“基础设施是经济基础结构的最主要组成部分，是人类在长期经济活动过程中为自己创造的基础条件。社会基础设施对生产和再生产、国民生活乃至对城乡社会经济发展起着重要的保障和促进作用。”[④] 奥地利著名经济学家、发展经济学先驱保罗·罗森斯坦·罗丹认为，加大基础设施投资可以提高整个“社会获利能力”。而完善的农村基础设施对于解决“三

---

① 本章论述借用了笔者发表过的论文。参见田新文《民生政治视域下的基本公共服务均等化研究》，《湖北社会科学》2013年第12期。

② 《中共中央国务院关于加大统筹城乡发展力度　进一步夯实农业农村发展基础的若干意见》（中发〔2010〕1号），《人民日报》2010年2月1日01版。

③ 张立荣、冷向明：《基本公共服务均等化取向下的政府行为变革》，《政治学研究》2007年第4期。

④ 何秋洁、邓开龙：《改善农村基础设施应强化政府公共投资》，《西华大学学报（哲学社会科学版）》2005年第6期。

农"问题、建设社会主义新农村和全面建成小康社会具有十分重要的意义，既有利于改善农村的生产生活环境，提高农民的生活质量，又有利于提高农村公共服务的供给效率和效果，提升农民自我生产和提供服务的能力，促进农村经济、社会发展，并且能使农民的主人翁责任感不断增强，充分调动他们积极性、创造性，把搞好基础设施建设当成自己的事办好、管好，形成农村基础设施建设良性发展的运行机制。

目前，我国农村基础设施建设相当滞后，严重制约了农业和农村经济的发展，离农业发展、农民增收和全面建成小康社会的需要还相差甚远。因此，必须着力解决农村基础设施严重滞后和短缺的问题。要以农村基础设施建设为突破口积极推进公共服务下乡。各级政府要持续加大财政投入力度，加强农村基础设施建设，同时多渠道筹集资金融入建设中，依法确保农村基础设施建设按照合理规划顺利、健康、持续发展。具体来说，要加强农田、林网、水利设施建设，加强农村电网、邮电通信信息设施建设，加强农村教育、医疗卫生、文化、商业服务基础设施建设，加强道路交通设施建设，加强生活设施建设，加强生态环境保护和建设等，积极探索建立农村基础设施建设保障机制，建设富裕乡村、文明乡村、美丽乡村。

（三）农村城镇化中的基本公共服务建设

从一般意义上讲，城镇化就是指人口的城镇化，或者指农村人变为城市人，但这是狭义的界定。从广义上说，所谓的城镇化是要让农村居民与城镇居民同等的享受公共服务，让农民体验城镇式的生活便利。然而，实际操作中总会出现地方政府过分强调城镇化水平与速度，忽视农民的自愿心理，出现"逼民上楼"等不当行为。"农村有再次被遗弃，甚至被抛弃的倾向。有人甚至认为，人都进了城，还管农村干什么。其实，这是短见。"① 当前农业的机械化程度还十分低下，这决定了农村和农民必将长期存在的现实。如果城镇化不是建立在农村生产、生活等条件全面提升的基础上，而是一味地追求城市化的高速度，那将带来农村的被抛弃和被遗忘，会造成无法设想的恶果。"我们追求的是中国特色的新型农村城镇化，'新'在不抛弃和遗弃农村，反而是以农村繁荣为前提条件。而衡量农村是否衰败和繁荣的重要标志是农村人口也能享受城镇均等的公共服

① 徐勇：《深化对农村城镇化认识十题》，《东南学术》2013 年第 3 期。

务。”① 城乡差距是长期存在的一个不争事实，收入差距是温饱阶段的主要特征，公共服务的反差是小康阶段的主要体现。显而易见的是，温饱问题解决后农村人口在教育、医疗、养老、社会保障和精神文化生活等方面的需求日趋凸显。“因此，在城镇化进程中，一方面是‘人口进城’，另一方面是‘服务下乡’，这才是完整的城镇化。”② 从已有的研究发现，发达国家的富人选择在乡镇居住的意愿比较强烈，这既有环境适宜居住的原因，更有城乡公共服务相差无几的因素。因此，现阶段我国农村城镇化建设中的公共服务建设应朝着城乡基本公共服务均等化方向发展。这种均等化是指城乡居民在享有公共服务包括教育、就业、医疗卫生、养老、住房、基本生活保障等方面机会上的平等、是基于自由选择下的结果上的大体均等，城乡一体，其重点是同等的基本生存权和发展权。根据党的十八大提出的“必须从维护最广大人民根本利益的高度，加快健全基本公共服务体系”的相应要求，城镇化背景下的农村基本公共服务建设应包括如下几个方面。

1. 均衡发展城乡九年义务教育，着力推进农村高中教育的普及

在公共教育资源配置上，应实现县（市）级区域范围内基本均等，使农村义务教育质量得到全面提高。高中阶段教育则应区别对待，允许有条件的地区率先将其纳入义务教育范围内予以试点推行，包括农村中等职业教育的免费。之后，在试点成功的基础上逐步推开，科学规划，加强指导，到“十三五”后期力争在全国范围内基本实现以发展农村中等职业教育为重点的农村高中教育的普及，让免费高中阶段教育惠及所有农村学生。当然，免费高中阶段教育的普及需要国家稳定的财政支出作支撑，因而必须建立健全相关配套制度。

2. 切实提升农村医疗保障和服务水平

主要应当从以下几方面着手。第一，提高融资水平，巩固新型农村合作医疗农民参合率。农村地区新型农村合作医疗制度的推广，贵在资金的融合。由于农村地处偏僻，经济能力有限，本身的融资渠道较窄且不畅通，需要政府和社会力量的推动，以扫除道路上的障碍，增强农村的自我融资能力。第二，扩大受益面。虽然农村医疗建设正在逐步推进，但是农民享受大医院服务的概率依然较小，农村医疗保障和服务水平的提高，需要让农民都切实地感受到高水平服务。大医院的资源应该更加开放的面向

① 徐勇：《深化对农村城镇化认识十题》，《东南学术》2013 年第 3 期。

② 同上。

广大农村，并停止一切不合理收费，降低准入门槛，让每一个农民看得起病。第三，健全农村医疗救助制度。农村并不富裕，农民本来就穷，一旦付出高昂的医疗费，就难以继续生存。因此，对农村的医疗救济是不可或缺的，尤其是针对患大病、重病、怪病的困难农民，相应的医疗费用补助应当普及。第四，注重衔接性与机动性。应全面完善与医疗保障、服务配套的各项活动，适时开展医疗互助活动和商业保险活动，增强医疗保障制度的衔接性与机动性。第五，完善农村医疗卫生服务网络。农村医疗卫生服务应当是呈网络化覆盖的，要安全、有效、方便、价廉的服务于不同年龄、性别的农村居民，特别是老人、妇女、儿童，针对不同群体应当有对应的服务。

3. 不断完善农村居民最低生活保障制度

首先，科学合理地确定保障标准。制定保障标准应因地制宜、实事求是，不能“一刀切”。要使农村低保与城市低保相均衡，农村低保与农村经济社会发展水平相适应，确保农村低保发挥其应有效用。其次，政府要加大财政上的资助力度，全面提升保障水平和补助标准。最后，健全管理机制。一方面要规范保障对象的筛选程序，做到“应保尽保”，使真正困难的人群享受到政府的关怀和经济社会发展的成果；另一方面要实施动态化管理，经常入户了解低保对象的现实情况，不断加以调整，对不符合条件的予以停发。同时，加强监督，确保公平公正、公开透明，防止违法违纪现象发生。

4. 加快实现新型农村社会养老保险制度的全覆盖

至2013年年末，我国60岁及以上老年人口已超过2亿，其中农村老年人口超过了1亿。“改革开放以来，计划生育政策的实施迫使家庭规模不断变小，社会流动的加强逐渐掏空了传统家庭养老的载体，由此导致农村社会家庭养老保障功能日益式微。”① 农村传统的养老模式面临严峻挑战，新型农村社会养老保险制度实现全覆盖不仅十分重要而且非常紧迫：一是继续按照个人缴费、集体补助、政府补贴相结合的筹资模式，根据2014年中央一号文件精神，全面提高新型农村合作医疗的筹资标准；二是提高新农保的保障水平。财政补贴应更多地投放到贫困地区，而给予富裕地区更灵活的政策支持；三是实现新农保与其他养老保险制度的对接，全面建设农村社会养老服务体系；四是完善被征地农民的社会保障办法，做到逢征必保，将失地农民纳入城镇社会保险体系，保护失地农民的生活

① 田新文：《农村空巢家庭的养老风险及其化解》，《中国农村研究》2008年卷（上）。

水平不下滑、基本生活长期有保障。[①]

5. 全面解决农村饮水安全问题

随着工业的下乡、现代农业和城镇化的深入，农村以前各家各户在自家水井取饮用水的现象已越来越少，随之而起的是统一的全村供水，统一缴费。这也从一定程度上反映了城镇化的效应。但是，由于工业污水、农药污染等原因，致使农村原先清澈的河流或变浑浊或已干涸，表层水受到污染，原先居民自家的水井已经不再安全，而且现代化、工业化、城镇化下的水污染范围越来越广、幅度越来越大，全村统一供水的水质也令人担忧，农村居民的饮水安全问题日趋严重，需要引起政府的高度重视。2013年的中央一号文件提出"'十二五'期间基本解决农村饮水安全问题"，[②] 2014年的中央一号文件进一步要求"提高农村饮水安全工程建设标准，加强水源地水质监测与保护，有条件的地方推进城镇供水管网向农村延伸。"[③] 农村饮水安全工程事关民意、民愿，是"民心工程"，体现着党和政府的民生情怀。为实现全面解决农村饮水安全问题的目标，推动农村饮水提质增效，我们可采取如下措施：一是要政府主导，统筹规划，加大投入，全力推进农村饮水安全工程的建设。着重解决好污水的净化工作，尤其是要优先解决少数民族地区、农村学校、严重缺水地区和涉水重病区的饮水安全问题。二是要因地制宜，注重实际，取得实效。采用先进技术来加强水质的净化程度，保证饮用水水质达标。三是要综合整治，达到预防和治理的有机结合。把保护饮用水源作为重中之重，尤其是要提防采矿、工业生产等引起的污染。同时，也要注重农村环境的保护与管理，积极倡导发展绿色农业生产模式。

四 完善公共服务，加快农业现代化建设

伴随我国工业化和城镇化的推进，政府补贴农业的力度不断加大，社

---

① 国务院发展研究中心课题组：《民生为本 中国基本公共服务改善路径》，中国发展出版社2012年版，第38页。

② 《中共中央国务院关于加快发展现代农业进一步增强农村发展活力的若干意见》（中发〔2013〕1号），2012年12月31日，《人民日报》2013年2月1日01版。

③ 《中共中央国务院关于全面深化农村改革加快推进农业现代化的若干意见》（中发〔2014〕1号），2014年1月19日，《人民日报》2014年1月20日01版。

会对农产品的需求在急剧增加，而一些农民也正逐渐脱离土地转为从事非农行业，推进农业现代化的条件日益成熟。在今后的十年或者更长的历史时期，我国农村经济工作的主导旋律将是农业现代化。因此，新农村建设必然要实现传统农业向现代农业的转型，政府在其中大有可为。农业的现代化建设，离不开政府的政策规划，更需要相关的制度安排和政府的人力、物力、财力等公共服务投入，需要政府的引导。在政府支持的同时，来自农村内部的组织化有效参与也必不可少，现代农业产业化、市场化、集约合作化的发展需要农村组织的发展，需要组织化的新型农民。

（一）创新农村土地流转制度，适度提高农地规模经营

只有将农地集约化，农业规模化经营，农业现代化才能实现。因此，土地流转制度要创新，使农地规模经营水平得到提高。我国人多地少的供求矛盾、部分农民的生活依然需要依赖于土地以及工业化吸收农村富余劳动力任重而道远，这些都决定了我国的农地经营结构未来将呈现家庭经营规模农场、家庭合作虚拟农场和家庭承包经营户并存的多层次格局。通过有偿手段实现的土地流转制度，是农业生产集约化、机械化、科学化实现的前提，也是农业现代化的重要推动力量。土地集约经营，有利于打造区域农产品品牌，拓宽农产品供销渠道，改进农业生产技术。有共同市场特征的区域，以家庭为单位实行联合，形成家庭合作虚拟农场，实现共产共营共销。而家庭承包经营方式的保留对于土地破碎、经济落后地区无疑也是一种合适的途径。

实现农村土地成功流转，应该坚持循序渐进的原则。第一，对于近些年由于工业化和城镇化转移出来的剩余人口来说，可采取以社保换农地的方式，将他们的农地所属权和经营权分配给需要耕地的无地农户或少地农户；第二，针对有志从事农业生产的农业大户，通过有偿出让经营权市场让他们得以扩大自己的农地经营规模，发展规模化生产；第三，政府给予相关的财政支持，加大农产品生产销售等各个环节的财政补贴，鼓励家庭联合，组建家庭合作经营虚拟农场。

（二）促进劳动力转移，培育农业现代化新型农民

现代化农业的发展，必然带来大量农村富余劳动力，农村人口流动已呈不可阻挡的趋势。如何优化农村剩余劳动力转移，是党和政府在推进农村城镇化中必须高度重视和解决的重大战略问题。农村剩余劳动力的转移，需要政府统筹兼顾，合理安排，积极引导，有序流动。首先，应当对

剩余劳动力进行职业培训，避免其突然流入城镇的茫然；其次，劳动力市场的完善也是重点，特别是农村劳动力转移的中介组织；最后，阻碍农业劳动力转移的多种不合理行政规章制度必须革除，消除农民工的担心和后顾之忧。

既然农民是农业发展的主力，要想实现农业现代化，重中之重当然是培育新型农民，特别是对未转移的留守劳动力的转型培育。近年来，随着我国城市化的飞速发展，众多青壮年劳动力不断地向第二、第三产业转移，农村劳动力呈现老龄化，农业现代化面临劳动力素质下降的困境。所以，有必要在加强对老一辈农民培育的同时，对新生代农民进行素质培训，使他们足以适应现代化农业生产、加工及销售等多条战线。“冰冻三尺非一日之寒”，培育新型农民并非一蹴而就，它需要理论与实践反复磨合。第一，需要完善相关农业院校教学体系，理论与实践相结合，传授集生产技术、生产管理、产品销售于一体的系统化知识，应市场需求而培养出理论实践能力兼备的综合性人才；第二，尝试与专业性农业经营公司、农业经营大户的合作，组建农业加工技术先进示范基地，适时开展相关生产销售培训；第三，重视市场经济规律，引导农民了解农产品市场，加强农业生产信息化，提高市场敏锐度，实时了解市场供求关系，应市场之需调整农业生产管理策略。

（三）加强农业科技研发，加快农业技术推广

“农业要发展，除了要增加农业投入和发挥好农业政策的作用以外，更为重要的是加快农业科学技术进步与创新，加快农业科技成果的应用与推广。”① 促进农业增长和农村发展，实现农业现代化，有赖于农业科技进步，而要将科技进步成果转化成现实生产力，农业技术推广作用的充分发挥则是不可替代的。“农业技术推广，是指通过试验、示范、培训、指导以及咨询服务等，把农业技术普及应用于农业产前、产中、产后全过程的活动。”② 它是联系科研、教育及生产的桥梁，担负着实现“农民增收，农村稳定”的重任，有利于推进社会主义新农村建设。当前，农业技术推广还有许多问题要解决，“没有技术人员的推广，农业技术就不能转化

---

① 张文菁、马吉坡、谢富欣：《农业科技与农业发展问题的思考》，《安徽农业科学》2005 年第 2 期。

② 《中华人民共和国农业技术推广法（最新修正本）》，中国民主法制出版社 2012 年版，第 14—15 页。

为现实的生产力，就不可能发挥它应有的巨大作用”。① “十一五”期间，我国农业科技成果转化率只有40%左右，远低于发达国家80%以上的水平。② 这说明，我们只重视农业的科研开发是远远不够的，还必须加强农业科研成果向现实生产力的转化，使农业科研获得经济效益和社会效益双丰收。为此，要加强农业生产服务，各地应积极推进农业科技进村入户、加快农业信息化建设、组织实施新农村实用人才培训工程，建立以县、乡、村农业技术推广服务体系和各类培训机构为基础的、上下贯通的农民科技教育培训体系；努力提高农业科技创新和推广能力，改革和健全农技推广机制，为农民提供农业产前、产中、产后及化肥、农药、农机灌溉、新技术、新品种推广等服务；全面提升农技推广队伍的素质，并充分发挥他们的作用；普及农业科技知识，提高农民科技文化素质。总之，政府要建立一个运转高效的农业技术推广体系，切实为农民提供更好的公共服务，保障他们的合法权益，真正做到改革开放的成果共享，从而推进新农村建设，构建和谐社会，促进我国经济又好又快发展，为全面建成小康社会打下坚实的基础。

（四）创新农村组织制度，促进农民农业经营合作

加强农民农业合作经营，推进农业产业化发展，是提升农民农业经营组织效率，加快农业现代化进程的重要举措。为此，我们必须从创新农村组织制度出发，加快农民农业合作，具体包括农业经营合作、农地流转合作、农户互助合作、农民市场服务合作等。受到我国传统小农经济和封建保守观念的影响，我国农民多是封闭保守的，现代化经营观念较弱，缺乏市场经济意识。因此，要想打破农村固有组织制度，首先要打破农村传统的宗族观念，以城镇为核心，打破封闭个体化的经济格局。首先，适应城市化进程，以城镇为核心，村落合并为农村社区，农村人口逐步向城市靠拢，形成城乡一体化。只有这样才能够打破原有的农村经济结构，更有效地实现资源配置，形成农村信息互通、公共设施共建、生产经营共融、利益共享的新型农村经济社会结构。其次，以政府为主导推动农民合作经济，在市场经济框架内实现农村合作经营的模式。再次，加强财政扶持力

---

① 李国荣、朱晓红、孙亚卿：《浅谈农业技术推广存在的问题及对策》，《中国农资》2013年第3期。

② 余靖静、王政：《我国农业科技成果转化率仅四成左右》，新华网：http：//news. xinhuanet. com/fortune/2011－11/08/c_ 111153743. htm。

度，推动农村合作经济服务组织部门的建立，为农村合作经济创造条件。

五　完善公共服务，保障农民民生权益

（一）巩固农村义务教育制度

从本质上讲，义务教育是国家按照法律规定对适龄儿童和青少年实施的有一定年限的强迫性教育制度，也被称为强迫教育或免费义务教育，具有强制性、普及性和免费性。党的十七大报告提出："教育是民族振兴的基石，教育公平是社会公平的重要基础。"[①] 2008 年，国务院总理温家宝在政府工作报告中明确指出："没有全民教育的普及和提高，便没有国家现代化的未来。"[②] 党的十八大报告提出："教育是中华民族振兴和社会进步的基石。"[③] 2013 年，习近平主席指出，要始终把教育摆在优先发展的战略位置，"努力让每个孩子享有受教育的机会，努力让 13 亿人民享有更好更公平的教育，获得发展自身、奉献社会、造福人民的能力"。[④] 我们有责任让全体人民公平共享教育发展成果，实现"学有所教"。

农村义务教育无论是对新农村建设、和谐社会建构还是对全面建成小康社会来说，作用都是巨大的。因此，大力推进农村义务教育的发展具有更重要的意义：它既是"切实解决'三农问题'、变人口压力为人力资源优势的关键所在"，也是"坚持以人为本、构建社会主义和谐社会的重要内容"，又是加快农村发展，实现全面建成小康社会目标的必由之路。[⑤] 农村义务教育不发展，农民素质就难以得到全面提高，农村小康就不可能达到，全面建成小康社会的目标也就难以实现。

---

① 胡锦涛：《高举中国特色社会主义伟大旗帜　为夺取全面建设小康社会新胜利而奋斗——在中国共产党第十七次全国代表大会上的报告》，《人民日报》2007 年 10 月 25 日 01 版。

② 温家宝：《政府工作报告——2008 年 3 月 5 日在第十一届全国人民代表大会第一次会议上》，《人民日报》2008 年 3 月 20 日 01 版。

③ 胡锦涛：《坚定不移沿着中国特色社会主义道路前进　为全面建成小康社会而奋斗——在中国共产党第十八次全国代表大会上的报告》，《人民日报》2012 年 11 月 18 日 01 版。

④ 新华社：《习近平主席在联合国"教育第一"全球倡议行动一周年纪念活动上发表视频贺词》，《人民日报》2013 年 9 月 27 日 03 版。

⑤ "完善农村义务教育财政保障机制"课题组：《全面认识推进农村义务教育财政保障机制改革的意义》，《财政研究》2005 年第 6 期。

改革开放以来，我国教育事业取得了长足的进步，农村义务教育也有了大发展。尤其是2001年国家确定实行“国务院领导，地方政府负责，分级管理，以县为主”[①] 的农村义务教育新机制后，“农民负担得到进一步减轻；农村中小学公用经费的保障总体水平有了提高，教育乱收费现象得到了遏制；推动了政府部门职能的转变，促进了学校管理的规范化，提高了政府和学校管理水平；从制度上保障了农村孩子接受义务教育的机会，农村地区义务教育阶段上学难、上学贵问题基本上得到解决”。[②] 这不仅在促进教育公平、社会公平，减轻农民负担，完善公共财政支出体系上起到了积极作用，而且有利于强化政府对农村公共服务的提供，合理配置全国的义务教育资源，积极发展农村义务教育事业，保障农民合法权益，促进民生政治进程。但我们也应认识到，现阶段农村义务教育发展取得的成就只是相对于以前过于薄弱和落后的局面而言的，今后仍需要巩固、提高农村义务教育。因此，必须要持续加大对农村义务教育的投入，进一步改善农村学校办学条件；努力提高农村学校教师待遇，全面配强师资力量；兴办农村中等职业教育，加强技能培训；积极引导农民重视教育，确保农村义务教育的推广。

（二）改革农村土地使用制度

“自以农耕为业始，土地便是农民最基本的生产资料和安身立命之本，农民的权益总是与土地制度紧紧联系在一起。”[③] 农民离不开土地。

中国的土地，一直都是私人所有，即所有权与使用权是一体的，皆由私人所有。到解放初期的土地革命，土地法大纲依然规定土地私有。而到了人民公社时期，土地变成了集体所有，农民没有任何处置权，相当于土地国有，严重挫伤了他们的生产积极性。尽管之后20世纪80年代的农村家庭土地联产承包责任制让土地的所有权与使用权得到了较好的分离，是土地制度的一个进步，为农村经济改革做出了应有的贡献，但原有土地的所有制性质并没有改变，农民对土地私有的时代一去不复返。虽然现行《土地管理法》对农村集体土地所有权做出了规定和解释，但实际操作起

---

① 黄建雄：《农村义务教育经费保障新机制改革初探》，《社会主义研究》2008年第4期。

② 袁方成：《农村义务教育均等化：现状与改革》，《华中师范大学学报（人文社会科学版）》2008年第3期。

③ 楼培敏主编：《中国城市化：农民、土地与城市发展》，中国经济出版社2004年版，第367页。

来还是有权属不明确和模糊不清的地方，如集体与承包户、土地使用者之间的关系如何理清等。尤其是产权问题延伸至当下中国乡村，随着现代化、市场化、城镇化向农村的推进，现行土地制度存在的土地流转困难、产权不明晰、资源浪费严重等弊端越来越明显。这就造成了土地经营管理方面的诸多问题，如一些政府部门经常越位代理，搞短期行为，特别是在农村集体土地征用方面，既损害了农民权益，又使土地难以有效配置，还影响了社会稳定。因此，国家要进一步深入进行农村土地制度改革，强化农地使用权制度。

1. 分清农地所有、农地使用与承包

农地为股份合作社集体所有，农地分为承包地和集体农地两种。农民（社员）根据其社员资格享有承包股份合作社农地的权利，承包经营权为物权的一种。当农民对承包的农地实行家庭经营时，农地承包经营权和使用权是合一的；当农民将自己的承包地出租给其他人或单位时，农地使用权从承包经营权分离出来。发包给农民的集体农地由股份合作社代为出租给单位或个人经营，实现农地使用权和所有权分离。在当下，合作社无疑是村民小组、自然村或由没有村民小组的村委会代行。因此，农地使用权包括两种：一种是单位或个人租用集体农地形成使用权；另一种是单位或个人租用农民的承包地形成使用权。

2. 确定农地使用权性质和权能

首先，农地使用权是一种用益物权。《物权法》只是规定土地承包经营权为用益物权，没有专门提出农地使用权为用益物权。实际上，农地使用权符合用益物权的一般规定。其次，农地使用权属于他物权，它是由所有权或者承包经营权派生的物权，是农地使用权人对租用的农地依法享有占有、使用和收益的权利。再次，农地使用权是受限制的物权，在权能上只享受占有、使用收益的权利而没有处分的权利。允许农地使用权人将农地使用权采取转让、抵押、质押等，但不能对农地所有权进行处分。

在明晰农地所有权、使用权、承包权及使用权性质和权能的情况下，应当进一步制定更加详细的政策，落实农民土地承包权长久不变，充分保障农民对承包地的占有、使用、收益权利，使之免受现代化、城镇化建设中“征地拆迁”的危害。土地权利意识在当代农民心中越来越明确、越来越强，政府应主动做出应对，包括法律和政策上的。具体建议包括：（1）界定农村集体经济组织成员，明确成员权时点；（2）集体土地所有权归自然村所有，明确边界，确权发证（包括四至、土地面积、权属状况、成员人口等）；（3）以地块（而非农户）为单位，进行农村土地确权、发证试点①。今后政府的拆迁行为也应依法依程序进行，只有获得村集体（即自然村）的同意授权，政府才有权进行征地购地，否则政府的强制行为一律违法。

（三）改革户籍制度与构建城乡一体的就业市场

营造良好的农村富余劳动力转移就业的环境。城乡间农村富余劳动力的双向流动就业，是提高农民生活质量和推进新型城镇化建设的重要途径。首先，建立健全农村劳动力技能培训体系，进一步改革和调整乡镇企业发展的路径，着力发展县域经济，打破城乡二元对立的就业模式，剔除农民进城就业的规定性限制，积极扩展农民就业空间，创造更多农民就业的岗位。其次，加强对城乡劳动力市场的引导，逐步形成统一、规范化的管理，建立城乡劳动者平等就业的制度体系。再次，进一步推进户籍制度改革，加强对流动性人口的管理，促使农村富余劳动力在转移过程中的有序平稳进行。最后，在加快城镇化建设的同时，进一步放宽户籍制度的限制，为有稳定职业和住所的农业人口提供在就业地或居住地登记户籍的服务，并依法保障其在承担应有的义务的基础上享有当地居民应有的权利。

在建设城乡统一的、完善的劳动力市场过程中，应有两条方略考虑。一是发展长期规划及目标的制定。这需要国务院领导相关部门结合我国经济社会发展实情、针对劳动力市场存在的问题和市场经济发展与民生建设的需求，统筹规划，既优化劳动力资源配置，发挥最大效益，又利于激发劳动者创造性。二是户籍制度改革与现代企业制度的完善。以制度稳步推进劳动力市场建设。现阶段的不少劳动力市场弊端与封闭的城乡二元化结构有关，受非正义的户籍制度限制，农村剩余劳动力无法正常的向城镇转移，农民应有的公民权利无法实现，权益难以得到有效保证，身份差异导致了劳动差异、机会差异、权益差异。由此导致劳动力市场无法正常运行，这是极不正常的现象，不利于构建城乡一体化的劳动力市场。

民主的国度、重视民生的国家，绝不能存留这种非正义的户籍制度与就业体系。政府应当致力于革新户籍制度，确保公民就业机会均等，同等对待城乡劳动力，同工同酬，无论是就业培训、工作环境还是劳动纠纷的申诉、矛盾的解决等各方面都要体现平等，让城乡劳动力公平竞争，充分发挥市场配置劳动力资源的作用。具体措施有：首先，建立一元化户籍制度，改革户籍迁移制度，并彻底剥离与户籍相附加的户籍权益。去除二元

① 张曙光：《真实有用稻粱谋：研究报告卷》，中国经济出版社 2009 年版，第 347—348 页。

户籍制度模式添加在户籍上的附加功能，切断户籍与公民物质生活的千丝万缕的联系，确定公民身份的全国城乡统一的中华人民共和国户籍，恢复户籍实现国家对人口资源进行统计和对社会实施有效管理功能的本来面目①。归还公民自由居住与迁徙的平等自由人权，彻底割裂户籍与人身自由、社会福利和待遇的关系。其次，建立健全以就业培训为核心的农村人力资源开发服务。政府要加大支持力度并加强引导，完善措施，健全机制，千方百计地做好农民和农民工培训工作，提升他们的就业能力。再次，建立安全高效的就业信息服务系统，提供包括岗位需求、技能培训、相关法律法规等信息，加强就业信息服务。最后，科学规划，典型示范，着力推进就业城乡一体化。对于城乡就业问题，政府应科学规划，加强指导，尤其是农村劳动者在城市的就业。城乡就业一体化应是基于公平待遇之上的城乡劳动者自由选择职业岗位的就业模式，政府在促进城乡就业一体化过程中要树立公平用人的典型，给以切合实际的奖励和优惠，强化示范作用，激励用人单位协同配合。② 值得一提的是，就农民而言，乡镇企业和小城镇就业是不错的选择，乡镇企业和小城镇既满足了农民离家近的需要，又更具亲和力。

（四）完善农村社会保障制度

建立社会保障体系，是当今世界各国援助社会困难群体的主要做法之一。民生政治的构建离不开健全、完备的社会保障体系。现阶段，我国仍处于发展的重要战略机遇期，社会保障体系的完善对于促进社会稳定和全面建成小康社会有着十分重大的意义。“十一五”规划提出“建立健全与经济发展水平相适应的分层次、广覆盖的社会保障体系”。③ 党的十七大报告要求：“加快建立覆盖城乡居民的社会保障体系，保障人民基本生活。……要以社会保险、社会救助、社会福利为基础，以基本养老、基本医疗、最低生活保障制度为重点，以慈善事业、商业保险为补充，加快完

---

① 别红暄：《城乡公平视域下的当代中国户籍制度研究》，中国社会科学出版社 2013 年版，第 160 页。

② 杨宜勇、张琪、黄燕东等：《劳动就业体制改革攻坚》，中国水利水电出版社 2005 年版，第 38—56 页。

③ 《中华人民共和国国民经济和社会发展第十一个五年规划纲要》（2006 年 3 月 14 日第十届全国人民代表大会第四次会议批准），《人民日报》2006 年 3 月 17 日 01 版。

善社会保障体系。”[①] 党的十八大报告强调指出：“要坚持全覆盖、保基本、多层次、可持续方针，以增强公平性、适应流动性、保证可持续性为重点，全面建成覆盖城乡居民的社会保障体系。”[②] 党的十八届三中全会更是进一步提出：“建立更加公平可持续的社会保障制度。”[③] 我国是农业大国，农村社会保障制度关系到农村经济的发展和农村社会的稳定，直接影响社会主义和谐社会的构建和全面建成小康社会，必然成为我国社会保障体系的重要组成部分。农村社会保障制度“是在特定的社会发展阶段，主要以农村居民为参保对象和保障受益对象建立的制度”[④]，包括一般农民的养老保险和医疗保险、贫困农民的最低生活保障、失地农民的社会保障、农村社会救助系统和农民工的社会保障等。可以说，建立健全农村社会保障制度有力地推动着新农村建设、和谐社会构建和全面建成小康社会，没有农村社会的保障制度，就没有我国的民生政治。因此，构建社会主义民生政治，必须加快建立和完善农村社会保障制度，积极推进农村社会保障事业，为农村社会经济秩序的稳定建立“安全网”“减压阀”。

我国在建立和完善农村社会保障事业方面成绩显著，对于保障弱势群体、维护社会稳定、统筹城乡发展发挥了重要作用。但也必须看到，由于“重城轻乡”的二元分割导致城乡社会保障发展不均衡、财政投入农村不足、制度设计上存在缺陷以及对农村改革后形成的经济结构多元化、利益主体多极化认识不够等原因，造成农村社会保障远远不能满足现实需要。这严重影响和制约了农业发展、农村社会进步与稳定，不利于全面建成小康社会目标的实现。完善农村社会保障制度越来越显示出其重要性与迫切性。为此，我们必须积极促进农村经济发展，提高农民收入，不断增强农民的自我保障能力；大力推进社会保障体系城乡一体化建设，加大财政支持力度，健全农村社会保障管理体制，建立农村综合社会救助体系包括社会保险、社会福利、社会救助等，全力发展好农村养老、教育、医疗卫生等基本公共服务；全面落实“工业反哺农业、城市支援农村”的方针，

---

① 胡锦涛：《高举中国特色社会主义伟大旗帜 为夺取全面建设小康社会新胜利而奋斗——在中国共产党第十七次全国代表大会上的报告》，《人民日报》2007 年 10 月 25 日 01 版。

② 胡锦涛：《坚定不移沿着中国特色社会主义道路前进 为全面建成小康社会而奋斗——在中国共产党第十八次全国代表大会上的报告（2012 年 11 月 8 日）》，《人民日报》2012 年 11 月 18 日 01 版。

③ 《中共中央关于全面深化改革若干重大问题的决定》（二〇一三年十一月十二日中国共产党第十八届中央委员会第三次全体会议通过），《人民日报》2013 年 11 月 16 日 01 版。

④ 韩俊、秦中春、崔传义：《和谐社会与农村社会保障制度》，《理论视野》2007 年第 1 期。

防止城乡居民收入差距过大，促进社会公平，以化解城乡矛盾和农村社会内部矛盾，维护农村社会秩序。因此，各级地方政府要充分发挥主导作用，积极开展农村社会保障服务，确保新型农村养老保险全覆盖，最低生活保障应保尽保；创新养老方式，推进养老服务社会化，推进居家养老服务对农村的全覆盖；加强农村医疗卫生服务，完善新型农村合作医疗制度，健全医疗卫生服务网络，开展健康教育、卫生保健、计划生育技术服务和普通常见病、慢性病、多发病的诊疗服务；健全农村社会救助制度，加强农村社会救助服务，包括医疗救助、特困户救助、灾害救助、住房救助、五保供养、法律援助等；认真做好农村社会优抚安置工作；加强农村社会保障基金管理，实现其保值增值。

（五）稳步推进农民市民化

此处的农民市民化问题，主要是指城郊农民、农村社区农民的市民化。城郊农民、农村社区农民在市民化上犹豫不决，虽然受到拆迁补偿不足、安置不到位等客观因素的影响，但那些只是前期的因素，关键还在于安置以后，在于公共服务滞后，即城郊、农村社区公共服务建设不尽人意，其供给与管理没有做到与市区等值化，这严重妨碍了农民市民化。城郊、农村社区公共服务建设的完善，对于解决农民市民化过程中产生的征地、拆迁、安置、社会保障、就业、治安等问题具有重要意义，不仅可以营造一个适宜农民市民化的居住和生活环境，还可以为农民市民化构建一个安全保障网，消除农民市民化的后顾之忧。近年来，民政部推行的社区建设在促进农民市民化过程中的作用越发突出，有学者在不同的城郊、农村社区调研时发现，“农民市民化问题与公共服务水平之间成等量反比关系：一个地方公共服务水平高，这个地方农民市民化问题就少，农民市民化程度也就相对高些，反之亦然”。[①] 因此，建构一套适合农民市民化的公共服务体制是减少农民市民化顾虑的重要手段，也是政府在其中消除尴尬与处理短板的重要途径。与此同时，在建立健全农村社区农民、城郊农民市民化的公共服务体制过程中，要注意城郊、农村社区农民对公共服务的需求是广泛而多样的，这就需要城郊、农村社区公共服务必须能够满足居民的不同要求。

因此，应着力推进公共服务城乡一体化：一是在城郊、农村社区建设

---

① 吴业苗：《城郊农民市民化的困境与应对：一个公共服务视角的研究》，《中国农村观察》2012 年第 3 期。

与规划上，应具有与城市同等的身份；二是废除城乡“二元”体制以及相关的不合理制度，并做出科学合理安排，使市民化农民与城市市民享有同等的自由发展权和公共服务享有权；三是加大城郊、农村社区基础设施建设，使市民化农民拥有与城市相当的基本公共服务；四是城郊、农村社区公共产品的供给应符合新型城市化的要求，使之既在城郊、农村社区农民市民化过程中发挥作用，又在进城务工农民市民化过程中发挥一定效能，甚至可起到吸引城市市民转向郊区的作用；五是在城郊、农村社区农民市民化过程中，充分尊重农民自主选择适合自己的生活和就业方式的意愿，不能“一刀切”。① 同时，要进一步明确政府在其中的主导责任，但“这并非意味着政府是唯一的责任主体，因为在公共服务的供给与管理中，既存在市场失灵和社会失灵问题，也存在政府失灵问题”。② 这就需要新的管理模式，即城郊、农村社区公共服务的提供以政府为主体，协同包括农民、社会组织、企业等多方参与，共同致力于供给公共服务。政府为主体可以把握方向，起到核心作用，社会协同可以减少政府负担，承接部分政府职能，发挥综合作用。城郊、农村社区公共服务给市民化农民带来的服务与保障应是全方位的而非局部的，是均等化的而非有差别的。

总之，各地都在认真落实中央政府关于发展农村公共服务的各项政策和要求，同时联系当地的实际情况，努力推进公共服务下乡，向农民群众提供最需要、最紧迫的公共服务，切实保障农民群众的合法权益。总体上看，各级地方政府主要是从以下几个方面入手的：第一，建立健全农村公共服务建设领导体制和工作机制。农村公共服务建设以基层党委和政府为中心，社会协同参与，体现“四个统一”（即统一规划、统一部署、统一检查、统一考核），做到“三个一同”（即与新农村建设工作一同部署、一同试点、一同推进）。各县（市、区）形成以党委、政府为领导，民政部门牵头，有关部门协同、村级组织主办、社会力量支持、村民广泛参与的农村公共服务建设运行机制，强化对农村公共服务建设工作的组织领导。党和政府的领导是农村公共服务建设成功的关键，也是核心推动力，村级组织、社会力量是参与力量，是反应剂，也不容忽视。第二，建立多

① 吴业苗：《城郊农民市民化的困境与应对：一个公共服务视角的研究》，《中国农村观察》2012 年第 3 期。

② ［美］E. S. 萨瓦斯：《民营化与公私部门的伙伴关系》，周志忍等译，中国人民大学出版社 2002 年版。转引自吴业苗《城郊农民市民化的困境与应对：一个公共服务视角的研究》，《中国农村观察》2012 年第 3 期。

元化投入机制与多层次的社会参与机制。农村公共服务建设理所应当是政府的责任，需要国家和各级地方政府的财政投入，以及相关大量人力、物力投入，只有政府的极大重视与加大投入，农村公共服务建设才具有强大的动力，才能贯彻下去。但是，仅靠政府的力量是不够的，难以面面俱到，难以保证各方权益与公共服务建设惠及大众、落到实处。因此，政府广泛动员和发动包括各社会行为体、经济行为体、公益组织、农村组织和农民协同参与，通力合作，确保人、财、物、技术到位，共同推进农村公共服务建设。第三，建立绩效评估机制。评估机制的作用在于对政府绩效的评审考核，对国家政策的实践反思，对社会民众的满意度进行测评。由于评估涉及多方效益，关乎民生工程的得失，因此，参与主体必然是多元化的，需要广大社会组织、民众的共同参与，共同见证。农村公共服务建设本就是为了让农民群众受益，其成效如何当然应考虑受益主体的意见。政府及相关部门把农村公共服务建设纳入年度工作目标考核体系中，通过实施量化考核，兑现奖惩，并实行定期通报制度，向社会公众及时通报农村公共服务建设的工作进展情况，接受社会成员和媒体监督，同时，强化督察指导，确保了农村公共服务建设工作按既定目标扎实稳步推进。①

六　小结

“三农”问题是当前最大的民生政治问题之一。本章从民生政治的视角重点研究了“三农”问题，对农村的民生议题进行了深入论述，尤其是以新农村建设中的公共服务下乡为具体案例来解读民生政治是如何在实践中推动和发展进步的，作为全书的实践支撑。

本章根据民生政治议题从理论上来观察、分析“三农”问题，从总体上来评估民生政治的新举措——公共服务下乡问题，研究公共服务与民生政治二者之间的逻辑关系，从公共服务体系建设的角度来论述推进新农村建设——“三农”问题中的农村问题、加快农业现代化建设——“三农”问题中的农业问题、保障农民民生权益——“三农”问题中的农民问题。通过本章研究，试图用公共服务下乡这一现实生活中的新的史实来

① 吉林省委办公厅、省政府办公厅：《关于开展农村社区建设试点工作的意见》（吉办发〔2008〕6号），2008年3月13日。国家民政部网站：http：//mca. gov. cn/article/zwgk/dfwj/200803/20080300012578. shtml。

为民生政治注解，同时又试图从民生政治的视角来解释公共服务下乡，实现理论与实践的交互注解，以利于在总体上加深对当前我国经济社会发展进程中新现象、新问题的理解和认识，并提出相关意见和建议。

总的来说，当前，我国正步入一个崭新的民生时代。在这样的一个新时代，让人人平等分享发展的成果，平等享受基本的公共服务，建立一个公平和谐的社会，既是时代和社会主义本质的要求，也是我们政府义不容辞的使命。虽然，基本公共服务均等化不是要求每个人平均地享受公共服务，但是，人们所享有的基本公共服务应大体均衡，在关系到生存、发展等权利方面的基本公共服务必须是平等的。这是赋予我们社会正义与和平的基础，也是民生政治这个时代对我们国家和政府所做的时代要求。如果任由基本公共服务差距不断扩大，不仅会导致这个社会畸形发展，激发社会矛盾和冲突，不利于实现科学发展观，也与社会主义民主、公正的原则相违背，脱离了社会主义本质，更背离了民生这个时代主题。因此，只有做到如习近平总书记所指出的“必须使发展成果更多更公平惠及全体人民”，让人人平等享受基本公共服务，才能使我们的社会成为一个民生、民主、公平和谐和文明的社会，才能真正更好地建成人民心中向往的“美丽中国”。[①]

---

① 本章论述借用了笔者发表过的论文。参见田新文《民生政治视域下的基本公共服务均等化研究》，《湖北社会科学》2013 年第 12 期。

第八章　结论

进入21世纪以来，随着贯彻推进科学发展观，以人为本和构建和谐社会进程的不断拓展，社会建设开始成为我国社会主义现代化建设的重要内容。推进社会建设，贯彻以人为本，构建和谐社会，全面建成小康社会，实现“中国梦”需要研究民生政治，需要推进民生政治。“民生政治是指一种贯彻共同建设、共同享有原则，以社会建设为行动基础，以建立和谐社会为行动目标，以着力提高事关广大普通民众幸福安康的日常生活质量为主要行动过程的一种政治理念和政治运行模式。”① 民生政治既是一种学术命题，也是一种现实议题，作为学术命题的民生政治概念的提出和相关分析框架的提出，有利于推进中国特色社会主义理论体系的发展，有利于将现实生活的新变化引导、充实进马克思主义政治学领域，使这一领域获得新的研究血液。作为现实议题的民生政治，所界定的是一种新型的政治理念和政治操作模式，在现实工作中提出民生政治概念，把民生问题提到政治高度，有利于提高各级党政干部重视社会建设，改善民生的政治敏感性，有利于提高民众的实际生活水平，也有利于建构良性的政治文化。②

作为学术命题的民生政治分析框架是以马克思主义政治学中国家本质和职能的相关理论为自己的理论基础，同时综合运用现代政治学中的政府理论、公共物品理论为补充。在公平正义等政治价值的指引下，以着力界分效率原则与公平原则、个体理性与集体利益、管理职能与服务功能、民主选择与精英决策、政府失灵与市场失灵、一元主导与多元协作等相关范畴间对立统一关系为基础，以设立国家、政府、人民与政府官员间具有不同的利益诉求和不同的偏好、现代政府的职能尤其是当前中国政府的职能

① 本章论述借用了笔者发表过的论文。参见田新文《民生政治：理解政治生活变化的新视角》，《社会主义研究》2008年第4期。

② 同上。

是以善治为目标的政府、管理与服务的合理界分是现代政府管理的必要前提为原初假设，系统论证了四个核心命题。民生政治是中国政治主题的新发展，从对政权政治、生产力政治的关注发展到对民生政治的关注是历史发展的必然趋势。民生政治的出现是社会进步的必然产物和必要标志，是彰显人的权利，重视人、关心人的体现。民生政治是社会主义社会发展的必经之路，也是社会主义核心价值的现实演绎。民生政治是社会建设的新动力，推进社会建设需要弘扬民生政治的理念，遵循民生政治的操作模式。民生政治是将社会建设与公共服务连接起来的一种政治程序、政治理念和行动模式。同时，社会建设职能的开发则是民生政治兴起的现实基础，社会建设是民生政治发展的物质载体。民生政治是政治合法性新的增长点。新中国成立以来，我党的政治合法性资源面临着整体转型与后续丰富两个问题。民生政治要求各级党组织和政府关注民生，重视民生，保障民生，改善民生，就是落实以人为本基本原则，强调使改革发展的成果更多更好更公平地惠及全体人民，全心全意为人民群众谋利益，努力让人民群众过上更加幸福、美好的生活，做到“权为民所用，情为民所系，利为民所谋”，目的就是将生产力政治转化为政权的合法性基础，不断地巩固党的执政基础，丰富党的合法性资源。推进民生政治是一个重要的政治命题和政治任务。民生政治是公平正义政治价值的新实现。民生政治所涉及的社会保障、生活改善本身就属于公民权利的正当要求，是“正义”、“平等”这些关涉公平正义等政治价值的重要体现。在中国现实政治环境中，政府或公共权力通过何种手段来保证公民权利的维护和实现，正义、平等等政治价值如何在现实政治进程中体现到公共决策与公共行为的操作原则中去；如何解决公共行为与个体行为、个体权力、个体权利之间的关系，对于权力主体的机会主义行为和寻租腐败行为如何制约等，这些问题需要通过民生政治这一政治理念和政治行为模式来具体予以解决。

作为现实议题存在的民生政治行动模式发展进程与新中国成立以来我国经济社会发展和现代化建设的曲折历程休戚相关。从新中国成立至21世纪前，我国虽然尚没有经历系统的民生建设历程，也没有将民生视为政治主题之一，但在传统民生思想和中国共产党民生思想主张的指引下，新中国的民生建设仍然取得了很大的进步。由于主客观各种历史条件的局限，特别是“文革”的干扰，新中国60多年的民生发展历程也充满了曲折。自十一届三中全会之后，党和政府在总结过去经验和教训的基础上，坚决纠正重发展、轻民生的偏向，尽全力增加人民收入，提高人民生活水平，改善人民生活质量，成效显著。以胡锦涛为核心的中央领导集体执政期间和以习近平为总书记的新一代中央领导集体执政以来，坚持推进科学发展观，贯彻以人为本原则，积极构建社会主义和谐社会，大力开展社会建设，从中央到地方，从政府到社会，民生问题得到社会广泛关注，民生政治逐渐在实践生活中广泛开展。虽然正式开展社会建设和民生建设的时间不长，但民生政治实践已经取得显著的成效，突出表现在加快推进“三农”问题解决，加快推进城乡居民社会保障体系建设，着力加强城乡基本公共服务体系建设，推进社会主义新农村建设、城乡社区建设、公共服务下乡和公共服务均等化等重大民生工程上。同时，通过一系列具体数据的比较，我们也应清醒地看到，当前的民生建设与我国的经济发展速度和国力提升速度相比，与人民群众的巨大期望相比，与其他国家国民的福利程度相比，仍然存在着巨大的差距，民生政治实践任重而道远。要解决这些问题，就必须加快推进民生政治进程，弘扬民生政治理念，倡导民生政治行为模式，以民生政治统率经济社会建设，指导各级政府处理经济社会事务，处理各类平衡，推进民生福利发展。这就要求准确分析当前民生建设中主要矛盾，正确认识当前人民群众对民生需求与民生供给水平不足之间的矛盾，着力减缓民生供需中的不平衡，通过落实民生权益的普惠性、公共服务的均等化、发展进程的有序化三个基本原则，从大力宣传学习民生政治理念，全方位探索实现民生政治领域的制度创新与供给，制定民生建设总体规划方案并分步实施，改革官员评价体系、赋予民生政治以更大的权重四个方面着手，推进民生政治行动纲领的贯彻，有效地推进民生政治进程，为构建社会主义和谐社会，全面建成小康社会，实现共同富裕，消除两极分化，实现公平正义的社会主义核心价值履行历史责任，为实现“中国梦”提供有力的知识保障和智力资源。

参考文献

著作：

《马克思恩格斯选集》第1—4卷，人民出版社1995年版。

《列宁选集》第1—4卷，人民出版社1995年版。

《毛泽东选集》第1—4卷，人民出版社1991年版。

《邓小平文选》第1—3卷，人民出版社1993、1994年版。

《江泽民文选》第1—3卷，人民出版社2006年版。

《孙中山选集》，人民出版社1981年版。

《陈云文选》第1—3卷，人民出版社1995年版。

历届中国共产党全国代表大会报告和历届中央人民政府工作报告。

《十七大报告辅导读本》，人民出版社2007年版。

《十六大以来重要文献选编》（上、中、下），中央文献出版社2005、2006、2008年版。

《科学发展观重要论述摘编》，中央文献出版社、党建读物出版社2008年版。

习近平：《习近平谈治国理政》，外文出版社2014年版。

中共中央文献研究室编：《论群众路线——重要论述摘编》，中央文献出版社、党建读物出版社2013年版。

中共中央宣传部编写：《习近平总书记系列重要讲话读本》，学习出版社、人民出版社2014年版。

江泽民：《论“三个代表”》，中央文献出版社2001年版。

江泽民：《论党的建设》，中央文献出版社2001年版。

陈振明主编：《政治学——概念、理论和方法》（修订本），中国社会科学出版社2004年版。

邓正来主编：《布莱克维尔政治学百科全书》，中国政法大学出版社

1992 年版。

方福前：《公共选择理论——政治的经济学》，中国人民大学出版社 2000 年版。

高放：《政治学与政治体制改革》，中国书籍出版社 2002 年版。

高原主编：《科学社会主义》，湖北人民出版社 1993 年版。

胡宗山：《国际政治学基础》，华中师范大学出版社 2005 年版。

胡宗山：《政治学研究方法》，华中师范大学出版社 2007 年版。

景跃进、张小劲主编：《政治学原理》，中国人民大学出版社 2006 年版。

句华：《公共服务中的市场机制：理论、方式与技术》，北京大学出版社 2006 年版。

李会滨主编：《社会主义：20 世纪的回顾与前瞻》，华中师范大学出版社 1999 年版。

杨继绳：《邓小平时代：中国改革开放二十年纪实（上卷）》，中央编译出版社 1998 年版。

楼培敏主编：《中国城市化：农民、土地与城市发展》，中国经济出版社 2004 年版。

李军鹏：《公共服务型政府》，北京大学出版社 2004 年版。

李军鹏：《公共管理学》，首都经济贸易大学出版社 2005 年版。

李军鹏：《公共服务型政府建设指南》，中共党史出版社 2006 年版。

刘建军：《单位中国》，天津人民出版社 2000 年版。

卢现祥：《西方新制度经济学》，中国发展出版社 1996 年版。

靳永翥：《公共服务提供机制：以欠发达农村地区为研究对象》，社会科学文献出版社 2009 年版。

任洁编著：《公共服务能力》，人民出版社 2005 年版。

孙晓莉：《中外公共服务体制比较》，国家行政学院出版社 2007 年版。

唐铁汉、袁曙宏主编：《公共服务创新 · 第 2 版》，国家行政学院出版社 2007 年版。

王浦劬主编：《政治学基础》，北京大学出版社 1995 年版。

章昌裕、李青编著：《西方经济学原理——宏观与微观经济学》，对外经济贸易大学出版社 1995 年版。

席恒：《公与私：公共事业运行机制研究》，商务印书馆 2003 年版。

王再兴：《农村公共服务概论》，四川大学出版社 2008 年版。

金太军：《当代中国政府与政治论稿》，广东人民出版社 2009 年版。

傅耕石：《服务型政府的构建：中国语境下的审视》，吉林人民出版社 2009 年版。

王伟等：《构建与嬗变：中国政府改革发展 30 年》，郑州大学出版社 2008 年版。

吴忠民、韩克庆等：《中国社会政策的演进及问题》，山东人民出版社 2009 年版。

项继权：《民权与民生：中国农民权益实证调查》，西北大学出版社 2008 年。

徐大同主编：《现代西方政治思想》，人民出版社 2003 年版。

徐大同主编：《西方政治思想史》，天津人民出版社 1985 年版。

徐勇、高秉雄：《地方政府学》，高等教育出版社 2005 年版。

徐小青主编：《中国农村公共服务》，中国发展出版社 2002 年版。

严强：《国家治理与政策变迁》，中央编译出版社 2008 年版。

杨寅主编：《公共服务政府与行政程序构建》，法律出版社 2006 年版。

俞可平主编：《西方政治学名著提要》，江西人民出版社 2000 年版。

俞可平主编：《治理与善治》，社会科学文献出版社 2000 年版。

张铭、严强主编：《政治学方法论》，苏州大学出版社 2003 年版。

郑功成主编：《社会保障概论》，复旦大学出版社 2005 年版。

薛兴利主编：《社会保障概论》，中国农业出版社 2007 年版。

张培刚：《微观经济学的产生和发展》，湖南人民出版社 1997 年版。

杨宜勇、张琪、黄燕东等：《劳动就业体制改革攻坚》，中国水利水电出版社 2005 年版。

中国（海南）改革发展研究院编：《聚焦中国公共服务体制》，中国经济出版社 2006 年版。

中国（海南）改革发展研究院编：《中国公共服务体制：中央与地方》，中国经济出版社 2006 年版。

中国（海南）改革发展研究院编：《基本公共服务均等化：新农村建设之重》，中国经济出版社 2007 年版。

张曙光：《真实有用稻粱谋：研究报告卷》，中国经济出版社 2009 年版。

郑秉文主编：《中国养老金发展报告 2012》，经济管理出版社 2012 年版。

靳德行主编:《中华人民共和国史》,河南大学出版社 1989 年版。

国务院发展研究中心课题组:《民生为本 中国基本公共服务改善路径》,中国发展出版社 2012 年版。

国务院发展研究中心课题组:《转变经济发展方式的战略重点》,中国发展出版社 2010 年版。

龙兴海、曾伏秋等:《农村公共服务研究》,湖南人民出版社 2009 年版。

柳礼泉:《新中国民生 60 年》,湖南大学出版社 2009 年版。

李培林等:《当代中国民生》,社会科学文献出版社 2010 年版。

杨金洲:《马克思主义研究:文本、理论与现实》,湖北人民出版社 2011 年版。

王延中主编:《社会保障绿皮书:中国社会保障发展报告(2012)No. 5——社会保障与收入再分配》,社会科学文献出版社 2012 年版。

麦可思研究院:《就业蓝皮书 2012 年中国大学生就业报告》,社会科学文献出版社 2012 年版。

龙凯:《思想政治工作原理》,中央编译出版社 2011 年版。

别红暄:《城乡公平视域下的当代中国户籍制度研究》,中国社会科学出版社 2013 年版。

夏征农主编:《辞海(彩图本)》,上海辞书出版社 1999 年版。

韩敬体等编著:《汉大商务汉语新词典》,汉语大词典出版社、商务印书馆(香港)1996 年版。

彭克宏主编:《社会科学大词典》,中国国际广播出版社 1989 年版。

陈国勇主编:《春秋左传(二)》,广州出版社 2003 年版。

屈原、宋玉著,康瑛译注:《楚辞》,青海人民出版社 2002 年版。

李淑毅等点校:《何大復集》,中州古籍出版社 1989 年版。

章炳麟著:《訄书》,古典文学出版社 1958 年版。

王应麟主编:《四书》,时代文艺出版社 2003 年版。

荀况撰,廖名春、邹新明校点:《荀子》,辽宁教育出版社 1997 年版。

贾谊:《贾谊新书·第九卷·大政上》,上海古籍出版社 1989 年版。

[英] 约翰·穆勒:《政治经济学原理及其在社会哲学上的若干应用》下卷,胡企林、朱泱译,商务印书馆 1991 年版。

[英] 亚当·斯密:《国富论》,唐日松等译,华夏出版社 2005 年版。

[英] 休谟:《人性论》,关文运译,商务印书馆 1980 年版。

［美］埃莉诺·奥斯特罗姆、帕克斯、惠特克：《公共服务的制度建构：都市警察服务的制度结构》，宋全喜、任睿译，上海三联书店 2000 年版。

［英］边沁：《政府片论》，沈叔平等译，商务印书馆 1995 年版。

［美］贝蒂·H. 齐斯克：《政治学研究方法举隅》，沈明明等译，中国社会科学出版社 1985 年版。

［美］戴维·伊斯顿：《政治生活的系统分析》，王浦劬译，华夏出版社 1999 年版。

［英］戴维·米勒、韦农·波格丹诺编：《布莱克维尔政治学百科全书》，邓正来等译，中国政法大学出版社 1992 年版。

［美］道格拉斯·C. 诺思：《经济史中的结构与变迁》，陈郁、罗华平等译，上海人民出版社 1994 年版。

［美］艾伦·C. 艾萨克：《政治学：范围与方法》，郑永年等译，浙江人民出版社 1987 年版。

［美］埃里克·弗鲁博顿、［德］鲁道夫·芮切特：《新制度经济学：一个交易费用分析范式》，姜建强、罗长远译，上海人民出版社 2006 年版。

［美］加布里埃尔·A. 阿尔蒙德、小 G. 宾厄姆·鲍威尔：《比较政治学：体系、过程与政策》，曹沛霖等译，上海译文出版社 1987 年版。

［美］格林斯坦、波尔斯比编：《政治学手册精选》，储复耘译，商务印书馆 1996 年版。

［美］哈罗德·D. 拉斯韦尔：《政治学：谁得到什么？何时和如何得到?》，杨昌裕译，商务印书馆 1992 年版。

［英］霍布斯：《利维坦》，黎思复、黎廷弼译，商务印书馆 1996 年版。

［英］洛克：《政府论》（下篇），叶启芳、瞿菊农译，商务印书馆 1964 年版。

［美］乔·萨托利：《民主新论》，冯克利、阎克文译，东方出版社 1998 年版。

［英］约翰·密尔：《论自由》，许宝骙译，商务印书馆 1959 年版。

［美］约翰·麦克里兰：《西方政治思想史》，彭淮栋译，海南出版社 2003 年版。

［美］曼瑟尔·奥尔森：《集体行动的逻辑》，陈郁、郭宇峰、李崇新译，上海三联书店、上海人民出版社 1995 年版。

［美］迈克尔·罗斯金等：《政治科学》，林震等译，华夏出版社2001年版。

［英］马尔科姆·卢瑟福：《经济学中的制度：老制度主义和新制度主义》，陈建波、郁仲莉译，中国社会科学出版社1999年版。

［英］马克·布劳格：《经济学方法论》，黎明星等译，北京大学出版社1990年版。

［美］保罗·萨缪尔森、威廉·诺德豪斯：《经济学》（第十六版），萧琛等译，华夏出版社1999年版。

［美］科斯、诺思、威廉姆森等：《制度、契约与组织》，刘刚等译，经济科学出版社2003年版。

［美］罗伯特·D. 帕特南：《使民主运转起来》，王列等译，江西人民出版社2001年版。

［美］罗伯特·达尔：《现代政治分析》，王沪宁、陈鹏译，上海译文出版社1987年版。

［美］罗伯特·达尔：《民主理论的前言》，顾昕、朱丹译，三联书店1999年版。

［美］罗伯特·古丁、汉斯—迪特尔·克林格曼主编：《政治科学新手册》，钟开斌等译，三联书店2006年版。

［美］塞缪尔·P. 亨廷顿：《变化社会中的政治秩序》，王冠华等译，上海人民出版社2008年版。

［美］W. 菲利普斯·夏夫利：《政治科学研究方法（第六版）》，新知译，上海人民出版社2006年版。

［法］卢梭：《社会契约论》，何兆武译，商务印书馆1980年版。

［德］马克斯·韦伯：《经济与社会（上卷）》，林荣远译，商务印书馆1997年版。

［意］尼科洛·马基雅弗里：《君主论》，潘汉典译，商务印书馆1985年版。

［冰岛］思拉恩·埃格特森：《经济行为与制度》，吴经邦等译，商务印书馆2004年版。

［美］保罗·乔伊斯：《公共服务战略管理》，张文礼、王达梅译，清华大学出版社2008年版。

［美］莱斯特·M. 萨拉蒙：《公共服务中的伙伴：现代福利国家中政府与非营利组织的关系》，田凯译，商务印书馆2008年版。

［美］F. W. 泰罗：《科学管理原理》，胡隆昶等译，中国社会科学出

版社 1984 年版。

［法］H. 法约尔：《工业管理与一般管理》，曹永先译，团结出版社 1999 年版。

［美］小詹姆斯·H. 唐纳利、詹姆斯·L. 吉布森、约翰·M. 伊凡塞维奇：《管理学基础：职能·行为·模型》，李柱流等译，中国人民大学出版社 1982 年版。

论文：

习近平：《全面贯彻落实党的十八大精神要突出抓好六个方面工作》，《求是》2013 年第 1 期。

习近平：《实现中国梦必须走中国道路》，《党建》2013 年第 4 期。

刘云山：《毫不动摇地高举中国特色社会主义伟大旗帜——学习党的十七大报告的体会》，《求是》2008 年第 2 期。

胡锦涛：《在美国耶鲁大学的演讲》，《时政文献辑览（2006 年 3 月—2007 年 3 月）》2007 年刊。

胡锦涛：《继续把改革开放伟大事业推向前进》，《求是》2008 年第 1 期。

温家宝：《关于社会主义初级阶段的历史任务和我国对外政策的几个问题》，《时政文献缉览（2006 年 3 月—2007 年 3 月）》2007 年刊。

曹文宏：《民生政治：民生问题的政治学诠释》，《社会主义研究》2007 年第 6 期。

曹文宏：《民生问题的政治学解读：一种民生政治观》，《唯实》2008 年第 2 期。

陈庆云等：《论公共管理中效率与公平的关系及其实现机制》，《中国行政管理》2005 年第 11 期。

陈振明：《评西方的“新公共管理”范式》，《中国社会科学》2000 年第 6 期。

程又中、陈伟东：《国家与农民：公共产品供给角色与功能定位》，《华中师范大学学报（人文社会科学版）》2006 年第 2 期。

成立英：《加快我国农业技术推广服务发展的必要性及策略选择》，《调研世界》2006 年第 12 期。

迟福林：《解决民生问题重在建立公共服务体制》，《新世纪周刊》2007 年第 10 期。

董文兵：《十个中央一号文件的政策透视——我党三十年农村改革的

政策路径及其启示》,《中共太原市委党校党报》2008 年第 6 期。

贺雪峰:《新农村建设若干观点的辩正》,《社会科学战线》2006 年第 2 期。

范先佐、付卫东:《农村义务教育新机制:成效、问题及对策》,《华中师范大学学报(人文社会科学版)》2009 年第 4 期。

郭剑鸣:《民生:一个生活政治的话题——从政治学视角看民生》,《理论与改革》2007 年第 5 期。

郭小聪:《论国家职能与政府职能》,《中山大学学报(社会科学版)》1997 年第 2 期。

何秋洁、邓开龙:《改善农村基础设施应强化政府公共投资》,《西华大学学报(哲学社会科学版)》2005 年第 6 期。

郝继明:《建设新农村的内涵、动力及阻力探析》,《现代经济探讨》2006 年第 2 期。

胡俊修、朱子夏:《中外政治文化中的民生关怀》,《湖北行政学院学报》2009 年第 2 期。

华迎放、孙莹:《农村社会保障制度框架构建研究》,《人口与经济》2005 年第 4 期。

黄世贤:《试论我国现有农村公共服务政策》,《中国党政干部论坛》2008 年第 4 期。

黄世贤:《我国农村公共服务政策回顾与评价》,《江西财经大学学报》2009 年第 2 期。

贾洪波、李国柱:《公共财政在中国社会保障体系中的角色定位》,《石家庄经济学院学报》2005 年第 4 期。

姜纪垒、黄辉:《民生政治与改革开放 30 年的政治发展》,《景德镇高专学报》2009 年第 1 期。

蒋大椿:《孙中山民生史观析论》,《中国社会科学》2000 年第 2 期。

李慎明:《以人为本的科学内涵和精神实质》,《中国社会科学》2007 年第 6 期。

景天魁:《社会建设的科学构思和周密布局》,《江苏社会科学》2008 年第 1 期。

陈颖:《加快公共服务体制建设》,《中国校外教育(理论)》2008 年第 S1 期。

蒯正明:《建国 60 年来中共执政合法性资源的维护与重构》,《中北大学学报(社会科学版)》2009 年第 4 期。

李春根、任高飞：《构建适应社会主义新农村建设的社会保障体系探析》，《求实》2006 年第 11 期。

梁华林：《解读 2006 年中央一号文件　促进社会主义新农村建设》，《中共山西省委党校学报》2006 年第 3 期。

李同、罗雅丽：《杨凌示范区农业技术推广模式分析与优化途径》，《西北大学学报》2007 年第 1 期。

林万龙：《农村公共服务市场化供给中的效率与公平问题探讨》，《农业经济问题》2007 年第 8 期。

韩俊、秦中春、崔传义：《和谐社会与农村社会保障制度》，《理论视野》2007 年第 1 期。

钟周：《民生背后》，《环球财经》2008 年 3 月刊。

林万龙：《不同级层财政主体的农村公共服务供给能力分析》，《甘肃行政学院学报》2009 年第 1 期。

吕微、唐伟：《农村公共服务体系建设的现状与对策建议》，《中国行政管理》2009 年第 7 期。

吕亚荣：《新农村建设的重点是建立起农村公共产品供给的长效机制》，《求实》2007 年第 7 期。

罗祖兵：《义务教育的伟大历程》，《教育研究与实验》2009 年第 1 期。

齐卫平、姚晔：《新阶段中国共产党的社会建设思想研究综述》，《理论学刊》2008 年第 1 期。

钱亚仙：《完善社会保障体系推进和谐宁波建设》，《宁波党校学报》2005 年第 6 期。

周好娟、牟守国：《浅议我国农村社会保障制度改革》，《职业圈》2007 年第 22 期。

张文菁、马吉坡、谢富欣：《农业科技与农业发展问题的思考》，《安徽农业科学》2005 年第 2 期。

沈文：《以科学发展观综合考核领导干部》，《党建纵横》2006 年第 9 期。

石明权、潘正茂、陈宏：《浅析农业技术推广中存在的问题及对策》，《农业科技管理》2009 年第 3 期。

史传林：《农村公共服务社会化的模式构建与策略探讨》，《中国行政管理》2008 年第 6 期。

陶振、叶敏：《农村公共服务均等化：体制障碍与机制探索》，《改革与战略》2009 年第 5 期。

田新文：《民生政治：理解政治生活变化的新视角》，《社会主义研究》2008 年第 4 期。

田新文：《民生政治的科学内涵和精神实质》，《湖北科技学院学报》2014 年第 1 期。

田新文：《民生政治视域下的基本公共服务均等化研究》，《湖北社会科学》2013 年第 12 期。

田新文：《农村公共服务现状与对策研究》，《咸宁学院学报》2011 年第 11 期。

田新文：《农村空巢家庭的养老风险及其化解》，《中国农村研究》2008 年卷 · 上。

田新文：《民生政治的合法性论析》，《武汉大学学报（哲学社会科学版）》2012 年第 3 期。

王文超：《改善民生是一项重要的政治任务》，《求是》2008 年第 2 期。

王春明：《提高农村公共产品供给绩效的路径选择》，《农村经济》2009 年第 12 期。

温铁军：《我国为什么不能实行农村土地私有化》，《红旗文稿》2009 年第 2 期。

吴孔凡：《新时期农民公共需求的特点与农村公共服务供给的取向》，《经济研究参考》2008 年第 69 期。

夏金梅：《民生建设的政治学视角》，《江苏省社会主义学院学报》2008 年第 1 期。

项继权：《我国基本公共服务均等化的战略选择》，《社会主义研究》2009 年第 1 期。

项继权：《基本公共服务均等化：政策目标与制度保障》，《华中师范大学学报（人文社会科学版）》2008 年第 1 期。

项继权、袁方成：《我国基本公共服务均等化需求的财政投入与需求分析》，《公共行政评论》2008 年第 6 期。

谢金林、张艺：《民生问题的政治伦理诠释》，《理论探讨》2008 年第 3 期。

徐光春：《解决民生问题是最大的政治》，《人民论坛 · 双周刊》2007 年第 3 期。

徐勇：《Governance：治理的阐释》，《政治学研究》1997 年第 1 期。

徐勇：《国家整合与社会主义新农村建设》，《社会主义研究》2006年第1期。

徐勇、项继权：《民生问题的实质是政治问题》，《华中师范大学学报（人文社会科学版）》2008年第3期。

徐勇：《深化对农村城镇化认识十题》，《东南学术》2013年第3期。

徐勇：《深化对农村城镇化认识七题》，《农村工作通讯》2013年第4期。

颜鹏飞、张青：《论约翰·穆勒的国家适度干预学说——早期形态的市场缺陷论和政府缺陷论的混合体》，《经济评论》1996年第6期。

应若平：《参与式公共服务的制度分析——以农民参与灌溉管理为例》，《求索》2006年第7期。

郁建兴、高翔：《农业农村发展中的政府与市场、社会：一个分析框架》，《中国社会科学》2009年第6期。

俞可平：《治理和善治：一种新的政治分析框架》，《南京社会科学》2001年第9期。

俞可平：《全球治理引论》，《马克思主义与现实》2002年第1期。

俞可平：《增量政治改革与社会主义政治文明建设》，《公共管理学报》2004年第1期。

黄建雄：《农村义务教育经费保障新机制改革初探》，《社会主义研究》2008年第4期。

袁方成：《农村义务教育均等化：现状与改革》，《华中师范大学学报（人文社会科学版）》2008年第3期。

汪志强、袁方成：《参与式发展：草根组织生长与农村社区综合发展的路径选择》，《理论建设》2006年第5期。

张开华、万敏：《农村基础设施建设投资中的农民意愿研究——以河南省为例》，《中南财经政法大学学报》2009年第5期。

张开云、李倩：《政府供给农村公共服务的现实困境与角色路径》，《社会科学家》2008年第12期。

郑功成：《中国社会保障改革与未来发展》，《中国人民大学学报》2010年第5期。

胡晓义：《中国社会保障制度析论》，《中国社会科学院研究生院学报》2009年第5期。

古钺：《完善社会保障体系要突出中国特色》，《中国社会保障》2008年第9期。

张立荣、冷向明：《基本公共服务均等化取向下的政府行为变革》，《政治学研究》2007 年第 4 期。

张琳：《论约翰·穆勒的政府干预思想》，《枣庄学院学报》2007 年第 4 期。

李芳凡：《治理地方公共经济理论与新农村建设中的公共服务供给》，《中国行政管理》2007 年第 10 期。

蒋蔷：《中国农村养老保险制度现行模式的制约因素与发展思路》，《中国乡镇企业》2007 年第 4 期。

“完善农村义务教育财政保障机制”课题组：《全面认识推进农村义务教育财政保障机制改革的意义》，《财政研究》2005 年第 6 期。

张荣臣：《以人为本与民本主义、人本主义的本质区别》，《中央党校学报》2009 年第 6 期。

中国社科院“中国社会状况综合调查”课题组李培林、李炜、范雷等：《当前我国就业形势的特点和变化》，《社会科学研究》2009 年第 2 期。

郑沪生：《建构农民参与的农村公共产品供给制度》，《长白学刊》2007 年第 5 期。

潘淑君、周其文：《新农村建设中的环境问题与管理对策》，《天津农业科学》2007 年第 4 期。

周明海：《政治民生视域下的基本公共服务：功能与对策》，《中共天津市委党校校报》2009 年第 2 期。

彭焕才：《论新型农村公共服务供给体系的构建》，《求索》2007 年第 9 期。

周易：《构建和谐社会：国外的做法与启示》，中宣部时事报告杂志社编《形势报告：中宣部等部委形势报告会报告精选（2007 年版）》，红旗出版社 2007 年版。

朱天、程前、张金辉：《解读电视“民生新闻”现象》，《传媒观察》2004 年第 8 期。

龙佳解、罗泽荣：《胡锦涛民生思想初探》，《学术论坛》2009 年第 2 期。

陆学艺：《关于社会建设的理论和实践》，《国家行政学院学报》2008 年第 2 期。

编辑部：《渐进中的社会建设理论》，《中国民政》2010 年第 1 期。

蔡孝恒、张亮：《胡锦涛同志改善民生思想探讨》，《毛泽东思想研究》2009 年第 1 期。

本刊编辑部、孙玉琴：《农村社区建设试点工作全面启动——全国农村社区建设工作座谈会在青岛胶南市召开》，《中国民政》2007 年第 4 期。

张美玲：《财政支出结构的国际比较对我国的启示》，《北京工商大学学报（社会科学版）》2005 年第 5 期。

彭建平：《我国农村社会养老保险研究综述》，《湖南工程学院学报（社会科学版）》2005 年第 1 期。

卢海元：《中国农村社会养老保险制度建立条件分析》，《经济学家》2003 年第 5 期。

解放：《著名经济学家吴敬琏说在中国建立全民低保制度的条件已经成熟》，《劳动保障世界》2006 年第 11 期。

文士博：《民生视野中的高等教育热点问题及对策研究》，《管理观察》2009 年第 3 期。

［美］罗伯特·B. 丹哈特、珍妮特·V. 丹哈特：《新公共服务：服务而非掌舵》，刘俊生译，《中国行政管理》2002 年第 10 期。

孙久文：《中国区域发展差距有多大?》，《中国经济周刊》2013 年第 3 期。

唐皇凤：《稳定与发展双重视阈下的中国社会建设》，《人文杂志》2013 年第 6 期。

陆学艺：《社会建设就是建设社会现代化》，《社会学研究》2011 年第 4 期。

任爱珍：《惠及民生的职业教育公平问题研究》，《现代教育科学》2011 年第 2 期。

严蓉：《职业教育发展的问题、意义和策略》，《教育理论与实践》2011 年第 11 期。

赖文燕：《转型期城乡居民收入差距成因与对策》，《企业经济》2011 年第 4 期。

张时飞、唐钧：《中国就业歧视：基本判断》，《江苏社会科学》2010 年第 2 期。

杨亚非：《和谐社会视角下的中国民生建设研究》，《四川行政学院学报》2010 年第 5 期。

安徽省财政厅课题组：《完善城乡居民最低生活保障制度的政策建议》，《财政研究》2011 年第 1 期。

宋玉军：《中国劳动就业制度改革发展动因及趋向的考察》，《福建师范大学学报（哲学社会科学版）》2012 年第 3 期。

吴业苗：《城郊农民市民化的困境与应对：一个公共服务视角的研究》，《中国农村观察》2012 年第 3 期。

陈云：《我国城乡居民收入差距扩大成因的动态测度研究》，《中央财经大学学报》2013 年第 4 期。

申曙光、马颖颖：《社会保障的发展：社会建设的首要任务与核心内容》，《苏州大学学报（哲学社会科学版）》2013 年第 3 期。

毛捷：《中国社会福利体系适度性研究——国际比较与实证分析》，《财贸经济》2012 年第 2 期。

孙明杰：《我国医疗卫生体制改革的必由之路》，《中国国情国力》2013 年第 3 期。

李国荣、朱晓红、孙亚卿：《浅谈农业技术推广存在的问题及对策》，《中国农资》2013 年第 3 期。

博士学位论文：

于凤荣：《我国农村公共服务供给模式问题研究》，吉林大学博士学位论文，2006 年，中国博士学位论文全文数据库。

于水：《乡村治理与农村公共产品供给问题研究——以江苏为例》，南京农业大学博士学位论文，2007 年，中国博士学位论文全文数据库。

曲延春：《我国农村公共产品供给体制变迁研究》，山东大学博士学位论文，2008 年，中国博士学位论文全文数据库。

席恒：《公共物品供给机制研究》，西北大学博士学位论文，2003 年，中国博士学位论文全文数据库。

张珺：《我国农村公共产品供给问题研究》，湖南农业大学博士学位论文，2008 年，中国博士学位论文全文数据库。

姜岩：《中国农村公共服务体制的研究》，天津大学博士学位论文，2009 年，中国博士学位论文全文数据库。

胡志平：《中国农村公共服务非均衡供给的政治经济学分析》，复旦大学博士学位论文，2010 年，中国博士学位论文全文数据库。

贾先文：《农村公共服务的社区化问题研究》，湖南农业大学博士学位论文，2010 年，中国博士学位论文全文数据库。

刘光俊：《财政分权体制下农村公共服务供给研究》，山东农业大学博士学位论文，2011 年，中国博士学位论文全文数据库。

汪杰贵：《乡村社会资本视阈下的农村公共服务农民自主供给制度

研究》，浙江大学博士学位论文，2012 年，中国博士学位论文全文数据库。

张菊梅：《广东省农村公共服务中的公私合作模式研究》，吉林大学博士学位论文，2013 年，中国博士学位论文全文数据库。